米国税務会計史
確定決算主義再検討の視点から

矢内一好 著

中央大学出版部

装幀　道吉　剛

まえがき

　わが国の法人税制は，確定決算主義を税法の拘束と解するグループからは逆基準性という用語によりこれまでも絶え間のない批判を受けてきた。さらに，国際会計基準の強制適用の日程が検討される昨今，確定決算主義廃止論がさらなる勢いを得ているのが現状といえる。

　わが国の法人税制は，法人の確定した決算の利益に基づいて課税所得を計算する形態であり，企業会計と法人税法がいわゆる一体型となっている。これに対して，米国，英国等の国々では，企業会計と法人税法が分離しており，例えば，米国では企業会計上では減価償却について定額法を適用し，課税所得の計算では定率法を使用することができる。この方式は一体型に対して分離型といえよう。

　本書を書いた動機の1つは，これまでの著作等を通じて明らかとなった米国会計史は，米国の税制が会計の発展とどのような関連を有していたのかという点を深く掘り下げて検討していないように思われた。特に，税制史という側面に軸足をおいて会計との関連を考えるという視点に基づく検討はほとんど行われていないといえよう。

　他の1つは，確定決算主義と正反対の位置にある米国の税務会計（法人税制）が確定決算主義を再検討するとなった場合に必ず検討の対象となるものと思われるが，現行の米国の法人税の課税所得計算がなぜ現行の制度になったのかという説明があまり行われていないことから，歴史的に遡ってその発生から辿るということを試みたのである。

　本書は，第Ⅰ部において，米国所得税前史から1954年内国歳入法典の成立までの期間を対象として税制の通史とそれに関連する判例，企業会計の進展等を絡めてまとめた。このような時代区分とした理由は，本書の検討対象とした

米国税務会計の特徴となる部分がほぼこの時代に形成されたという認識に基づくからである。

　第Ⅱ部は，個別の問題を取り上げた。これらの項目は，米国の税務会計の特徴となる部分を構成するものといえよう。おことわりすべき点は，第Ⅰ部と第Ⅱ部の説明が重複している点である。第Ⅰ部は時系列を意識し，第Ⅱ部は項目を意識して記述したつもりである。

　このような歴史研究を行うことについては，学部のゼミの恩師である中央大学名誉教授渡部裕亘先生のご指導によるものである。先生が2008年3月にご退職された際に，先生から私の卒業論文「初期アメリカ会計の考察」が保存状態も良くお戻し頂いたことは本論作成のさらなる励みになったのである。ここに改めて，先生の公私にわたるご指導に感謝をする次第である。

　また，自由な研究活動を行うことができたのは中央大学及び中央大学商学部の諸先生のおかげであり，特に，貴重なご指導とご助言を戴いた中央大学商学部教授の大淵博義先生，上野清貴先生，梅原秀継先生，加えて，本書の資料収集にご協力を戴いた，共栄大学国際経営学部専任講師 秋山高善先生には心よりお礼を申し上げたい。

　なお，本書の刊行に際して，中央大学より出版助成金の交付を受けた。ここに謝意を表する次第である。

　　2011年4月

　　　　　　　　　　　　　　　　　　　　　　　矢　内　一　好

米国税務会計史
確定決算主義再検討の視点から

目　　次

まえがき

第Ⅰ部　米国税務会計通史（1954年まで）

第1章　確定決算主義の現状分析
 1．本論の検討対象 …………………………………………………… 3
 2．国際会計基準の動向等 …………………………………………… 4
 3．確定決算主義の意義 ……………………………………………… 7
 4．確定決算主義の沿革 ……………………………………………… 13

第2章　所得税前史から1894年米国所得税まで
 1．所得税法及び法人税法の展開を取り巻く米国の環境 ………… 22
 2．米国憲法における税関連規定 …………………………………… 24
 3．米国連邦所得税前史 ……………………………………………… 25
 4．米国憲法における直接税を巡る判例（ヒルトン事案）……… 28
 5．南北戦争期の所得税法 …………………………………………… 30
 6．1894年の所得税・法人税 ………………………………………… 34
 7．ポロック事案（1895年）………………………………………… 36
 8．小　　括 …………………………………………………………… 39

第3章　法人免許税の創設と憲法修正第16条
 1．本章の概要 ………………………………………………………… 47
 2．法人免許税の概要とその背景 …………………………………… 48
 3．会計士業界から法人免許税に対する批判等 …………………… 52
 4．ミッチェル兄弟会社事案 ………………………………………… 55
 5．法人免許税に関連する最高裁判決 ……………………………… 57
 6．憲法修正第16条 …………………………………………………… 59

第4章　1913年所得税法からマコンバー事案まで

1．本章の概要……………………………………………………… 66
2．1913年所得税・法人税の概要………………………………… 66
3．1909年法人免許税と1913年法（法人税）の比較…………… 72
4．1913年法に関連した最高裁判決……………………………… 73
5．1916年税制改正………………………………………………… 75
6．マコンバー事案の関連事項…………………………………… 79
7．マコンバー事案………………………………………………… 81

第5章　1916年以降の増税法

1．本章の概要……………………………………………………… 93
2．第二次増税法（1916年9月）………………………………… 93
3．第三次増税法（1917年歳入法）……………………………… 95
4．第四次増税法（1917年10月）………………………………… 97
5．第五次増税法（1918年歳入法）……………………………… 103
6．1918年歳入法の特徴…………………………………………… 105
7．税法規定における減価償却関連規定………………………… 108

第6章　1920年代の法人税制等

1．本章の概要……………………………………………………… 117
2．1920年代の税制の概要………………………………………… 119
3．1920年代の所得税・法人税…………………………………… 120
4．税務会計と企業会計の関連…………………………………… 124
5．配当に係る規定………………………………………………… 127
6．会計理論と税法規定の関連…………………………………… 130

第7章　1930年代の法人税制等

1．本章の概要……………………………………………………… 141

2．1930年代の所得税，法人税法等の特徴……………………… 142
3．純所得（Net Income）の計算……………………… 145
4．企業会計と税法の関連……………………… 147
5．1930年代の会計の動向……………………… 152

第8章　1940年から1954年までの法人税制等
1．本章の概要……………………… 158
2．1940年から1954年までの税法の変遷等……………………… 159
3．超過利潤税（Excess Profits Tax）……………………… 163
4．後入先出法（LIFO）……………………… 164
5．加速償却……………………… 167
6．1954年内国歳入法典における引当金に係る規定……………………… 170

第Ⅱ部　個別問題

第1章　米国税法を形成した諸要素
1．法人免許税適用における財務省規則による調整……………………… 183
2．判例及び企業会計等の影響……………………… 185

第2章　米国法人税法における資本等取引
1．所得と資本の区分に係る税法の規定……………………… 187
2．資本等取引に関連した米国判例……………………… 187
3．配当と資本の払戻し……………………… 190

第3章　「通常かつ必要な」経費
1．「通常かつ必要な」経費の規定の沿革……………………… 192
2．「通常かつ必要な」経費の規定に関連する判決……………………… 195

第4章　米国税法における減価償却関連規定の変遷

1. 1930年代歳入法における減価償却に係る規定 …………………… 201
2. 減価償却に係る挙証責任と耐用年数に係る動向 ………………… 202
3. 財務省規則86等における減価償却等の規定 …………………… 203
4. 内国歳入局等による減価償却の検討 …………………………… 205
5. 定率法の適用 ……………………………………………………… 207
6. 加速償却 …………………………………………………………… 207
7. 税務上の減価償却 ………………………………………………… 208

第5章　前受収益の処理

1. 問題の所在 ………………………………………………………… 210
2. 前受収益に係る判例 ……………………………………………… 210
3. 1954年内国歳入法典第452条（前受収益に係る規定）………… 213

第6章　後入先出法，引当金及び欠損金の繰越と繰戻

1. 米国税法への後入先出法の導入 ………………………………… 216
2. 1954年内国歳入法典における引当金規定の創設 ……………… 216
3. 欠損金の繰越と繰戻 ……………………………………………… 217

第7章　内国歳入法典第446条の検討

1. 内国歳入法典第446条の規定 …………………………………… 218
2. 内国歳入法典第446条の意義 …………………………………… 219
3. 第446条の沿革 …………………………………………………… 220
4. 所得を明瞭に反映する会計処理基準 …………………………… 227
5. 会計処理基準が所得を明瞭に反映しない場合 ………………… 228
6. 歳入手続71-21 …………………………………………………… 231

第8章 米国税務会計の特徴

1. 所得概念と所得の帰属時期 …………………………………… 235
2. 米国税法が現金主義を採用した理由 ………………………… 237
3. 税法における実現概念の意義 ………………………………… 239
4. 現行の課税所得計算方式が確立した時期 …………………… 242
5. 総所得（Gross Income）が所得となる理由 ………………… 244
6. 諸控除が法定化された理由 …………………………………… 245
7. 会計士会計学と制度会計 ……………………………………… 247
8. 一致の要件 ……………………………………………………… 248
9. 米国申告調整主義の問題点 …………………………………… 249

第9章 申告調整主義と確定決算主義

1. 金融商品取引法 ………………………………………………… 254
2. 会　社　法 ……………………………………………………… 254
3. 申告調整主義と確定決算主義 ………………………………… 255

資料：1954年内国歳入法典後の米国税法の変遷 ………………… 259
参　考　文　献 …………………………………………………………… 263
初　出　一　覧 …………………………………………………………… 283

第 I 部
米国税務会計通史（1954年まで）

第1章

確定決算主義の現状分析

1. 本論の検討対象

　本論全体は，法人税法における確定決算主義[1]の再検討を含めて，将来にわたる日本の法人税法における計算構造のあり方についての検討を米国税務会計（米国法人税）の展開との比較を通じて行うことを意図したものであり[2]，比較法の対象に米国法人税を選択した理由は，米国法人税が日本とは異なり，企業会計から独立して課税所得を計算する方式（申告調整主義）を採用しているからである。

　確定決算主義を再検討する場合に，同制度を廃止する場合の対案として俎上に乗るのは，その特徴が異なる申告調整主義である。そして，取り上げられる外国税法は，米国の場合が多い[3]。OECDは，会計基準の調和化に関する作業部会報告において[4]，各国の企業会計と税法の関連を3つに分類しているが，そのなかの主たる方式は申告調整主義と確定決算主義である。

　日本の確定決算主義については，日本の商法がドイツ商法からの法の継受を受けていることから，商法依存思考が税法内に古くからあったという指摘もあり[5]，その沿革について多くの研究が行われている。米国の税務会計については，現行の法人税申告書の構造等に関する分析はあるものの[6]，なぜ，米国が申告調整方式を採用するに至ったのかという検討をあまり目にしていない。

　結論はどうあれ，確定決算主義が再検討される場合，日本と同様に確定決算主義に近い形態の国々であるドイツ等と，企業会計と税務会計を分離する原則に立つ米国，英国等の英米系の国が対象となろう[7]。その場合，日本の制度に

近い国ではなく，異なる原則の国として申告調整主義の国が取り上げられることになるものと思われる。

そして，個人の所得税の場合と同様に，法人の所得を種類により分類して，その所得ごとに異なる計算を行う英国の方式は[8]，日本の確定決算主義の比較対象とするのは難しく，日本において確定決算主義を再検討する場合，日本の同制度の対極にある米国の申告調整主義が検討対象となろう。

本論は，確定決算主義に関するこれまでの論点を整理して，米国の法人税計算（以下「米国税務会計」という。）について，その特徴を分析し，日米の制度を比較検討することにより，確定決算主義の今後について提言することを目的としている。

2. 国際会計基準の動向等

(1) 国際会計基準の動向

確定決算主義の再検討を促す大きな要因の1つは国際会計基準が上場企業の連結財務諸表に対して強制適用となることがほぼ確定するという最近の動向である。そこで，最初にこの国際会計基準の現在までの動きをまとめることとする。

国際会計基準委員会（International Accounting Standards Committee：IASC）は，国際会計基準の作成等を目的として各国の会計士団体により1973年に設立されたのであるが，1988年に開催された証券監督者国際機構（International Organization of Securities Commissions：IOSCO）第13回総会において国際会計基準を支持する表明をして支持を広げたのである。そして，1989年に公開草案32号「財務諸表の比較可能性」が公表されたあたりから，日本においても会計基準の国際的調和の機運が高まり，その際に問題となるであろう確定決算主義について，見直し論が論じられるようになったのである[9]。このような会計基準の国際的調和が図られた背景には，各国の規制緩和により資本市場における自由化が進み，企業が世界の資本市場からの資本調達が可能になったことが

ある。例えば，投資家が異なる国の企業の債券購入を検討するような場合，財務諸表の国際間における比較可能性がないと投資の判断ができないことから，会計基準の統一化の必要性が生じたのである。

その後，2001年のエンロン事件等を契機として米国の会計基準に対する評価が揺らぐなか，国際会計基準審議会（International Accounting Standards Board：2001年4月1日より活動開始：以下「IASB」という。）[10]と米国財務会計基準審議会（Financial Accounting Standards Board：以下「FASB」という。）は，2002年に，国際的な会計基準についてコンバージェンス（Convergence）することで合意した（ノーウォーク合意）。

そして，2006年2月にFASBとIASBはコンバージェンスの覚書（MOU）を公表し，これが，2008年9月にアップデートされ，2011年6月までに両者の差異が解消される予定となった。さらに，2008年11月14日に，米国証券取引委員会（SEC）は米国企業に対する国際財務報告基準（International Financial Reporting Standards：以下「IFRS」という。）導入に関するロードマップを公表している。

他方，日本の場合は，2007（平成19）年8月8日に企業会計基準委員会（Accounting Standards Board of Japan）とIASBは2011（平成23）年6月までに会計基準のコンバージェンスを行うことで合意した（東京合意）。そして，2009（平成21）年2月4日に企業会計審議会・企画調整部会は，「IFRS導入に関する中間報告（案）」を公表し，この中間報告案では，上場企業の連結財務諸表について，2010（平成22）年3月期からIFRSの任意適用を容認し，2012（平成24）年ごろを目途として，IFRSの強制適用について判断するとしている。ちなみに，EUは2005年から，カナダ，インド，韓国は2011年から国際会計基準の強制適用を行っている[11]。

上記に述べたように，これまで国際会計基準の節目となる動向のたびに，確定決算主義が国際会計基準との調和化の障害になるという意見が出されている[12]。しかしながら，IFRSの強制適用の日程が明らかにされた現在，確定決算主義に関して，現行のまま存続，一部修正で存続，全面的改正等のいずれの

方向性が望ましいかの結論を出す時期に至っていると考える。

(2) 逆基準性等を原因とするもの

会計基準の国際会計基準との調和の問題は，確定決算主義を取り巻く環境に基因する要因の1つであるが，それ以外のある意味で理論的に固有の要因として，一般に，企業会計に対する税法の介入といわれる，逆基準性に対する批判が継続して行われている[13]。

この逆基準性に関する議論は，国際会計基準と関連して論じられる傾向にあるが，必ずしもそうではない例として，昭和49年に商法の改正で，商法上の引当金の範囲が狭くなる場合，税法上の引当金の範囲も狭まるので税法の確定決算主義廃止が立法当局内で検討されたことがある[14]。

逆基準性についての検討は，以下の3(6)において行うことになる。

(3) 関係法規等の改正

平成17年6月29日に「会社法」が成立し，同年7月26日に公布された。そして，平成18年2月7日に「会社法施行規則」，「会社計算規則」及び「電子公告規則」が公布された。

旧商法第32条第2項に「商業帳簿ノ作成ニ関スル規定ノ解釈ニ付テハ公正ナル会計慣行ヲ斟酌スベシ」（昭和49年旧商法改正により創設）と規定されていたが，会社法では，株主会社については第431条，持分会社については第614条に，「株式会社（持分会社）の会計は，一般に公正妥当と認められる企業会計の慣行に従うものとする。」と規定されている。また，会社計算規則第3条では，この条文の見出しが，「会計慣行のしん酌」であり，その規定は，「この省令の用語の解釈及び規定の適用に関しては，一般に公正妥当と認められる企業会計の基準その他の企業会計の慣行をしん酌しなければならない。」であり，旧商法と同様に「しん酌」という表現が使用されている[15]。

平成18年6月に「証券取引法等の一部を改正する法律」が成立したことにより，「証券取引法」が「金融商品取引法」に改組され，平成19年9月30日

より施行された。

　金融商品取引法第193条（財務諸表の用語，様式及び作成方法）では，「この法律の規定により提出される貸借対照表，損益計算書その他の財務計算に関する書類は，内閣総理大臣が一般に公正妥当であると認められるところに従って内閣府令で定める用語，様式及び作成方法により，これを作成しなければならない。」と規定されている。

　さらに，財務諸表等の用語，様式及び作成方法に関する規則（財務諸表等規則）の第1条第1項には，財務諸表の用語，様式及び作成方法は，この規則において定めのない事項については，一般に公正妥当と認められる企業会計の基準に従うものとする，と規定されている。また，同条第2項では，企業会計審議会により公表された企業会計の基準は，前項に規定する一般に公正妥当と認められる企業会計の基準に該当するものとする[16]。

　以上のことから，旧商法に代わり会社法，旧証券取引法に代わり金融商品取引法がそれぞれ新しく規定されたのであるが，従前の企業会計，商法，証券取引法と税法の位置関係に大きな相違が生じていないことを確認しておく必要がある。

3．確定決算主義の意義

　法人税法における確定決算主義の定義については[17]，広義説と狭義説の2つの理解がある[18]。

(1) 広　義　説

　広義説に関連する法人税法の規定は，次の3つの条文である。
① 法人税法第74条第1項「内国法人は，各事業年度終了の日の翌日から2月以内に，税務署長に対し，確定した決算に基づき次に掲げる事項を記載した申告書を提出しなければならない。」（昭和22年の申告納税制度導入時に旧法第18条として創設され，平成22年度に一部改正された。）[19]

② 法人税法第2条二十五号「損金経理 法人がその確定した決算において費用又は損失として経理することをいう。」(昭和40年の法人税の全文改正により規定された。)[20]

③ 法人税法第22条第4項「第2項に規定する当該事業年度の収益の額及び前項各号に掲げる額は,一般に公正妥当と認められる会計処理の基準に従って計算されるものとする。」(昭和42年の税制改正により創設された[21]。以下「公正処理基準」という。)

すなわち,広義説は,上記②の損金経理要件のほかに,法人税法第22条第4項の公正処理基準を含み,課税所得は,商法上(現在は会社法上)の確定決算に基づいて算定されることを意味している[22]。

(2) 狭義説

井上久彌教授は確定決算主義について次のように述べている[23]。

「課税所得の内容となる収益・費用について,法人が確定決算において所定の経理をしている場合に限って所得計算を受け入れるものとし,その経理がない場合には,法的経済的事実のいかんにかかわらず所得計算に含めないとする考え方を一般に確定決算主義と呼んでいる。」

また,武田昌輔名誉教授は,確定決算主義の意図について次のように述べている[24]。

「確定決算基準主義の内容は限定されている。通常の客観的証拠のある取引(売上高等の収益の計上,給与等の費用)には確定決算基準の適用はない。これに対して,いわゆる内部取引とされる減価償却費の計上等は,企業における意思決定が確定決算において表示されるという意味において,その企業の意思に依存するというのが確定決算基準の意図である。」

狭義説としての確定決算主義は，損金経理等の一定の経理を要件とするものをいうことになる。確定決算主義の本質としては，筆者は狭義説が妥当であると考えるが，本論では，企業会計と法人税法の関連性の検討を対象としていることから，広義説に基づいて確定決算主義という用語を使用し，狭義説の場合は，損金経理要件等という用語を使用する。

(3) 「確定した決算」の意義

上記に引用した法人税法第74条第1項は，内国法人が，各事業年度終了の日の翌日から2月以内に，税務署長に対し，確定した決算に基づき次に掲げる事項を記載した申告書を提出しなければならない，と規定している。

この規定における「確定した決算」とは，従前は，株式会社の場合，確定した商法上の決算[25]と解されていたが，会社法の制定後では，株式会社が作成した計算書類は，定時株主総会に提出され，その承認を受けることにより確定することになる（会社法第438条）。計算書類の確定の流れは，会社の機関設計に応じて異なることになる[26]。

この「確定した決算」に関する説明としては，旧法人税取扱通達314において，その事業年度の決算につき株主総会の承認又は総社員の同意その他これに準ずるものの承認があったことをいう，と解されているが，会社法の制定後であっても規定の解釈に基本的な変化はないと考えるべきであろう。

また，「確定した決算」について，法人税法に確定した決算を限定する規定（例えば，<u>商法上或いは会社法上の確定した決算</u>という規定：アンダーライン筆者）がないことについて，中小企業で事実上株主総会を開催していないこと等が配慮されているという見解が示されている[27]。

(4) 会計慣行斟酌規定及び公正処理基準の意義

昭和49年に創設された旧商法第32条第2項に規定された会計慣行斟酌規定[28]及び現行の会社法第431条及び第614条に規定された「株式会社（持分会社）の会計は，一般に公正妥当と認められる企業会計の慣行に従うものとす

る。」という規定は，会社法自体が自己完結的に企業利益算定の規定を設けていないことから，その算定において会社法に規定のないものの多くを会計慣行に依存していることを示している[29]。

他方，昭和42年の税制改正により公正処理基準（法人税法第22条第4項）の規定が創設されたことはすでに述べた通りである。立法者側による説明によれば[30]，この規定の趣旨は，課税所得と企業利益を原則として一致すべきであることを明確にすることであるが，この規定創設前においても，税法が課税所得の計算について完結的に規定するよりも企業の会計慣行に委ねることも多く存在したので，従前の課税所得計算もこの前提で行われていたとしている。また，この規定は税制簡素化の一環であり[31]，この規定の意義は，創設的ではなく，宣言的，確認的規定であり，この規定が大きな影響を与えた領域は，国税庁通達における期間損益の取扱い通達の制定等であるとされている[32]。

また，立法趣旨とは別に，課税所得計算における法人税法第22条第2項及び第3項に規定されている収益，原価，費用，損失等の諸概念は，企業会計に依存していることは事実である。したがって，法人税法自体が自己完結的に企業利益算定の規定を設けていないことから，その算定において法人税法に規定のないものの多くを公正処理基準に依存していることを示している。しかし，公正処理基準の役割は，商法における会計慣行斟酌規定の創設をもって終わったとする見解[33]があるが，会計慣行斟酌規定が監査一元化（商法と証券取引法の調和）の要請の下に創設されたのに対して，公正処理基準は，期間損益の帰属に関する納税義務者と課税当局の対立を解消するという実益をもたらしたこと等を勘案すれば，必ずしも，同じ役割を持つ規定とはいえないのではなかろうか。また，公正処理基準は，課税所得の計算が基本的には企業会計に従っていることを明示したものともいえるのである。

(5) 企業利益の意義

企業利益に関して，課税所得は会社決算の企業利益に基づいて計算され誘導される，と説明される[34]。また，税法上の各事業年度の課税所得は，企業会計

によって算出される企業利益を基礎として誘導される概念である，という説明もある[35]。

会社法制定後であれば，株式会社等の場合，会社法による利益（企業利益）を前提として課税所得の計算が行われるということである。したがって，企業会計との関連を図示すれば，〔企業会計の慣行〕⇒〔会社法：企業利益〕⇒〔課税所得〕，ということになる。したがって，課税所得の計算は，会社法を経由して間接的に企業会計と関連（以下「間接関連説」という。）しているともいえるのである。

しかし，間接関連説は，発生史的には，昭和49年の商法改正（旧商法第32条第2項の創設）後の事態を前提とした理解であり，昭和42年の公正処理基準創設時の意義は，すでに述べたように，課税所得の計算が基本的には企業会計に従っていることを示したものであり，税法の固有の必要性による要請（別段の定め）のないものについては，公正処理基準に従って計算されるものとすることになる[36]。

したがって，課税所得は会社決算の企業利益に基づいて計算され誘導されるものであるが，課税所得の計算においては，間接関連説ばかりではなく，その計算構造が，公正処理基準（企業会計）と別段の定めから構成されていることを示しているのである（以下「直接関連説」という。）。このことを言い換えれば，企業会計と課税所得の関連が，間接関連説と直接関連説の2つから成り立っているという二元的なものであり，直接関連説においては，損金経理要件等を織り込んだ企業利益に基づいて，企業会計と別段の定めから構成される計算構造により課税所得が誘導されるということになる[37]。

結果論ではあるが，直接関連説が公正処理基準（法人税法第22条第4項）と結びつき，間接関連説が法人税法第74条第1項と関連するのである。

(6) 確定決算主義と逆基準性

逆基準性は，法人税法に定める償却費の繰入額について損金算入限度額を設けていることから，法人が，自社の実情を度外視して法人税法に定める限度額

を費用計上することによる法人税法の企業会計への介入を一般的にいう[38]。

逆基準性において取り上げられるのは，税務調整のうちの損金経理要件等について規定した決算調整事項であり[39]，次の3つの場合が検討対象となるものと思われる。

① 企業会計における費用の額が法人税法上の限度額を超える場合
② 企業会計における費用の額が法人税法上の限度額よりも少ない場合
③ 法人税法における損金経理要件が企業会計において費用性のない準備金等の繰入額又は積立額を費用計上する場合

上記③については，例えば，企業会計においては利益留保の性格のある準備金等について，投資促進等の政策目的から損金算入或いは，企業会計との調整の観点から利益処分方式も認められることから，必ずしも法人税法が企業会計に介入しているとはいえないのである[40]。

上記①については，申告調整により限度超過額を加算することになるが，課税所得の金額は，企業会計における費用の額が法人税法上の限度額と同額の場合と同じことになる。例えば，法人税法における償却限度額が100として，法人が120を損金経理した場合（企業利益を180とする。）と100を損金経理した場合（企業利益を200とする。）を比較すれば，前者の場合は，20を申告調整で加算することになり課税所得は200となる。一般にこのような形態を有税償却という。後者の場合は，申告調整がないことから，課税所得は200であることから，このような事例の場合は逆基準性とはいえないことになり[41]，この例で述べれば，法人の本来あるべき費用の額が120であるが，法人税法上の限度額が100であるために，申告加算を回避するために費用計上額をあえて100にするという説明は成り立たないのである。

上記②は2つの例が想定できる。1つは，企業会計における費用として計上した額が70，法人税法上の限度額100とすると，法人税法における損金算入額は70ということになり，差額の30を申告調整により追加して減算できないことである。また，これと同類の議論で，企業会計では定額法で減価償却を行い，課税所得の計算では定率法を利用することもできないのである。前者の場

合，減価償却費に関する事項であれば，法人税法の減価償却費に関する損金経理要件と，減価償却が任意償却であることから，法人が自らの意思で70を確定したのであれば本来的に法人税法が関与する事項ではない。しかし，法人に青色繰越欠損金がある場合等，任意償却である償却費等の費用計上を行わないことで，決算利益を高く，課税所得を有利にする処理ができることになる[42)]。

(7) 確定決算主義の長所と短所

すでに述べたように，確定決算主義と申告調整主義は表裏の関係にあるといえる。したがって，すべてにわたり該当するかどうかは別にして，基本的に，確定決算主義の長所は，申告調整主義の短所という関係にあると理解できる[43)]。

確定決算主義の長所は，次の３点である[44)]。
① 課税の安定性（大部分は，会社決算の通りで修正されないという意味）
② 課税の便宜性（税法は最小限の所得計算規定を規定すれば済むという意味）
③ 税収の確保

確定決算主義の欠点は，すでに述べた逆基準性，特に税務調整のうちの決算調整事項（損金経理要件等）で，会社決算の段階で法人税法が影響を及ぼすことである。

確定決算主義と対比される申告調整主義は，米国において採用されている方式であり，税務計算上の許容金額は確定決算計上額に影響されず，法人税申告書計上額は税法限度額より計算するものである[45)]。

申告調整主義の方式の長所は，確定決算主義における逆基準性の問題がないが，課税の安定性，便宜性に欠け，税収も確定決算主義に比べて減少することになろう[46)]。

4. 確定決算主義の沿革

確定決算主義の変遷は，所得税法の一部として法人の所得に第一種所得税と

して課税された明治32年の所得税法改正[47]後，大正2年の改正における施行規則第3条において，毎事業年度の決算確定の日より7日以内に申告書及び計算書類を提出することが定められたことから始まっている[48]。昭和15年に法人税法は，所得税法から分離するが，確定決算主義に関する規定は，昭和22年の改正（同法第18条第1項）を経て，昭和40年の法人税の全文改正により現在に至っているのである。

確定決算主義の領域に限定せずに，企業会計等と税務会計との関連は，昭和40年前後をはさんで両者の関係を検討した各種の報告等が公表されている。その一連の動向は要約すると次の通りである。

① 昭和24年7月　　企業会計原則の設定
② 昭和27年　　　　企業会計審議会「税法と企業会計原則との調整に関する意見書」
③ 昭和40年7月　　日本会計研究学会（番場教授グループ）「企業利益と課税所得との差異及びその調整について」
④ 昭和41年5月　　日本会計研究学会（番場教授グループ）「企業利益と課税所得との差異及びその調整について」
⑤ 昭和41年10月　　企業会計審議会特別部会「税法と企業会計原則との調整に関する意見書」
⑥ 昭和42年度税制改正　　法人税法第22条第4項創設
⑦ 昭和42年5月～昭和46年9月　　日本会計研究学会（渡邊教授グループ）による研究
⑧ 昭和49年　　　　商法第32条第2項の創設
⑨ 平成6年　　　　日本租税研究協会確定決算研究会『確定決算についての報告』
⑩ 平成8年　　　　税制調査会「法人課税小委員会報告」
⑪ 平成10年　　　　平成10年税制改正により賞与引当金等が廃止された。
⑫ 平成13年　　　　同年6月に成立した商法改正案において法定準備金制度の緩和が行われた。

第1章　確定決算主義の現状分析　15

　以上のことから，大きな動きとしては，昭和40年代の企業会計，商法，税法の接近という時代を経て，平成10年の税法改正による引当金等の一部廃止等による税法と会計の乖離，平成13年の商法改正による資本準備金の取り崩しに関する規定の緩和措置等による，商法の会計及び税法からの乖離等があり，かねて接近していた三者の距離が現在では拡大する傾向にあるといえる。このような状況に対応する意味から，平成10年に税効果会計基準が設定され，税法と企業会計の相違が企業会計における利益計算において調整されるようになったのである。

1) 確定決算主義については種々の定義等が行われているが，そのうちのいくつかを掲げると次の通りである。
   ① 法人税法の課税所得は，企業会計上の利益を前提として，申告時に，申告調整をして計算する。しかしながら，一定の損金の支出については，株主総会等の決議を要件としてのみ，法人税法上も承認する場合がある。これを確定決算主義と呼んでいる（水野忠恒『租税法』有斐閣　2003年　338頁）。
   ② 確定決算基準主義の内容は限定されている。通常の客観的証拠のある取引（売上高等の収益の計上，給与等の費用）には確定決算基準の適用はない。これに対して，いわゆる内部取引とされる減価償却費の計上等は，企業における意思決定が確定決算において表示されるという意味において，その企業の意思に依存するというのが確定決算基準の意図である（武田昌輔『税務会計論文集』森山書店　2001年　134頁）。
   ③ 課税所得の内容となる収益・費用について，法人が確定決算において所定の経理をしている場合に限って所得計算を受け入れるものとし，その経理がない場合には，法的経済的事実のいかんにかかわらず所得計算に含めないとする考え方を一般に確定決算主義と呼んでいる（井上久彌『税務会計論』中央経済社　1988年　322頁）。
   ④ 計算書類は，「企業会計」に基づいて作成される。株式会社の場合，取締役が計算書類を定時株主総会に提出し，承認を得たとき計算書類は確定したといわれる。かかる確定せる計算書類に基づいて課税所得の計算を行わなければならないとする要請を確定決算主義と呼ぶのである（武田隆二『平成17年度版　法人税法精説』森山書店　2005年　42頁）。
   ⑤ 法人税の課税所得の計算には，企業会計上の決算を基礎とする方式と，企業会計から切り離して必ずしも企業会計上の計算法には拘束されない方式がある。前

者のように課税所得の計算を企業会計上の確定した決算を基準とする仕組みは，ふつう，確定決算基準主義（確定決算基準と略称してもよい。）または確定決算主義といわれている（浦野晴夫『確定決算基準会計』税務経理協会　1994年　3頁）。
2)　井上久彌教授は，「税務会計」というのは，法人税法の規定に基づく法人企業の課税所得と税額の計算領域を意味し，所得課税についてことさら税務会計と呼ぶ意味は，課税所得計算の原理と技術構造が企業の財務会計の原理と技術構造の間に有機的な関連を持っているからである，としている（井上久彌　前掲書　3頁）。
3)　中田信正『財務会計・税法関係論―国内的調整から国際的調和へ』同文舘　2000年。鈴木洋之「米国の確定決算基準の動向」日本租税研究協会確定決算研究会『確定決算についての報告』1994年所収。浦野晴夫『確定決算主義会計』税務経理協会　1994年。
4)　OECD, Working Group on Accounting Standards, Accounting Standards Harmonization, No. 3, The Relationship between Taxation and Financial Reporting, Income Tax Accounting, 1987. 吉牟田勲「OECD企業会計と税務会計との関係調整」日本租税研究協会確定決算研究会『確定決算についての報告』1994年所収。このOECD報告書では，税法が会計実務に大きな影響を及ぼしているノルウェーの例を除けば，1つは，企業会計が税法から独立している方式（本論では申告調整方式と表記している。）で，デンマーク，オランダ，英国，米国で採用されているものである。他は，会計基準に従って財務諸表が作成され，税法はこの企業利益に依存しているが，例外的に税法の規定を適用して修正する方式で，フランス，ドイツ，イタリア，ポルトガルがこの方式である（OECD, Ibid., pp. 9-10)。日本の方式については会計上の利益と課税所得との関連では統一申告方式（Uniform Reporting Countries）に分類されているが（OECD, Ibid., p. 45)，世界的にみても，会計上の利益と課税所得の関係については，申告調整方式と確定決算主義の2つの方式が対峙しているといえよう。
5)　柳裕治『税法会計制度の研究』森山書店　2001年　175頁。
6)　白須信弘「米国における企業利益と課税所得」『税務会計研究』第6号　1995年。鈴木洋之　前掲論文。
7)　宮島洋「税務論から見た確定決算主義と申告調整主義」『租税研究』528号，1993年10月（日本租税研究協会確定決算研究会『確定決算についての報告』1994年所収　95頁）。
8)　石黒信二「英国の確定決算基準」日本租税研究協会確定決算研究会『確定決算についての報告』1994年所収。
9)　井上久彌「確定決算主義見直し論の吟味」『企業会計』Vol. 45 No. 8, 1993年。『企業会計』平成6年1月号特集「会計基準の国際的調和の現状と課題」。また，

1993年1月3日の日本経済新聞に当時の大蔵省企業会計審議会が確定申告主義の見直し案を大蔵省に提案する考えのあることを報じた（井上　前掲論文　66頁，武田隆二「確定決算主義と会計基準」『企業会計』Vol. 48 No. 1　1996年　27頁）。また，社団法人・日本租税研究協会・確定決算研究会は1994年1月に『確定決算についての報告』を公開している。

10) 新しく組織されたIASBにより設定・公表されるIFRSが事実上のグローバルスタンダードとしてコンバージェンスを加速するという見解が示された（加古宜仁「グローバルスタンダードとトライアングル体制」『企業会計』Vol.54 No.1　2002年　18頁）。

11) 『企業会計』Vol. 61 No. 8（2009）の特集「IFRS導入の意義を考える」が最近の動向を詳述している。特に，同特集に含まれている間島信吾「IFRS導入の意義と課題」が沿革を詳しく解説している。

12) 確定決算主義に関する賛成論と反対論が対比されて説明されている（吉牟田勲「確定決算主義—最近の批判的論文を中心に—」『日税研論集・日税研創立10周年記念論文集』Vol. 28　1994年　261-269頁）。

13) 前掲の吉牟田論文（注12参照）では，目的異質論と逆基準性論の2つが取り上げられている。目的異質論では，課税負担能力を測定するための課税所得は，商法の目的（株主に対する配当可能利益の算定）と異なる等の批判がある。

14) シンポジウム「「確定決算主義」の総合的検討」『税務会計研究』第6号　1995年，吉牟田発言（140-141頁）。

15) 会社法第431条の趣旨としては，中小企業における会計処理は，不文の会計慣行に委ねられている部分が多いことから，これらを会計慣行として含むことが規定されている。したがって，2005年8月に公表された「中小企業の会計に関する指針」（中小企業会計基準）について，一定の範囲の株式会社にとって会社法に規定する「一般に公正妥当と認められる企業会計の慣行」に該当するというのが立法者の解釈である。また，会社計算規則において「しん酌」が使用された理由として，法務省令の解釈に当たって，法務省令の規定があくまでも企業会計の慣行の範囲内で定められていることにすぎないことを前提として，形式的にこれを適用するのではなく，企業会計の慣行を斟酌して解釈し，適用すべきであるというのがこの規定の趣旨である（郡谷大輔，和久友子，小松岳志『会社計算規則逐条解説』税務研究会出版局　2007年　28-30頁）。

16) 財務諸表等規則以外に，連結財務諸表規則，四半期財務諸表規則，四半期連結財務諸表規則，中間財務諸表規則，中間連結財務諸表規則の第1条第1項及び同条第2項には，財務諸表等規則と同様の規定がある。

17) 確定決算主義という用語について，忠佐市博士は，確定決算を基準とする課税所得金額の計算を確定決算基準説又は法人税法上の確定決算基準の原則と表現してい

る。この用語は，商法と法人税法との基本的な関係を指摘している（忠佐市『決算利益と課税所得』森山書店　1973年　281頁）。
18) 吉牟田　前掲論文　260-261頁。
19) 法人税法に申告納税制度が導入されたのは昭和20年3月であるが，その対象は，公称資本金500万円以上の法人等に限定されていたが，昭和22年3月より全面的に申告納税制度が導入された（市丸吉左エ門『最新法人税の理論と実務』税務経理協会　1952年　421頁）。
20) 法人税取扱通達（昭和25年9月25日直法1-100）の314において，「確定した決算」（当時：法人税法第18条及び21条，現行：法人税法第74条第1項）とは，その事業年度の決算につき株主総会の承認又は総社員の同意その他これに準ずるものの承認があったことをいう，と規定されている。また，同315において，確定した決算に基づく申告に当たって注意すべき事項として次の2点が掲げられている。
① 資産の評価損益及び減価償却の金額は，原則として株主総会の承認又は総社員の同意を得た金額に限るのであるから申告書においてその資産の評価損益及び減価償却の金額を増減することはできない。
② 税務計算上繰延資産として整理することを認められているものについて，株主総会の承認又は総社員の同意を得た計算書類に資産として計上したときは申告書において損金として所得金額から除算することができない。
すなわち，損金経理要件が取扱通達として定められていたのである。
21) 法人税法第22条第4項の創設に関しては，拙稿「税務会計と一般に認められた会計基準の関連性」『産能短期大学紀要』第26号　1993年　72頁。
22) 日本の法人税法は，第74条第1項でドイツ型を，同法第22条第4項で，アメリカ型を踏襲している（武田隆二　前掲書　45頁）。
23) 井上久彌　前掲書　322頁。
24) 武田昌輔　前掲書　134頁。
25) 岸田雅雄「企業会計における税法の機能的考察(1)」『神戸法学雑誌』35巻1号　1985年　10頁。
26) 決算書類の流れは，会社の機関設計別に分けると次の通りである（根田正樹，明石一秀『会社法・関係規則の完全解説』財経詳報社　2000年　343-344頁）。
(1) 非取締役会設置会社
① 監査役がいない会社：計算書類の作成⇒株主総会の承認
② 監査役が置かれている会社：計算書類の作成⇒監査役監査⇒株主総会の承認
③ 会計監査人設置会社：計算書類の作成⇒会計監査人監査⇒監査役監査⇒株主総会の承認
(2) 取締役会設置会社
① 会計参与設置会社：計算書類の作成⇒取締役会の承認⇒株主への提出⇒株主総

第1章　確定決算主義の現状分析　19

会の承認
②　監査役が置かれている会社：計算書類の作成⇒監査役（監査役会）監査⇒取締役会の承認⇒株主への提出⇒株主総会の承認
③　会計監査人設置会社：計算書類の作成⇒会計監査人監査⇒監査役（監査委員会）監査⇒取締役会の承認⇒株主への提出⇒株主総会の承認

27）岸田　前掲論文　10頁。また，株主総会を開いていない中小企業の現実を考えて，適法な確定申告をすることができる程度に固められている会社の決算に基づいて確定申告をすることであるという見解も示されている（租税法学会『租税法研究第17号』有斐閣　146頁　新井発言）。
28）昭和49年に商法改正と商法特例法（株式会社の監査等に関する商法の特例に関する法）の制定により資本金額が一定以上の株式会社は，いわゆる商法監査を受けることになった。また，証券取引法による上場法人に対する証取法監査が行われていたことから，監査一元化の観点から商法総則に会計慣行を斟酌する規定（商法第32条第2項）を規定したのである（鈴木竹雄『新版会社法　全訂第3版』弘文堂212-213頁）。
29）武田昌輔「税務会計と企業会計」『体系　近代会計学XIII』所収　中央経済社1979年　7頁。
30）藤掛一雄「法人税法の改正」『国税速報』75-76頁　1967年。
31）座談会「改正税法を企業はどう見るのか」『税経通信』Vol. 22 No. 8　83頁　久保田発言，1967年。
32）吉牟田勲『新版法人税法詳説―立法趣旨と解釈』［平成3年度版］中央経済社1991年　44頁。
33）武田隆二　前掲書　45頁。
34）吉牟田勲　前掲書　29頁。
35）武田隆二　前掲書　40頁。
36）武田昌輔　前掲論文　7頁。
37）法人税法による企業利益の修正を税務調整というが，法人の確定した決算において原価，費用，損失或いは収益として会計処理することを決算調整といい，法人の確定決算利益を修正することを申告調整という。なお，以下は，平成21年度改正後の規定である（岸田貞夫・矢内一好・柳裕治・吉村典久『八訂版現在税法の基礎知識』ぎょうせい　2010年4月　115-116頁）。
(1)　決算調整事項
①　損金経理を要件として損金算入が認められる事項
この事項には，減価償却資産の償却費（法人税法第31条）繰延資産の償却費（同法第32条），資産の評価損の損金算入（同法第33条），引当金繰入額の損金算入（同法第52条等）等のような内部取引の他に，業務執行役員に支給する利益連

動給与の損金算入（同法第34条第1項三号）は外部取引であるが，所得操作の可能性が高いことから，有価証券報告書等により支給額の算定方法が事前に定められていることが確認できる等を要件として損金経理要件を課している。
　② 損金経理のほか利益又は剰余金処分も認められる事項
　　準備金積立額の損金算入（租税特別措置法第55条等），圧縮記帳に係る特別勘定への繰入額の損金算入（法人税法第44条他）等は，いずれも内部取引であり，期末決算整理事項として法人の意思決定を必要とする見積計上事項である（吉牟田前掲書　40頁）。
　③ 所定の経理が要件とされる事項
　　長期割賦販売等における延払基準（法人税法第63条），一般工事における工事進行基準（法人税法第64条第2項）は，特例の収益計上基準を選択した意思表示を確定決算において行うことを要求したものである（吉牟田　前掲書　41頁）。
　(2) 申告調整
　　申告調整には，法人の経理に関係なく所得計算に含められる項目（必須的申告調整項目）と益金不算入又は損金算入等に関する所定の申告等がある場合にのみ適用される事項（任意的申告調整事項）がある。
38)　醍醐教授は，逆基準性の事象として，法人税法の企業会計への介入のほかに，会計基準の新設の場合，企業が税務上の不利益を理由に反対されて作業が難航すること等を掲げている（醍醐聡「確定決算主義と逆基準性」『JICPAジャーナル』Vol.6 No.5 1994年5月　42頁）。
39)　加藤厚「国際会計基準と確定決算主義」日本租税研究協会確定決算研究会『確定決算についての報告』1994年所収　81頁。
40)　醍醐　前掲論文　43頁。
41)　醍醐　同上　42頁。また，この醍醐教授の意見，批判が適確であると吉牟田教授は述べている（吉牟田　前掲論文　264頁）。
42)　岸田　前掲論文　16-17頁。
43)　井上教授によれば，確定決算主義の是非論の鍵は，税法中立性と行政便宜性のどちらを重視するのかという理念の問題であるとしている。前者については，税制はできるだけ会計行為に対しては中立であるべきであり，少なくとも財務会計の自立的な発展を阻害するものであってはならないという要請であり，その意味では，租税負担の軽減のために本来あるべき財務会計基準の選択適用が歪曲される恐れのある経理要件は排除するのが望ましいとしている。後者は，会計処理について多くの選択基準が存在し，また，基準の適用上の判断を必要とする項目については，課税所得の計算上必要とされる法人の意思決定を処方決算として制度的に確定したところに求めるのが合理的であり，それによって行政の複雑化を防ぎ得るという考え方も有力に存在する，としている（井上久彌「確定決算主義見直し論の吟味」『企業

会計』Vol. 45 No. 8, 1993 年　70 頁)。
44)　吉牟田勲「国際会計基準の進展と法人税の課税所得計算への影響」日本租税研究協会確定決算研究会『確定決算についての報告』1994 年所収　13 頁。
45)　同上　15 頁。
46)　確定決算主義について，見直すべきとする論者と見直しに消極的な論者の双方がいずれも多数存在している（原省三「法人税と商法，企業会計の相互関係と今後調整すべき課題について」『税務大学校論叢』51　2006 年　462 頁注(10)）。税収確保の観点からのミニマム税の導入については，拙稿「Q&A　法人税率の引下げとミニマム税の導入について」『速報税理』（2010 年 7 月 11 号）参照。
47)　明治 32 年所得税改正についての解説書としては，上林敬次郎述『所得税法講義』松江税務調査会　明治 34 年，がある。
48)　武田昌輔　前掲書　55 頁。

第 2 章

所得税前史から 1894 年米国所得税まで

1. 所得税法及び法人税法の展開を取り巻く米国の環境

　本章は，米国税務会計史のうち，米国法人税が創設される以前の所得税前史の時代から 1894 年の最初の法人税創設までを扱うこととしている。

　個人所得税法及び法人税法は，多くの国では所得税法として統一して規定されると共に[1]，税法としては，最も普及している税目の1つといえる[2]。しかしながら，各国の個人所得税法及び法人税法は，それぞれの国の異なる状況下において発展してきたものであり，その内容は各国で共通する部分と大きく異なる部分がある。一般に，法人税は，法人等の所得金額を課税標準にして課す税である点では各国共通であるが，課税所得の算定方法等においては，各国で異なる内容となっている。その背景には，各国それぞれ固有の事情があり，これらの諸要素が法人税法等に影響を与えているといえる。このような税務を取り巻く環境を税務環境という言葉で括るとすれば，本論は，税務会計自体とその税務環境の関連性を考察するというアプローチを採っていることになる。

　各国の個人所得税法及び法人税法がそれぞれ異なる内容となる原因としては，以下に掲げるような種々の要因が税務環境を構成しているといえる。

① 　その国の歴史的，政治的，経済的，社会的な状況等
② 　その国の個人所得税法及び法人税法の沿革（例えば，外国法の継受の有無等）
③ 　法人税法と企業会計の理論及び実務の関連
④ 　法人税法とその国の私法，財政学等の関連

⑤　税務訴訟事例の判決等の影響等

上記の諸要因となる事項について，米国における状況に当てはめると，次のようになる。

上記①については，連邦が直接税を課すことに対する米国憲法の制約があり（修正第16条確定以前），これを巡って所得税の合憲性を争われたことが，米国の歴史的な状況といえよう。また，政治的，経済的な状況としては，19世紀から20世紀初頭にかけて，南北戦争，第一次世界大戦という戦時の財政需要に対する所得税の導入等がある。1862年所得税法は，南北戦争の戦費調達の意味があった。1894年所得税法では，当時の米国が，財政収入の多くを関税に依存していたが，関税政策における減税とその税収減を補うための所得税という関連もあり，19世紀後半における米国経済の発展により国民の間に所得格差が生じたこともその背景といえよう。

②については，1862年の所得税法は，連邦税としては最初に適用された所得税であるが，連邦が所得税法を制定する以前に米国の州税としての所得税法が存在する。また，1894年に個人所得課税と法人所得課税の双方を内容とする所得税法が議会で可決成立するが，ポロック事案の違憲判決により施行されない事態となった[3]。

この合憲性を巡る議論が，1909年の法人免許税（Corporation Excise Tax）という法人所得を課税標準とする間接税を創設し，そのことがその後の1913年以降の法人税法に影響を及ぼすことになる。

③は，簿記理論の領域から脱却して近代会計学を形成することになるハットフィールド等による会計理論の発展及び公会計士の増加等による会計実務の蓄積がどのように税務会計に影響を及ぼしたのかということである[4]。また，19世紀後半における米国経済の隆盛を背景として，1901年にプライス・ウォーターハウス会計事務所の初代所長としてディッキンソン会計士が英国から渡米してその後米国において会計理論及び会計士実務の両面で活躍し，1904年には，会計士の第1回国際会議がセントルイスで開催され，理論及び実務の両面において企業会計は発展をみるのである[5]。

④では，税法に影響を及ぼす会社法等の私法は州法である[6]。したがって，州法である会社法等と連邦税の関連は，わが国における会社法と法人税法とは異なる状況である。また，第4章で記述している20世紀初頭には，セリグマン教授という著名な財政学者が所得税法等に影響を与えた時期でもある[7]。

⑤は，上記②で述べたように，米国憲法の規定にある直接税を巡る最高裁等の判決が，米国税制に大きな影響を与えたのである。これについては，本章4，5及び8で検討することとする。

2. 米国憲法における税関連規定

(1) 米国憲法成立史

米国は，1773年12月のボストンティーパーティー事件（Boston Tea Party）等を契機として英国との独立戦争を1775年から始め，1776年7月に独立宣言を表明し，1783年9月のパリ条約（Treaty of Paris）等によりこの戦争を終結した。1620年にメイフラワー号に乗りピルグリムファーザーズが米国に到着して以来，米国は，約150年にわたる植民地から独立して13の州として誕生した。米国憲法は，1787年5月に制定，1788年6月に発効し，1789年から施行され，米国は，州の連合体から連邦国家になったのである[8]。

(2) 米国憲法のうち税に関連する規定

米国憲法のうち税に関連する規定は，次の通りである[9]。

① 代議員数及び直接税（Direct Taxes）は，連邦に加入する各州の人口に比例して，各州の間に配分されることとする。各州の人口とは，自由人の総数をとり，この中には年季奉公人を含み，課税されない先住民を除き，それに自由人以外のすべての人数の5分の3を加えたものとする（第1条第2節第3項：直接税に関する規定は修正第16条により改正）。

② 連邦政府は，合衆国の国債の支払い，共同の防備及び一般の福祉の目的のために租税，関税，間接税，消費税を賦課徴収する権限を有する。ただ

し，すべての関税，間接税，消費税は，合衆国を通じて画一であるものとする（第1条第8節第1項）。

③　人頭税その他の直接税は，上に（第2節第3項）に規定した調査或いは計算に基づく割合によるのでなければ賦課することができない（第1条第9節第4項：修正第16条により改正）。

④　各州から輸出される物品には，租税或いは関税を賦課することはできない（第1条第9節第5項）。

⑤　1913年2月25日に確定した憲法修正第16条は，「連邦議会は，いかなる原因から得られる所得に対しても，各州の間に配分することなく，また国勢調査もしくはその他の人口算定に準拠することなしに，所得税を賦課徴収することができる。」という規定である。

上記の米国憲法の規定によれば，1913年の憲法修正第16条確定までの期間では，連邦は関税及び消費税等を課税する権限を有し，直接税（この定義については法廷で争われることになる。）は連邦税として課すのであれば，財産税及び人頭税ということになるというのが上記の規定の解釈であろう。このような状態に至った背景としては，米国建国以来，強固な連邦政府の建設を主張するワシントン等の連邦主義思想とジェファーソン等の州の主権を主張する州権思想の対立があり，米国憲法では，連邦政府は「制限された・委任された権限」の政府であり，列挙された権限を憲法の規定に従って与えられ，その他の残余の権能が，州と人民に留保されたからである[10]。

3．米国連邦所得税前史

(1) 外国法継受説と州所得税先行説の概要

米国連邦所得税は，1861年に成立したものが最初であり（この法律は施行されなかった。），実際に施行されたものは1862年に成立したものである。ここにおける焦点は，1862年の南北戦争期の所得税法に最も大きな影響を与えた先行法令等は何かということである。

このような場合，2つの状況が想定できる。第1は，外国からの法の継受があった場合である（以下ではこれを「外国法継受説」という。）。例えば，明治20年に創設されたわが国の所得税法は，外国における新しい制度である所得税法を試験的にわが国に輸入したといわれている[11]。第2は，すでに述べたように，米国憲法の規定等により米国連邦政府が所得税法を制定してこなかったということは，州の税制として所得税が存在し，それが原型となって連邦税としての所得税が規定されたという推測である（以下ではこれを「州所得税先行説」という。）。

(2) 外国法継受説

世界で最初に所得税法を導入したのは英国であり，1799年のピットの所得税，1803年のアディントンの所得税，1842年のピールの所得税と続く系譜となる。これに対して，欧州大陸では，英国と異なる所得税が形成され，その代表例が1891年のプロイセンの所得税である。英国所得税の特徴は，所得を区分して課税するシェジュール制度と源泉徴収制度の採用であり，プロイセンの所得税は総合所得合算制度と申告納税制度である[12]。また，英独双方の所得税は，いずれも所得源泉説を前提とするものであり[13]，純財産増加説的な思考を基礎とする米国所得税とは異なることになる。

1862年の所得税法では，源泉徴収制度が採用されているが，英国所得税の特徴であるシェジュール制度自体は，取り入れられていない。したがって，日本における所得税の創設時とは異なり，外国から輸入した税制かどうか明確ではない[14]。しかし，後述する米国最高裁における税務訴訟及び各種の論稿において，アダム・スミスを始めとする経済学者の著作からの引用，プロイセン，英国の所得税法への言及等が散見できることから，米国の所得税制定において，欧州にあったこれらの税制に関連する知識が米国税法に影響を及ぼしたことは認めても誤りではないであろう。

(3) 州所得税先行説

米国独立以前の税制は，地方ごとに異なるものであったが，主として土地を対象とする財産税，財産税の補完税であった人頭税，さらに，これらの税の補足としての営業に係る所得等に課される税を組み合わせた税（Faculty Tax：以下「能力税」という。），消費税，輸入税等であった[15]。

米国独立後では，関税は，1789年7月に米国として最初の関税法が成立し，その後，幾多の変遷を経て第一次世界大戦頃まで歳入の主力であったことは事実である[16]。また，独立後の内国税としては，財産税，消費税　人頭税等が課されている[17]。

州における課税の例として，17世紀頃のマサチューセッツ州の場合，仮に100の直接税を徴収するとして，最初に人頭税を35から40課し，次に不動産及び動産に対して60から65を課し，これらの補完である所得への課税はあまり行われなかった[18]。このマサチューセッツ州は，他の州とは異なって能力税を継続した州であり[19]，1849年の同州の改正法では，職業，商業又は雇用からの所得は，課税対象となる動産とは解されず，年間600ドルを超える部分はその限りではないとされて課税されている。そして1866年の改正により，この免税点は1000ドルに改正されている[20]。

また，南北戦争では南部に属した州のうち，バージニア州が1843年，ノースカロライナ州が1849年，アラバマ州が1844年，フロリダ州が1845年に所得税を導入している。北部の州では，ペンシルベニア州が，1817年まで能力税を存続させていたが，その後1840年に再度給与等に対して1%の課税をすることになった。また，メリーランド州が1845年に給与等に対して課税を行っている[21]。

以上のことから，南北戦争期の所得税以前の時期において，米国の州税等に所得税或いは能力税の一部としての所得への課税があったことは事実である。1862年の所得税法に至るまで，独立以前が150年あり，独立後に100年を経過していることから，そのすべてを外国法からの継受したとは考えにくく，能力税及び州所得税の国内における要因の影響が何らかの形であったと推測でき

4. 米国憲法における直接税を巡る判例（ヒルトン事案）[22]

(1) 本事案の背景と概要

1776年の米国独立宣言，そして米国憲法が1789年から施行されたことを考慮すると，1796年判決のヒルトン事案が憲法制定後の早い時期の判決ということになる。そして，この判決は，憲法に規定する直接税について司法判断が下された事例である。なお，本事案の判決時の大統領は初代のジョージ・ワシントンであり，憲法起草者等が健在であった時期の判決である。

この事案は，1794年7月5日で成立した法律（人の輸送に利用される馬車に課される税の法案：以下「馬車税」という。）に規定する税が直接税かどうかについて争われたものであるが，直接税に係る判定について理論的な検討を加えたものではなく[23]，米国憲法に規定する直接税の解釈ということが焦点になっている。

(2) 本事案に関連する米国憲法の規定

本章2(2)で米国憲法に触れているが，再度本事案との関連においてまとめると次の通りである。

第1に，連邦政府は，合衆国の国債の支払い，共同の防備及び一般の福祉の目的のために租税，関税，間接税，消費税を賦課徴収する権限を有している（第1条第8節第1項）。

第2に，連邦政府に広範な課税権が授受されているが，いくつかの制限も付されている。

その1つが，直接税は人口に応じて按分することになっている（第1条第2節第3項）。これ以外では，すべての関税，間接税，消費税は，合衆国を通じて画一的である必要がある（第1条第8節第1項）。本事案は，馬車税がこれらの憲法規定から直接税であるのか否かを争ったものである。

(3) 事実経過と判決

自家用の馬車を多く所有するバージニア州在住のダニエル・ヒルトンは，1794年に制定された馬車税が米国憲法に規定する直接税であり，連邦に課税権がないとしてこの税の支払を拒否した。

チェース判事，パターソン判事，アイルデル判事がそれぞれ意見を述べて，いずれも馬車税が憲法上の直接税ではないという判断を示した。

(4) 判 示 事 項

① 馬車税が直接税であれば，人口に応じて配分しなければならない。アイルデル判事の示した例であるが，1台10ドルずつ税をかけるとして，全米で馬車が105台あるとすると，税の合計は1,050ドルとなる。州の下院議員数はその州の人口に比例していることから，その数値を使用すると，バージニア州は105人中19人であるから，割当額は190ドルとなり，コネチカット州は105人中7人であるから，割当額は70ドルとなる。馬車の台数がバージニア州は50台，コネチカット州は2台とすると，バージニア州の場合，1台当たり3.8ドル（190÷50＝3.8）となり，コネチカット州は，35ドル（70÷2＝35）という不合理な結果となる。そして，馬車のない州は割当額がないことになる。これは大変不合理である。

② 憲法に規定する連邦政府の課税権は，直接税を含むものであるが，直接税には人口に応じて配分すること，消費税等にはすべての州で画一的なことというルールがある。

③ 馬車税が関税，間接税，消費税のいずれかでなければ直接税であり，消費税であれば直接税でない。税は分類すると，第1は直接税，第2は関税，間接税及び消費税，第3はその他の税目，に分類される。画一性が適用となるのは間接税である。直接税は配分されなければならない。

④ 消耗されるものに課される税は間接税である。馬車は消耗品であることからそれに課される税は，間接税である。

(5) 評　　釈

現在の税法の知見では，馬車に対する課税は直接税となる可能性がある。この事案の判決は，あくまでも米国憲法における直接税の解釈であり，税法一般における直接税の意義を争うものではない。そして，画一性が基準となるのは間接税であり，配分が基準となるのが直接税という区分である。米国憲法における直接税は，独立以前から課されていた人頭税，土地に対する財産税が想定されていたものであることは，3人の判事の意見からも明らかなことである。

5．南北戦争期の所得税法

(1) 南北戦争期の概要

南北戦争の開戦前から終戦まで（以下「南北戦争期」という。）の主たる出来事を時系列で並べると次の通りである。

① 1860年11月にリンカーンが大統領に当選
② 1861年2月に南部の諸州が南部連合を結成
③ 1861年3月にリンカーン大統領が就任
④ 1861年4月に南軍がサムター要塞を攻撃（開戦）
⑤ 1865年4月に南部の首都（リッチモンド）が陥落，リー将軍の降伏（終戦）

南北戦争期に，連邦政府の財政が赤字となったことを原因として所得税法が創設されたことは統計数値からも明確に窺うことができる[24]。

(2) 所得税の創設

南北戦争期の所得税は，すでに述べたように戦時の財政需要を補うためのものである[25]。その制定から廃止までの経緯は次の通りである[26]。

① 1861年法（Act of August 5, 1861）は成立したが1862年成立により廃止された。
② 1862年法（Act of July 1, 1862）が実際に施行された初めての所得税であ

る。
③ 1864年法（Act of June 30, 1864）は成立したが施行されなかった。
④ 1865年改正法（Act of March 3, 1865）1864年法の税率等を改正している。
⑤ 1870年改正法（Act of July 14, 1870）は税率を引き下げている。
⑥ 1872年に所得税が廃止された。

上記の所得税の変遷は，主として財政収入と関連した増減税であることから，本稿との関連では，第1に，所得税が米国憲法に規定する直接税であるのかどうかの議論を経ているかどうかという点，第2に，1862年法の概要である。

(3) 所得税の合憲性

南北戦争期の所得税が米国憲法に規定する直接税に該当するかどうかに係る議論は，その前提として本章4で検討を行ったヒルトン事案の判決（1796年）の判決に示されたように，米国憲法に規定する直接税は，人頭税及び土地に対する財産税であるという，当時の一般的理解を前提としていることである[27]。そして，後述するスプリンガー事案の判決（1880年）により1864年改正法の合憲性が争われ，裁判所は間接税であるという見解を示している[28]。

(4) 1862年法の概要

イ　名称

1861年法は，Income Tax の名称であるが，本法では，Income duty としている。

ロ　納税義務者

米国に居住するすべての者（Every Person）が納税義務者である。

ハ　課税所得

年次の利得（Gains），利益（Profits）又は所得（Income）で，財産，賃貸，利子，配当，給与，米国国内又はその他の場所で行われる専門職業，商業，雇用又は事業からのもの，その他あらゆる源泉から生じるものが課税対象となる。

ニ 税率

600ドルを免税点とし[29]，600ドル以上1万ドル未満3％，1万ドル以上5％の税率である。米国市民で米国国外に居住する者（政府職員を除く。）の米国課税所得は5％の税率である。債券又は証券等からの所得については1.5％の税率である。

ホ 源泉徴収

1864年法（第122条）では，鉄道会社等が支払う社債利子，配当等に対して5％の源泉徴収を規定している。

(5) スプリンガー事案の判決（1880年）

イ 事案の概要

この事実関係は次のように推移した。

① 1866年6月内国歳入局の調査官が納税義務者であるスプリンガーに対して1865年分の所得の申告を10日以内に行うように書類を送付した。

② スプリンガーは，1866年6月21日付で必要な書類を作成，提出した。スプリンガーは調査官の活動が違憲で無効であるという抗議文をこれに添付した。

③ 申告書における1865年分の所得金額は50,798ドル，税額は4,799.8ドルであった[30]。

④ 納付がなかったことから，1866年11月17日に徴収官であるリトラーが，督促状を送付し，10日以内に納付しないと10％の加算税賦課と差押及び競売があることを警告した。

⑤ 1867年1月24日，5,279.78ドル（本税＋加算税）の督促が行われた。

⑥ スプリンガーの土地は連邦政府の所有となり，1874年12月2日，政府はスプリンガーに不動産の明け渡しを要求した。

⑦ 国側は1874年4月17日付の不動産の権利書を証拠として提出した。スプリンガーは，その権利書が無効と主張した。スプリンガーは，租税が直接税であり憲法に規定のある方法により課されていないことから，法的或

いは適正な請求ではないと反対し，徴収手続においても，正当な法手続なしに財産を収奪されたと主張した。

ロ　判決

本事案は，米国憲法に定める直接税の意義以外にも争点となったものがあるが，以下では，米国憲法における直接税の意義に関する部分のみを取り上げる。

第1の点は，スプリンガーに適用された所得税法である。対象は1865年の暦年の所得である。1864年法 (Act of June 30, 1864) は成立したが施行されず，1865年改正法 (Act of March 3, 1865) が適用されている。これについて，判決では，1865年改正法が適用となったのは1865年4月1日以降である。1865年分の申告は1866年の春に，1865年改正法に基づいて行われる。法の適用に関しては問題がない，としている。

第2の点は，スプリンガーに適用された所得税が，米国憲法上の直接税かどうかの判定である。スウェイン判事 (Justice Swayne) は，米国憲法制定当時の記録に遡り，米国憲法の実際の起草者であるアレキサンダー・ハミルトンの租税に関する発言である「直接税とは，基本的に，土地と建物に関連しているもので，分配のルールを認めるものである。土地の評価又は人数のいずれかがその基準として役立つことになる。」等を引用して，直接税の対象は不動産と奴隷であり，所得税法が規定する利得，利益及び所得に対して課される租税は消費税又は関税であり，米国憲法上の直接税ではない，との判断を行っている。

ハ　評釈

1796年最高裁判決のヒルトン事案において，馬車税は直接税ではないという判断が示されたが，本判決もヒルトン事案等の判決を先例として[31]，米国憲法における直接税の意義等が論争されたのである。

この一連の裁判の内容と判決の動向は，一般的な直接税の意義及び解釈が争われたのではなく，「米国憲法上の直接税の意義及び解釈」が争われたことに特徴がある。

本事案でも，納税義務者の主張は，当該所得税が，直接税であり憲法の要件

に従っていないのであれば，課税，徴収すべて無効となる，というものである。また，納税義務者側は，直接税そのものの性格等を考慮すれば，米国の南北戦争期の所得税は直接税であると主張するのに対して，判決は，直接税かどうかの判定に関して，ある意味で消去法的なアプローチである。米国憲法制定時の記録等から，米国憲法上の直接税は，人頭税又は土地等の財産に課される税が直接税であり，それ以外は間接税という見解である。そして，両者を区分する具体的な基準としては，ヒルトン事案における判決で示されたように，直接税は，各州に割り当てられるものであり，間接税は，画一的に適用されるということである。

6. 1894年の所得税・法人税

(1) 1894年所得税・法人税の背景

1894年8月27日に成立した関税法に所得税及び法人税 (28 Stat. 553：以下「1894年法」という。) が規定された。

このときの大統領は第24代グローバー・クリーブランド (任期1893年3月―1897年3月) であるが，1890年に制定されたマッキンレー関税法 (Mckinley Tariff Act) が高率の関税を課して関税率を49.5％引き上げた[32]。その結果，物価高騰等の弊害が生じたため[33]，1894年 ウィルソン・ゴーマン関税法 (Wilson-Gorman Tariff Act) が制定され，関税の平均税率を39.9％引き下げた結果[34]，その歳入減を補うために，所得税と法人税が規定されたのである[35]。

1894年法の経済的背景としては，19世紀後半の米国産業の隆盛期を迎え，所得格差が生じたこと，法人に多額な所得が生じる事態になったこと等が考えられる。また，所得格差が存在したことを裏付けるものとして，1864年歳入法による相続税 (1870年に廃止されている。) が規定されたこと等も挙げることができる。

1894年法制定において，これらの税法が米国憲法に規定する直接税か否かという議論は，1880年のスプリンガー事案の最高裁判決により所得税を米国

憲法上の直接税とは解さない判断が示されたことで，この点に関する議会の議論は見当たらない。

1894年法は，結果として後述するポラック事案の違憲判決により廃止されたが，連邦税として，最初の法人税法が含まれているのである。

(2) 1894年法（所得税）の概要

1894年法の所得税は[36]，1872年に廃止された南北戦争期の所得税法に次いで約20年ぶりに復活したものである。

この所得税は，1895年から1900年までの期間，すべての米国市民，米国居住者に対してその発生する場所にかかわらず，あらゆる所得について4,000ドル超の所得に対して2%の税率を適用するものである。米国非居住者は，米国国内に所在する財産から生じた所得及び米国国内における事業から生じた所得についての課税となる。

(3) 1894年法（法人税）の概要

1894年関税法（ウィルソン・ゴーマン関税法）の第32条が法人税に関する規定である。その概要は以下の通りであるが，結論からすると，1894年法は，法人の利益に課税するという形になったが，課税対象となる所得計算は，まだ十分に発達していたとはいえない状態である。

イ　課税所得と税率

別段の定めがある場合を除いて，純利益又は純所得（Net Profits or Income）に対して，年次で2%の税が賦課，徴収される。純利益又は純所得とは，原材料費，仕入商品，損失，債券及びその他の金融機関等からの負債額に対する利子等を含む事業上の経費（Business Expenses）を超える額である[37]。また，州税等の地方税は事業上の経費に含まれる。なお，2%の課税済みである配当を受け取った場合は，課税にならない（1894年法第28条）。

ロ　申告期限等

事業年度は暦年で翌年の7月1日が申告期限である。なお，無申告等の場合

は，罰金として 1,000 ドルと納税すべき税額の 2%の合計額が課されることになる。

　ハ　純利益の金額

　すべての法人等の純利益又は純所得は，株主へ支払った金額，当該法人等により取得された純利益から支払われた建設資金，設備拡大を含むものとする。

　ニ　課税法人と非課税法人

　課税法人は，米国において営利活動を行っているすべての法人，会社，団体で，パートナーシップは含まれないが，設立等の方法による区別はなく，すべての法人等が課税となる。法人税が課税されない法人等は，地方公共団体，慈善団体，教育団体等である。

7．ポロック事案（1895 年）[38]

(1)　本事案の背景と影響

　米国の裁判所における違憲立法審査権（連邦議会が制定した法律の憲法適合性を審査する権限）が認められた判決は，連邦最高裁判所が 1803 年に判決を出したマーベリー・マディソン判決である[39]。

　ポロック事案の先例となる判決としては，本章で取り上げた米国憲法上の直接税の意義を争ったヒルトン事案（1796 年判決）とスプリンガー事案（1880 年判決）があるが，この他に，デイ事案の判決（1870 年）等がある[40]。このデイ事案は，検認裁判所の判事であるデイが，州からの給与に南北戦争期の所得税を課税されたことで，還付を求めて提訴したが，この課税は合法とされたものである。

　本事案の判決により，1894 年法全体（所得税と法人税）が違憲であるという判断が示されたことにより，同法が廃止され，1909 年 8 月消費税としての法人免許税（Corporate Excise Tax）という税目が，ペイン・オルドリッチ関税法（Payne-Aldrich Bill）において規定され，すべての法人に対して 5,000 ドルを超える所得に 1%を課税することになる。このような法律が制定された背景には，

本事案の違憲判決により連邦税として所得税・法人税を導入することが困難になったという事情がある。そして，このような状態を解消するために，1913年2月25日，連邦政府に対して，各州の間に配分することなく，また国勢調査もしくはその他の人口算定に準拠することなしに，直接税の課税を認める憲法修正第16条が確定するのである。

(2) 本事案の概要

Farmers' Loan and Trust company（以下「F信託」という。）の株主であるマサチューセッツ州在住のチャールス・ポロック（Charles Pollock）が，1894年法に基づき法人税を支払うこととしたF信託に対して法人税の納付の差し止め等を求めて訴訟を起こし，高裁（Southern District of New York）で敗訴し，最高裁に上告したものである。最高裁は，フラー裁判長他8名の裁判官が審議して，1895年4月8日（以下「4月判決」という。）及び同年5月20日（以下「5月判決」という。）に，1894年法に規定する所得税は直接税であることから違憲である判決が出された[41]。

ポロックが提訴した理由は，F信託の同じ状況にある他の株主の状況を斟酌したためである。1894年法によれば，F信託は，1894年暦年の純利益に対して2％の納税義務があり，その申告を1895年7月に行う。申告所得には，事業所得，不動産所得，利子所得が含まれる。1894年12月末のF信託の純利益は300万ドル以上で，年間の不動産所得は5万ドル，地方債投資の年間所得6万ドル，信託受託者として受け取る地代等は年間20万ドル以上である。ポロックが同社に要求した事項は，会社及び役員に対して法人税の支払いを止めること，所得税に関する合憲性を争うこと，会社の純所得を示す申告書又は報告書等の提出の禁止，信託受益者の一覧表の提出の禁止である。そして，F信託が納税等を継続した場合，株主等から訴訟が増加して会社が被害を蒙る恐れがあることを理由としている。

本事案において審議された要点は，4月判決では，土地に課される税と不動産所得は直接税か否かという点に関しては，直接税であるという判断が示され

た。5月判決では，動産からの所得に対する課税が直接税か否かという点に関して直接税と判断すると共に，一部の違憲は法全体の違憲かどうかについても違憲であるという判断が示されたのである[42]。

(3) 違憲とした論拠

5月判決において，動産からの所得に対する課税が直接税であると共に，1894年法が全体として違憲であるという判決は，5対4というきわどいものであった。5月判決では，判決と判決に反対した4名の裁判官の意見が付されている。

判決の要旨は次の通りである。

① 不動産に対する課税は直接税であり，不動産から生じる地代又は所得に対する課税も同様に直接税である。

② 動産に対する課税又は動産から生じる所得に対する課税は同様に直接税である。

③ 1894年法による課税は，不動産及び動産からの所得が憲法上の直接税に該当することから，違憲であり無効である。その理由は，税額が代表に比例して各州に割り当てられていないからである。課税に関するすべての規定が必然的に無効である。

この判決により，これまでの最高裁の判決（憲法上の直接税に関する判決）は無効となり，下級審の判決は破棄された。

本件以前の判例では，不動産に対する課税は直接税であるが，そこから生じる所得に対する課税について制限を設けて判断を行っていない。本件では，その範囲を広げて検討を行っている。したがって，本件では，不動産に課税することと不動産から生じる所得に課税することとは同じであり，動産及び公債の利子の場合も同様であると判断している。その結果，いずれの所得に対する課税も，直接税であるとしている。

8. 小　　括

　本章で取り上げた範囲は，1894年に最初の法人税が制定されたが，ポロック判決の影響を受けて，同法が廃止されるまでであり，約15年経過した後に，法人税は，1909年制定の法人免許税として登場することになる。また，1894年法は廃止されたこともあって，当時の公会計士等からその内容に関する疑義等が出されたこともない。その意味では，1894年法と当時の企業会計の関連性については，はっきりしたものがない。

　しかし，米国憲法における直接税の意義を巡って，ヒルトン事案，スプリンガー事案と所得税が直接税ではないという判決になった後に，ポロック事案で1894年法が違憲であるとされたことで，1909年の法人免許税，1913年2月の憲法修正第16条の確定，1913年の所得税法の制定と続くことになる。ポロック判決について，忠佐市教授は，「この判例が憲法改正以後の判例の総所得要件説の引き金になったものであると思われる。」[43]と述べていることから，この判決の米国所得税のその後の形成に与えた影響は大きなものがあるといえる。

　この時期の特徴は，直接税について連邦各州の人口に比例して各州に配分されるという，米国憲法に規定された条文を巡り争われた時期といえよう。一般的に考えて，連邦政府が所得税の総額を定め，それを人口比に各州に配分するということは課税技術上も無理がある。この憲法の規定に関する議論は，米国連邦政府に所得税の課税権があるかないかを争点としたものではなく，人口比に基づいて各州に配分するかどうかで直接税であるか否かを判断したものである。

　憲法作成時において直接税として想定されていたものは，財産税と人頭税であったことは本章でもすでに述べたところであるが，憲法成立後，その条文の解釈を巡り多くの訴訟が提起されて，米国所得税の性格が形成されるという結果になったのである。1913年に憲法修正第16条の確定により直接税論争は一応の終止符を打つが，すでにその段階では現在につながる米国所得税・法人税

の原型がある程度出来上がる状態になるのである。

1) 米国の現行の連邦税法は，1986年制定の内国歳入法典（Internal Revenue Code）に統合され，個人所得税及び法人税は所得税法に一括されているが，本書では，便宜上，所得税或いは法人税と区分をして表記する。
2) 日本の所得税は1887年（明治20年）3月に勅令第5号所得税法により創設された（汐見三郎・佐伯玄洞・柏井象雄・伊藤武夫『各国所得税制論』有斐閣　1934年247頁）。その後，1899年（明治32年）の所得税法改正において，第一種所得として法人所得に課税することとなった（汐見他　前掲書　271頁）。わが国の法人税法が単独法として制定されたのは昭和15年である（武田昌輔　前掲書　56頁）。その後，わが国は，所得税法と法人税法がそれぞれ独立した税目となっている。
3) ここでいうポロック事案とは，Pollock v. Farmer's Loan & Trust Co., 157 U. S. 429 (1885) と Pollock v. Farmer's Loan & Trust Co., 158 U. S. 601 (1885) の判決である。
4) 米国の税務会計に関する先行研究としては，佐橋義金『税務会計の歴史的展開』（法律文化社　1972年），辻山栄子『所得概念と会計測定』（森山書店　1991年）があり，米国税制史全般に係る研究としては，野津高次郎『米国税制発達史』（有斐閣　1939年），Randolph, Paul E., Taxation in the United States (Little Brown and Company, 1954) があり，米国法人税の歴史については，畠山武道「アメリカに於ける法人税の発達」（『北大法学論集』第24巻第2号，第26巻第2号，3号，4号，第28巻第2号），碓井光明「米国連邦所得税における必要経費控除の研究(1)～(5)」『法学協会雑誌』Vol. 93. 4, Vol. 93. 5, Vol. 93. 7, Vol. 93. 8, Vol. 94. 4, 石島弘『課税権と課税物件の研究』第7章　（信山社2003年1月）がある。キャピタル・ゲインを中心とした米国税制史としては，大塚正民『キャピタル・ゲイン課税制度～アメリカ連邦所得税制の歴史的展開』（有斐閣学術センター2007年2月）がある。米国の会計学の歴史を概観した論文としては，Brundage, P. F., "Milestones on the Path of Accounting", (The Harvard Business Review, July 1951) があり，また，米国初期会計学（1929年まで）をまとめた論文としては，黒澤清「米国会計学発展史序説」（馬場敬治他『米国経営学（上）』所収　東洋経済新報社　1956年）等がある。アメリカ会計史としては，Chatfield Michael, A History of Accounting Thought, the Dryden Press, 1974（津田正晃・加藤順介訳『チャットフィールド会計思想史』文眞堂　1979年），Previts, Gary John and Merino, Barbara Dubis, A History of Accounting in America, John Wiley and Sons, Inc., 1979（大野功一・岡村勝義・新谷典彦・中瀬忠和訳『プレビッツ゠メリノ　アメリカ会計史』同文舘1983年）等がある。米国の租税判例については，Stanley S. Surry and William C.

Warren, Federal Income Taxation Cases and Materials, The Foundation Press Inc., 1955. これ以降の2版，3版と，忠佐市『アメリカの課税所得の概念及び計算の法学論理―アメリカの連邦最高裁判所判例を核心として―』日本大学商学部会計学研究所研究資料第二号 (1984) がある。理論研究としては Magill 及び Gaa (いずれも巻末参考文献参照) 等の著作がある。

5) 米国におけるいわゆる公認会計士法の制定は，ニューヨーク州が1896年，ペンシルバニア州が1899年，メリーランド州が1900年，カリフォルニア州が1901年であり，1913年までに31州，1928年までに48州となっている (大矢知浩司『会計監査―アメリカにおける生成と発展―』中央経済社 1973年 13頁)。

6) 一例であるが，州法である会社法における配当規制立法と内国歳入法典との関係については，水野忠恒『アメリカ法人税の法的構造』(有斐閣 1988年) 94-98頁参照。

7) Seligman, Edwin R. A., The Income Tax, The Macmillan Company 1914 (Reprints of Economic Classics, Kelly Publishers 1970).

8) 宮沢俊義 (編)『世界憲法集』24-25頁 岩波書店 1974年。

9) 米国憲法原文は，(http://www.usconstitution.net/) を参照し，宮沢俊義 (編) 同上27-49頁を参照した。

10) 高木八尺『近代アメリカ政治史』岩波書店 1968年 8-9頁。

11) 汐見三郎他 前掲書 306頁。

12) 佐藤進『近代税制の成立過程』東京大学出版会 1965年 321頁。

13) 同上 333頁。

14) ヒルトン事案の判決において，最高裁判事であるサミュエル・チェイス (Samuel Chase) は，米国が英国から租税全般について継受していることを認めているが，すべてを継受したのではないと述べている (3 U. S. 171, 176)。また，南北戦争期の所得税法に源泉徴収制度が規定されるが，これは明らかに英国所得税法の影響であり，後の申告納税制度では，プロシャ税法との比較等が論じられている (Dunbar, Charles F., "The New Income Tax" Quarterly Journal of Economics, Vol. 9, p. 32, p. 41)。

15) 野津高次郎 前掲書 2-3頁。Faculty Tax は，財産及びそれ以外のあらゆる活動から生じる対価を対象とする税目であることから，能力税とも訳されることもある。

16) 内国税と関税の比率　　　　　　　　　　　　　　　　(単位：千ドル)

年	内国税	%	関税	%
1880	124,009	40%	186,522	60%
1885	112,498	38%	181,471	62%

1890	142,606	38%	229,668	62%
1894	147,111	52%	131,818	48%
1900	295,327	55%	233,164	45%

(出典) Government Printing Office, Statistical Abstract of the United States 1923, p. 699 No. 617.

17) 野津高次郎　前掲書　19-27頁。
18) Bullock, Charles J., "The Taxation of Property and Income in Massachusetts" Quarterly Journal of Economics, pp. 2-3, Vol. 31, No. 1, Nov., 1916。1850年の予測値では，100の税収の内訳は，人頭税が16.67，不動産が52.80，動産及び所得が30.50となっている（Bullock, Charles J., Ibid., p. 7)。
19) Seligman, Edwin R. A., op. cit., pp. 389-390.
20) Seligman, Edwin R. A., Ibid., p. 390. 米国連邦税としての最初の所得税の免税点は600ドルであったが，マサチューセッツ州の能力税における免税点及びバージニア州の1845年～1846年所得税の免税点も同額であった（Seligman, Edwin R. A., Ibid., p. 403)。
21) Seligman, Edwin R. A., Ibid., pp. 399-405.
22) Hylton v. U S, 3 U. S. 171 (1796).
23) 現在では，直接税と間接税の区分は，転嫁の有無を基準としている。直接税は，法律上の納税義務者と担税者とが一致することを立法者が予定している租税であり，間接税は，税負担の転嫁が行われ両者が一致しないことを立法者が予定している租税である（金子宏『租税法　第十五版』弘文堂　12-13頁)。この事案の場合，転嫁の有無等が論議されたのではない。
24) 南北戦争期の財政，所得税収，納税義務者数と徴収税額は次の通りである。
南北戦争期の財政　　　　　　　　　　　　　　　　　　（単位：百万ドル）

年	歳　入	歳　出	収　支
1861	41.5	66.5	△　25.0
1862	52.0	474.8	△　422.8
1863	112.7	714.7	△　602.0
1864	264.6	865.3	△　600.7
1865	333.7	1,297.5	△　963.8
1866	558.0	520.8	37.2

(出典) Kimmel, Lewis H., Federal Budget and Fiscal Policy 1789-1958, The Brookings Institution, 1959, pp. 316-317.

所得税収比 (単位：百万ドル)

年	所得税収	内国税の税収	内国税に占める所得税の比率
1866	73	310.9	23％
1867	63	265.9	23.6％
1868	41.5	191.2	21.7％
1869	34.8	160.0	21.75％
1870	37.8	185.2	20.41％
1871	19.2	144.0	13.33％
1872	14.4	131.8	10.92％
1873	5.1	114.1	4.46％

（出典）　Dewey, Davis Rich, Financial History of The United States, 1934 (Reprints of Economic Classics, Kelly Publishers, New York 1968, p. 395).

所得税の納税義務者数と税収

年	納税義務者数（人）	徴収税額（単位：ドル）
1863	—	2,741,000
1864	—	20,294,000
1865	—	32,050,000
1866	460,170	72,982,000
1867	266,135	66,014,000
1868	254,617	41,455,000
1869	272,843	34,791,000
1870	276,661	37,775,000
1871	74,775	19,162,000
1872	72,949	5,062,000

（出典）　Dewey, ibid., p. 305.

25)　南北戦争開戦後の1861年7月4日から臨時議会が開催され，当時の財務長官チェイス（Salmon Portland Chase）は，2,000万ドルの歳入不足を補う手段として，直接税又は消費税のいずれか又は双方を提案した（Hill, Joseph A., "The Civil War Income Tax" Quarterly Journal of Economics, Vol. 28, pp. 416-417）。

26) それぞれの所得税に係る法律の詳細は次の通りである。
　① 1861年　Act of August 5, 1861, c. 45, 12 Stat. 292 309-311, §49-51.
　② 1862年　Act of July 1, 1862, c. 119, 12 Stat. 432 473-475, §90-93.
　③ 1863年　Act of March 3, 1863, c. 74, 12 Stat. 718, 723.
　④ 1864年　Act of June 30, 1864, c. 173, 13 Stat. 223 281-285, §116-123.
　⑤ 1865年　Act of March 3, 1865, c. 78, 13 Stat. 469 479.
　⑥ 1866年　Act of Jula13, 1866, c. 184, 14 Stat. 137.
　⑦ 1867年　Act of March 2, 1867, c. 169, 14 Stat. 477.
　⑧ 1870年　Act of July 14, 1870, c. 255, 16 Stat. 256 257, §6.
　⑨ 1872年廃止。
　　なお，上記③の法律では，米国で最初の相続税が規定されている（Act of June 30th 1864, 13 Stat 287-291, §126-150）。1864年法は上記④の法律及び Act of July 13th 1866 により改正されている。遺産に課される連邦税としては，無遺言の遺産及び株式に課される印紙税法が1797年から1802年まで施行され，その後，1864年法による相続税が規定され，1870年に廃止されている（Regis W. Campfield, Martin B. Dickson, William J. Turmier, Taxation of Estates, Gifts and Trusts, p. 10 West Publishing 1999, p 2）。また，相続税が直接税かどうか争われた訴訟としては，Scholey v. Rew, 90 U. S. 331（1874）がある。
　　南北戦争期の所得税に関しては，Dunbar, Charles F., "The Direct Tax of 1861"（Quarterly Journal of Economics, July 1889）, Hill, Joseph A., "The Civil War Income Tax"（Quarterly Journal of Economics, Vol. 28）, Langenderfer, Harold Q., The Federal Income Tax 1861-1872, (Arno Press 1980) 等がその成立過程等を紹介している。また，1864年法（1865年及び1886年改正を含む。）の手引書としては，Boutwell, George S., The Taxpayer's Manual, Little, Brown and Company, 1866 がある。なお，この著者の Boutwell は米国内国歳入局の初代長官である。
27) ヒルトン事案の判決（1796年）後の1798年に，最初の直接税が課されている。総額200万ドルで，対象は住居家屋，土地，12歳から50歳までの奴隷でこの金額は各州に配分されている（野津　前掲書　11頁）。不動産及び人頭に課される税の沿革は次の通りである（Springer v. United States, 102 U. S. 586（1880）の判決文より）。
　① 1789年3月4日に米国憲法の適用。
　② 1798年（The Act of July 14, 1798, c. 75, 1 Stat. 53）では不動産と奴隷に課税をした。
　③ 1813年（The Act of Aug. 2, 1813, c. 37, 3 Stat. 53）では不動産と奴隷に課税をした。
　④ 1815年（The Act of Jan. 19, 1815, c. 21, 3 Stat. 164）では不動産と奴隷に課税を

した。
⑤ 1815年（The Act of Feb. 27, 1815, c. 60, 3 Stat. 216）ではコロンビア特別区に適用。
⑥ 1816年（The Act of March. 5, 1816, c. 24, 3 Stat. 255）では上記の④と⑤の法律を廃止してより少額の税を徴収した。
⑦ 1861年（The Act of Aug. 5, 1861, c. 45, 12 Stat. 294）では，不動産全部に課税した。
⑧ 1862年（The Act of June. 7, 1862, c. 98, 12 Stat. 422）と1863年（The Act of Feb. 6, 1863, c. 21, 12 Stat. 640）は，上記⑦の徴収に関する法令である。

28) Springer v. United States, 102 U. S. 586 (1880).
29) 1864年法第117条の規定では，分離している財産の場合は個別各人別に基礎控除額（600ドル）を控除できるが，そうでない場合，すべての家族の合計所得から基礎控除額を控除すると規定している。
30) 1865年改正法（1865年3月3日改正）の税率は，600ドル以上5,000ドル未満5％，5,000ドル以上10％である。この税率で計算すると，5,000 × 5％ = 250ドル，45,798 × 10％ = 4,579.8ドル，税総額4,829.8ドルとなり実際の税額とは30ドルの差額があるが，控除額が基礎控除以外にあれば，訴訟において示された税額になろう。
31) ヒルトン事案からスプリンガー事案までの間に所得税或いは相続税に関連した判例は次の通りである。
　① Pacific Ins. Co. v. Soule, 74 U. S. 433 (1868).
　② Veazie Bank v. Fenno, 75 U. S. 533 (1869).
　③ Collector v. DAY, 78 U. S. 113 (1870).
　④ The Collector v. Hubbard, 79 U. S. 12 Wall. 1 1 (1870).
　⑤ Scholey v. Rew, 90 U. S. 331 (23 Wallace) (1874).
32) Faulkner, Harold U., American Economic History 6th edition, Harper & Brothers, 1949, 538-539. ハロルド・U・フォークナー著　小原敬士訳『アメリカ経済史』（下）至誠堂　1969年　716頁。
33) 野津　前掲書　42頁。
34) Faulkner, op. cit., p. 539. ハロルド・U・フォークナー著　小原敬士訳　前掲書 716頁。
35) ウィルソン・ゴーマン関税法は，租税負担の公正を目的として，砂糖税に対する埋め合わせをするために所得税が規定され，富者に重い課税制度を規定した（高木前掲書　81頁）。
36) Act of Congress of August 27, 28 Stat. 509, 553.
37) 法人税ということではなく，法人に対する課税であれば，南北戦争期の所得税に

おいて，保険会社等の収入金額に課税し，法人からの配当に対する課税もあったが，法人所得に対する課税という意味では，1894年法が初めての法人税といえよう。この1894年法の法人税に関する所得概念についてセリグマンは次のように述べている（Seligman, Edwin R. A., op. cit., pp. 512-513）。法人の資本は，株主資本と借入資本から構成され，これらの資本は財産と収益獲得能力として具現化されている。個人の課税において債務を上回る剰余部分を課税財産とすることから利子の控除を認めたのであるが，米国下院における議論では，この論理に基づけば利子と配当を同じ扱いにして控除しないとしたが，上院では，利子の控除を認めた。法人に対する所得課税は，真の法人所得税ではなく，一定額の費用を超える法人利益への課税である。

38) Pollock v. Farmer's Loan & Trust Co., 157 U. S. 429 (1885), Pollock v. Farmer's Loan & Trust Co., 158 U. S. 601 (1885).

39) Marbury v. Madison, 5 U. S. 137 (1803). この事案は，大統領がアダムスからジェファーソンに交替する時期に，任期切れ直前のアダムスがコロンビア特別区の判事にマーベリーを任命したが，マーベリーに対して国務長官であるマーシャルから辞令が交付されなかった。新大統領となったジェファーソンにより国務長官に任命されたマディソンはマーベリー他の辞令交付をしなかった。マーベリーらは，マディソンに対して辞令の交付を命令するように最高裁に提訴したが，最高裁は，その辞令交付の基因となった法律自体が憲法の規定した最高裁の権限を拡大していることから違憲であるという判断を示した。

40) Collector v. Day, 78 U. S. 113 (1870).

41) 4月と5月の2つの判決があるのは，4月の判決後，5月に3日間の再審理を行ったからである。結果として，2つの判決は1894年法が違憲である点では変わりはないのである。

42) Seligman, Edwin R. A., op. cit., p. 535. 畠山武道「アメリカに於ける法人税の発達」『北大法学論集』第24巻第2号　251頁。この違憲判決の背景としては，農民と労働者の支持を背景とした人民主義（ポピュリズム）が富裕層に対する所得税導入を促進させたという政治的状況もある（Steinmo, Sven, Taxation and Democracy, Yale University Press, 1993, p. 70）。

43) 忠佐市『アメリカの課税所得の概念及び計算の法学論理—アメリカの連邦最高裁判所判例を核心として—』日本大学商学部会計学研究所　研究資料第二号　1984年　135頁。

第 3 章

法人免許税の創設と憲法修正第 16 条

1. 本章の概要

本章が扱う領域は,1909 年の法人免許税（Corporation Excise Tax：以下「法人免許税」という。）の創設[1],1911 年に法人免許税が直接税ではないという最高裁判決（フリント事案）[2],そして,1913 年 2 月 25 日に公布された憲法修正第 16 条までを対象としている[3]。この憲法修正第 16 条が確定して,連邦政府が所得税を各州に割り当てることなく賦課徴収することが可能になり,1913 年に,米国では所得税法（法人税を含む。）が制定され,それ以降,個人所得税及び法人税は米国において恒久税となるのである。

本章が対象とする 1909 年から 1913 年の憲法修正第 16 条確定までの期間は,米国所得税のうちの法人課税について,税法に規定された所得等の基礎概念について会計専門家等から各種の批判が出て検討が加えられた時期であり,1909 年の前の 1894 年所得税・法人税の時期とはその税務環境が異なることになる。

1887 年には,AICPA の前身である AAPA（American Association of Public Accountants）が発足しているが[4],1894 年所得税法に関して多くの意見が寄せられたという事実はなかった。これに対して,20 世紀に入って,1901 年に英国からのデッキンソン会計士が来米して初代プライス・ウォーターハウス所長に就任し[5],1904 年にはセントルイスで第 1 回会計士世界会議が開催されている[6]。また,1905 年には,AAPA の機関紙である The Journal of Accountancy が発刊されている。このような背景から,法人免許税に対する会計士側からの多くの批判が AAPA の機関紙等に掲載され,さらに,この時期は会計理論等

の側面においても大きな進展を見るのである[7]。したがって，この時代は，米国において税法と企業会計が初めて関連を持った時期といえよう。

また，1913年以降，米国税制は法人税を含む所得税中心の税体系に移行するのであるが，1913年以降の所得税制には，それ以前に制定された所得税及び法人税に係る基本的な諸概念等が適用されている例も多い。その意味で，この時期の所得税及び法人税の動向は重要な意義を持つものといえるであろう。

2. 法人免許税の概要とその背景

(1) 法人免許税の背景

1909年法当時の大統領は，第27代ウィリアム・H・タフト（任期：1909年3月～1913年3月）である。法人免許税を規定した関税法（ペイン・オルドリッチ法案：Payne-Aldrich bill）が成立したのが1909年8月であり[8]，憲法修正第16条が公布されたのが1913年2月25日ということで，いずれの事項もタフト大統領任期中の出来事ということになる。

法人免許税以前の1894年制定の所得税法の背後には，西部，南部を中心とする農民運動等が政治的勢力を形成して貧富の格差是正を目的にしたのに対して[9]，法人免許税は企業合同等の巨大会社に対する反感の増加による一般の支持があったといわれている[10]。

財政面では，当時の主要な歳入であった関税は，1890年以降次のように推移したのである[11]。

① 1890年　マッキンリー関税法が制定され，関税率が49.5％引き上げられた。

② 1894年　ウイルソン・ゴーマン関税法が制定され，関税の平均税率を39.9％引き下げたが，その歳入減は，4,000ドルを超える所得に対する2％の所得課税で埋め合わせるはずであったが，1895年に所得税は違憲判決が出された。

③ 1897年　ディングリー法がウイルソン・ゴーマン関税法に代わって制

定され，平均税率を57％引き上げた。

④　1909年　ペイン・オルドリッチ関税法により税率の引き下げ等の改正が行われた。

　財政面から見れば，上記②と④において制定された所得税・法人免許税は，関税等の税収減を補完する税という位置付けであるが，1913年所得税法の税収が増加を始める1914年以降は，関税の税収が相対的に低下することになる[12]。

(2)　法人免許税の概要

　法人免許税は，条文上は1条（1909年関税法第38条）のみであるが，該当条文は，8項から構成されている。

　イ　納税義務者

　米国連邦法，州法，米国の領土の法律，アラスカ又はコロンビア特別区に適用される連邦法に基づいてこれまで又は今後設立され，利益を目的として組織され，かつ，株式資本を有するすべての法人，株式会社，ジョイントストック会社又は団体及びすべての保険会社（以下「法人等」という。），外国の法令に基づいて現在又は将来において設立され，かつ，州，米国の領土又はアラスカ又はコロンビア特別区において事業に従事する法人等は，その事業に関して特別な免許税を納付する義務がある。なお，公益法人等は免税となる。また，個人，パートナーシップは対象外ということになる。納税額の有無にかかわらず，上記の法人等は確定申告書の提出が義務付けられる。

　税率は，当該年度において，すべての源泉から受領した5,000ドル超のすべての純所得（Entire Net Income）に対して1％である。ただし，配当受取法人の段階で課税済みの受取配当はこの計算から除かれる。

　ロ　課税所得計算

　当該純所得（Net Income）は，すべての源泉から当該年度内に受領した法人等の所得の総額（The Gross Amount of the Income）から以下のものを控除して計算することになる。

① 事業及び設備の維持及び活動において，当該年度内に所得から実際に支払われた（Actually Paid Within The Year）すべての通常かつ必要な費用（All the Ordinary and Necessary Expenses）で，賃貸料或いは営業権等に係る費用，財産の継続的な使用又は所有のために必要なすべての費用を含む。
② 当該年度内に実際に蒙ったすべての損失で保険等により補塡されないもの，減価償却費の合理的な償却費を含む。
③ 社債券及びその他の負債額（当該法人等の事業年度末現在の払込資本金額を限度とする。）に係る利子で当該年度内に実際に支払われた金額。
④ 国，地方等が当該事業年度内に支払った租税の額。外国で行った事業に関して外国で課された租税の額。
⑤ 法人等から当該年度内に受け取った課税済所得からの受取配当。
上記以外に外国法人に係る規定がある。
ハ 基礎控除，申告及び添付資料等。

基礎控除額は 5,000 ドルで，上記の項目の規定により算定した法人等の純所得（Net Income）の金額から控除する。

税額は，1909 年 12 月 31 日に終了する事業年度及びその後の暦年において，法人等の純所得の金額から基礎控除額を差し引いた金額に対して計算される。申告期限は，翌年の 3 月 1 日までである。納税地は，法人等の事業を行っている主たる場所の所轄税務署に対して提出することとする。申告する場合，すべての法人等は，財務長官の承認を受けて内国歳入局長官の指定した様式を使用し，申告するものは次の通りである。

① 事業年度末における法人等の払込資本の総額
② 事業年度末の法人等の社債券及びその他債務の合計額
③ すべての源泉から当該年度内に受領した法人等の所得の総額，また，法人等が他の法人等からの課税済配当として当該事業年度内に受領した金額
④ 上記ロ①〜⑤までの金額

上記の規定から，課税所得計算において控除等が認められる項目に関して，その明細等を申告書に添付することが要件になっている。

ニ 税務調査等

課税所得の計算等以外に，1909年法では，税務調査，加算税等，公示制度，税務職員の守秘義務，脱税等の罰則等が規定されている[13]。

(3) 法人免許税の特徴

法人免許税は，当時において評論の対象となるときの名称が法人課税（Corporation Tax）である。法人所得税（Corporation Income Tax）という表記ではないが，法律又は会計等の専門誌に掲載された論文等では，法人所得を課税標準とした法人課税という内容から，法人所得税と極めて近い性格の租税という認識が一般的であったといえよう。

しかし，上記(2)の納税義務者の範囲で判るように，法人免許税は，事業活動を行う法人を納税義務者としたことから，原則として，個人，パートナーシップ等は納税義務者の範囲から除かれている。逆にいえば，法人免許税の納税義務を負いたくないのであれば，個人又はパートナーシップ等により法人が行うものと同様の事業を行えばよいことになる。

課税標準である純所得の算定方法等については，法人免許税に使用されている概念等を巡る議論が盛んになるのであるが，それ以外として，法人免許税の申告時に添付書類等の要件が課されていることで，法人は，法人免許税の要求する水準まで法人の帳簿等の整備を行う必要に迫られることになり，結果として，法人の帳簿等の整備を税法が促した要素もあるように思われる。さらに，税務調査，罰則規定等が整備され，税務行政等に対する規定の整備が図られている。

そして，現行の米国所得税，法人税に見られる特徴のいくつかが法人免許税から始まっていることである。その意味からすると，この法人免許税は，憲法修正第16条改正への地ならしをした意義と，その後の1913年以降の米国税法に与えた影響の大きさを考えると，その存在意義は大きなものがあるといえる。

3. 会計士業界から法人免許税に対する批判等

(1) 12 会計事務所による批判の書簡

　法人免許税を規定した関税法は 1909 年 8 月に成立しているが，同法案が上院に送られて 1 週間後に Commercial and Financial Chronicle（July 3d, 1909）にその概要が掲載された[14]。この法案に対して，1909 年 7 月 8 日付で，ニューヨークの 12 の会計事務所が連名で国会関係者に同法案の問題点を指摘した書簡を送っている[15]。会計士側の主たる批判点は次の通りである。

① 法人免許税は事業年度を暦年としているが，この規定は実態に合っていない。1909 年に法律が成立して 1909 暦年を最初の事業年度とすると，期首で棚卸を行っていない等の問題がある。

② 費用，損失等の認識基準を現金主義ではなく，発生主義に変える必要がある。

③ 公正な会計として認められた原則に反し，同法の内容は実際に適用が難しい。

(2) 司法長官の回答

　この連名の書簡に対して，当時の司法長官が 1909 年 7 月 12 日付で回答している[16]。その概要は次の通りである[17]。

① 同法案は，利益（Profits）に対して課税するのではなく，事業年度内のすべての源泉から法人等により受領される 5,000 ドルを超えるすべての純所得（Entire Net Income）に対して課税するのである。

② 政府の歳入法案は所定の日に納付することを定めており，1894 年所得税が先例であるが，暦年で課税をしている。

③ 会計士側は，費用等について発生で認識することを提唱しているが，この点は立法者の考え方がその主張とは異なっている。

(3) 会計事務所の反論

1909年7月21日に12会計事務所が7月12日付の司法長官からの回答に対して，次のような要旨の反論の書簡を出している[18]。

司法長官からの回答により，法人免許税における収益及び費用の認識は，現金収支が基本となり，発生主義ではないことが明らかになった。鉄道会社及び製造会社等は，このような現金収支に基づく会計では会社の実際の会計実務と異なり複数の帳簿を必要とすること等から多くの難しい問題が生じることになる。

(4) 財務省規則の発遣

会社免許税制定時の財務長官は，実務経験者であり，会計士の指摘事項が実務における適用において困難を伴うことについて理解していたことから，同法成立直後に，内国歳入局長官に規則（Regulations）の作成を命じた。これらの規則は1909年12月3日に制定された[19]。

司法長官は，1909年7月12日の書簡で，受け取った総所得（Gross Income Received）を事業年度の間に販売により実際に受け取った金額と回答しているが，規則では，製品の売却価格と製造原価の差額と定義された。さらに，規則では，総所得（Gross Income）は，総利益（Gross Profits）と同じ概念であると規定された[20]。

同法で使用されている純所得（Net Income）は，事業活動からの純利益（Net Profits）ばかりか，その他の源泉から受領したすべての所得の項目を含むものである[21]。

そして，1909年8月に成立した同法が，1909年暦年を事業年度として申告義務を課していることで，期首の棚卸ができないという会計士側の主張に対して，規則は，1908年12月末に近い段階の予測値で代用できることを規定してこの問題を解決している[22]。

また，収益及び費用の認識をより会計実務に近づけるために，総所得（Gross Income）は事業年度中の現金収入又はそれ以外の1月から12月末までの事業

年度からの法人の帳簿記入のいずれでも問題がないこととされた。また，控除については，実際の現金支出又は法人役員が適正に認識して法人資産に対する負債を構成するものとして記帳するかどうかは大きな問題ではない，と規則を定めて，会計士側からの批判をかわしたのである[23]。

(5) 総所得の意義

現行の内国歳入法典第61条に規定する事業から生じる総所得 (Gross Income Derived from Business) は，1909年の法人免許税における総所得と同じ概念である[24]。法人免許税では，総所得が売上高であり，そこから控除項目として売上原価を差し引くことになっていないが，前項(4)で述べた規則では売上原価を差し引いた金額が総所得と規定されている。製造業又は商業を営む個人又は法人の場合，棚卸により売上原価を算定することが会計の一般的方法であることから，総所得の定義は，棚卸資産の販売による総所得は利得 (Gain) であることを明確にしたのである。なお，当時の認識では，銀行，金融機関，保険会社の場合は，総所得と総収入 (Gross Revenue) が同じということである[25]。法人免許税は，この総所得から法律で認めた控除項目を差し引いて純所得を算定することになっている。

(6) 会計実務と法人免許税の関連

前章においても述べたように，1862年及び1894年の所得税の制定時において，1909年の法人免許税のときのように，会計士側から批判等が寄せられた事実はなかった。その原因は，19世紀中では，資格の授与を含めて会計士業務自体が整備されていなかったことに基因する。1909年当時は，大規模法人等において，近代的な所得算定法が一般化しており，発生主義会計が広く利用され，設備資産に対する減価償却，不良債権及び偶発債務に関する引当等が行われ，多くの企業が事業形態にあった事業年度を設定していたのである[26]。

4. ミッチェル兄弟会社事案[27]

(1) 事実関係

ミッチェル兄弟会社（以下「M社」という。）は，製材会社で，所有する山林から材木を製材して，種々の副産物と共に販売して利益を得ている。M社は，立木伐採後の土地を売却しているが，M社の事業目的は不動産取引ではない。同社は創立時の1903年に1エーカー約20ドルで山林を取得している。立木の価格の高騰により，1908年末には当該山林の時価は1エーカー約40ドルになっていた。この値上がり相当額は帳簿に記帳されなかったが，木材の売上高から木材の原価及び製材費用を控除した差額は利益として記帳された。法人免許税が制定され，1909年分の申告書準備のため，M社は，1908年末に山林を再評価して，1エーカー当たりをおおよそ40ドルとした。この評価は適正に行われているが，この評価額は帳簿に記帳されていなかった。同社は，1909年から1912年まで申告を行っているが，その申告では，伐採した立木の1908年末の時価相当額を総収入（Gross Receipts）から控除して計算した。これらの年分において，当該時価相当額に変化はなかった。内国歳入局長官は，1903年の取得価額を原価として認めたが，1908年の時価と取得価額の差額を否認した。

(2) 判示事項

ピトニー判事が示した判断は次の通りである。
① 法人免許税の立法趣旨は，財産それ自体に対する課税又は財産が他に転換したことを捕らえて課税するのではなく，立法後の事業活動及び財産から生じた利得を課税標準として営利法人の事業行為に課税することである。
② 法人免許税制定前に取得した資本資産（Capital Assets）で同法制定後に貨幣に転換したものの価値の増加分を通じて取得した利得に対して法を適

用する場合，難しい問題に向かい合うことになる。
③　1909年に財務省から発遣された規則第31号によれば，製造業と商業の場合，総所得は，売上高から売上原価を控除した額であり，売上原価は期首棚卸高を加算して，期末棚卸高を減算して計算する。この規則は本事案の事実に対する適用において同法を正しく解釈している。M社の山林は資本資産の一部であるが，貨幣に転換してもその本質は変わらない。
④　1909年から1912年の間に，当該山林の時価の増加はなかった。このことから，法人免許税の法の意図と意味からして，山林の取得後の価値の増加は，M社の事業活動の成果又は法人免許税適用後のM社の財産価値の増加でもない。

(3)　本判決の意義

この事案は，簡単な例で示すと，20で取得した資産が値上がりして40となり，これを仮に70で売却したとすると，当該資産の取得価額を20とするのであれば売却益は50である。当該資産を再評価して40とすると，売却益は30になる。すなわち，当該資産の売却収入70という貨幣への転換が行われたのであるが，当該資産の値上がり部分が所得を構成するのかどうかということになる。本判決は，資本資産である山林の貨幣への転換が所得を生み出すことはないとして再評価後の価額の控除を認めたものであり，これが同法の意図と意義を表すとした点の本判決の意義があるものと思われる。

さらに別観点では，純所得の算定上，所定の控除（Authorized Deductions）を差し引くとしている。法人免許税の課税標準の計算は，総所得から所定の控除を差し引くと純所得ということになることをこの判決は確認している。法人免許税では，課税標準の計算上，控除可能な項目が法律で定められていることから，上記の所定の控除は，わが国における別段の定めと同様のように思えるが，米国税法における所定の控除には，通常かつ必要な費用という規定があるが，法人免許税の条文に初めてこの概念が使用されている[28]。

5．法人免許税に関連する最高裁判決

(1) スプレックル製糖会社事案[29]

1895年のポロック判決（最高裁）により1894年制定の所得税法が違憲とされた。そして，1909年に法人免許税が制定されるのであるが，法人免許税が合憲か否かを判定するための先例になったのがスプレックル製糖会社事案である。

本事案の争点のうちの1つが，1898年戦時歳入法 (War Revenue Act of 1898) 第27条により課された税が間接税としての免許税かどうかということである。この税は，製糖業を営む法人等の25万ドルを超える年次総収入 (Gross Annual Receipts) に対して課されるもので，直接税ではないという判決が出されている。

この第27条の規定は次のようなものである。

「石油精製，製糖或いは石油等の輸送のためにパイプラインを所有又は管理している事業を営み，その年間の総収入が25万ドルを超えるすべての者 (Person)，企業，法人，会社は，当該者，企業，法人，会社の売上高の25万ドルを超える部分に対して0.25％の特別免許税 (Special Excise Tax) が課されることとなる。（以下略）」

この免許税に関する判決によれば，政府は，この税が直接税ではなく間接税であると，主張している。米国憲法第1条第8節第1項の規定では，連邦政府は，関税，間接税，消費税を賦課徴収する権限を有するが，すべての関税，間接税，消費税は，合衆国を通じて画一であるものとすることになっている。この判決では，この税は，明らかに財産としての年次総収入に課すものではなく，製糖業を営むことを対象としているが，この課税の課税標準が年次総収入であることのみの理由で判断することはできない，と判示されている。

したがって，法人免許税はこのスプレックル製糖会社事案で示された直接税ではないという最高裁の判断を参考にして立法化されたものと思われる。

(2) フリント事案[30]

この事案は，法人免許税の合憲性が争点となった事案である。法人免許税は，法人等としての利点を持ちつつ事業を行うことに対する課税である。この事案の判決に先立って，上記(1)で検討したスプレックル製糖会社事案が合憲となったことから，これが先例となった判決となることは容易に推測できることである。したがって，検討の焦点は法人免許税の合憲性ではなく，法人免許税の課税標準となる所得の計算である。

法人免許税の計算構造に関しては，判決では次のような理解が示されている。

① 法人免許税は規定された性格の事業を行うことに対して課される。
② 課税の尺度は所得であり，控除は法定化されており，事業で使用する財産から受け取るものだけではなく，すべての源泉からのものである。
③ 銀行及び信託会社の支払利子について控除を認めているが，社債及びその他の負債額に係る支払利子を当該法人等の事業年度末現在の払込資本金額を限度とし負債額等に基づく利子で当該年度内に実際に支払われた金額に制限している。この規定は，社債等の利子が損金算入となる（資本金に係る配当が損金不算入となる。）ことから社債等を大量に発行することで資本を調達して租税回避を図ることを防止する観点から設けられたものであろう。

この上記③について，純所得算定のための控除は，連邦政府の恩典であり，連邦政府が控除することを特別に認めなければ，純所得は問題の項目を差し引くことなく計算することになる，とする見解がある[31]。

(3) ストラットン社事案[32]

英国法人であるストラットン社（以下「S社」という。）は，コロラドで自社

所有の鉱山から金等を含む鉱石の採掘を行っている。本事案は，1909年の法人免許税の同社への適用を巡って争った事案であり，判決は，憲法修正第16条が確定した1913年2月以降の1913年12月1日に出されている。

本事案の争点の1つは，鉱業会社であるS社が，法人免許税の納税義務者か否かであるが，これについては，S社の一連の事業活動である鉱石の採掘は製造による成果物と同様であり，法人免許税に規定のある納税義務者となると判示している。そして，所得は，資本又は労働或いはその双方の混合により生じる利得と定義している。

S社は，外国法人であることから，法人免許税では，内国法人等と外国法人の課税標準の計算について，後者が国内源泉所得に限定されている相違があるだけである。所得計算における問題は，自社所有の鉱山から鉱石を採取している法人は，その鉱石の収入金額から採掘等に要した金額を減耗償却という方法で控除することが認められなかった[33]。

6. 憲法修正第16条

(1) 憲法修正第16条の概要

1913年2月25日に憲法修正第16条（以下「修正第16条」という。）が次のように確定した[34]。

> 「連邦議会は，いかなる原因から得られる所得に対しても，各州の間に配分することなく，また国勢調査もしくはその他の人口算定に準拠することなしに，所得税を賦課徴収することができる。」

1895年のポロック判決により所得税は米国憲法に規定する直接税に該当することから，連邦政府は，各州に税額を割り当てることになじまない所得税を制定することができなくなったのである。1907年に当時のセオドア・ルーズベルト大統領は，憲法改正の必要性を議会への教書において声明した。1909

年にタフト大統領は，憲法改正を示唆したのである[35]。そして，憲法修正案が1909年の第61議会を通過して各州の承認を得る手続に入り，1913年2月25日に米国の州の4分の3の承認を得て，修正第16条は確定したのである。

(2) ユニオンパシフィック鉄道会社事案[36]

修正第16条は，連邦税としての所得税導入を巡る問題であることから賛否両論があったことは当時の講演記録等から窺うことができる[37]。そして，修正第16条は，1916年の最高裁判決であるユニオンパシフィック鉄道会社事案において，その意義が検証されるのである。

この事案は，同社の株主（上告人）が会社に対して1913年に制定された所得税[38]（以下「1913年所得税法」という。）に従うことを禁止する訴状を提出したのである。1913年所得税法は，修正第16条後に成立した初めての所得税である。そこで，この事案の判決において，修正第16条の意義が語られている。

すなわち，修正第16条は，連邦政府に新たな課税権を与えたということではなく，州への割り当てに対する規制からすべての所得税を開放したことである。また，1913年所得税法が成立したので1913年10月3日で，1913年3月1日から1913年12月31日まで遡及して適用となることが憲法に定める適正手続の規定に反するという申立に対して，修正第16条の確定が，1913年2月25日であることから，違憲ではないという判断が示されている。

この判決から判ることは，修正第16条が，修正前の米国憲法における直接税の要件とされた，各州への割り当てと直接税か否かの基準としての資本の種類（例えば，1880年判決のスプリンガー事案では，土地又は建物から生じるものが所得と認識していた。）に対する制限を緩和したことである。したがつて，連邦政府が修正第16条で所得税の課税権を新たに与えられたのではなく，上記の制限を取り払ったということになる。

1) Tariff of 1909, August 5 (36 Stat. 112-119). 法人免許税は，1909年関税法（ペイン・オルドリッチ関税法）の第38条に規定され，次のような構成になっている。

第38条では項は表記されていないが，項として分類し見出しを付すと次の通りである。同条各項は，第1項（納税義務者），第2項（所得計算），第3項（基礎控除と申告），第4項（税務調査等），第5項（加算税，延滞税等），第6項（公示制度），第7項（税務職員の守秘義務），第8項（罰則等），となっている。この税は，法人形態で事業を行う特権に対して課す税であり，その課税標準は，5,000ドルを超えるすべての純所得の1%であることから，この税に対して批判的であった会計士事務所等は，この税を連邦法人税（federal corporation tax）等と呼び，1895年のポロック判決により違憲とされた連邦所得税を偽装したものと考えたのに対して，立法者側は，この税が所得税ではないという前提で立法化したことで多くの議論を呼んだものと思われる。

以下は，1910〜1913年の法人合計欄は法人免許税の税収であり，年度は徴収した年度である。

法人免許税に係る統計資料　　　　　　　　　　　　　　　（単位：千ドル）

	一般所得税	超過税	個人合計	法人税	戦時超過利潤税	法人合計
1910						20,960
1911						33,512
1912						28,583
1913						35,006
1914	12,723	15,525	28,254	43,128		43,128

（出典）　Government Printing Office, Statistical Abstract of the United States 1923, p. 703 No. 620.

2)　Flint v. Stone Tracy co., 220 U. S. 107 (1911).
3)　1913年2月25日　憲法修正第16条確定
　　「連邦議会は，いかなる原因から得られる所得に対しても，各州の間に配分することなく，また国勢調査もしくはその他の人口算定に準拠することなしに，所得税を賦課徴収することができる。」（宮沢俊義（編）『世界の憲法集』岩波書店　昭和49年　49頁）。
4)　この組織は，1916年にAICPAに名称を変更している。
5)　19世紀末から米国産業界は，企業合同等が増加した時期であり，英国からの対米投資との関連において英国会計事務所が米国に進出してきたのである（山桝忠恕『監査制度の展開』有斐閣　昭和42年第二刷　118頁）。企業合同は，1898年以降の3〜4年間に頂点に達し，その象徴が1901年に成立したUSスティール（資本金11億ドル）であり，1904年には米国に200億ドルの産業及び資本を擁する約440の産業及び運輸業のトラストが存在した（高木八尺　前掲書　90-91頁）。

6) 当時の米国の会計士の資格者の数は次の通りである（Edwards, James Don, History of Public Accounting in the United States, The University of Alabama Press, 1978, p. 362）。

会計士資格発行者数の変遷（累計は筆者が作成）

年	全米発行数	累　計（人）
1896	56	56
1897	70	126
1898	7	133
1899	44	177
1900	41	218
1901	85	303
1902	61	364
1903	99	463
1904	98	561
1905	56	617
1906	78	695
1907	101	796
1908	289	1085
1909	231	1316
1910	326	1642

7) この時期に刊行された会計学の理論書について，黒澤教授は，以下の3冊のうち，ハットフィールドの著書を米国会計学の出発点であると評価している（黒澤清「米国会計学発展史序説」馬場敬治他『米国経営学（上）』所収　東洋経済新報社　昭和31年　246頁）。
　① Sprague, Charles E., The Philosophy of Accounts, NY 1907.
　② Cole, W. M., Accounts, Their Construction and Interpretation, NY 1908.
　③ Hatfield, Henry Rand, Modern Accounting, Its Principles and some of its Problems, NY 1909.
8) タフト大統領の前任者は，第26代セオドア・ルーズベルト（任期：1901年9月から1909年3月）であり，所得税に係る米国憲法の修正は，ルーズベルト大統領が1907年の議会への教書において声明している（高木　前掲書　114頁）。

9) 高木　同上　79-80頁。
10) 野津高次郎　前掲書　53頁。
11) Faulkner, Harold U., op. cit., pp. 536-540. ハロルド・U・フォークナー著　小原敬士訳　前掲書　713-717頁。
12) 次の時期における内国税と関税の比率は次の通りである。

内国税と関税の比率　　　　　　　　　　　　　　　　　　　　（単位：千ドル）

年	内国税	構成比	関　税	構成比
1900	295,327	55％	233,164	45％
1905	234,095	47％	261,798	53％
1910	289,933	46％	333,683	54％
1913	344,416	51％	318,891	49％
1914	380,041	56％	292,320	44％
1915	415,669	66％	209,786	34％
1916	512,702	70％	213,185	30％
1917	809,366	78％	225,185	22％
1918	3,609,043	95％	182,758	5％

（出典）　Government Printing Office, Statistical Abstract of the United States 1923, p. 705 No. 617.

13) 内国歳入局長官は，1910年3月29日付で，法人免許税の概要を示した文書（T. D. 1606）を公表している（"Special Excise Tax on Corporations" The Journal of Accountancy, Vol. 11, No. 4, Feb. 1911, pp. 297-302）。当該文書に記載された事項は，本法に規定のない取扱い等に類する事項であるが，その内の特徴のある規定と思われるもののいくつかを以下に掲げることとする。
① 内国法人等の課税所得は，国外における事業活動から受領した所得も含む。
② 支店又は子会社を有する法人は，これらの所得すべてを当該法人の申告書に含める。
③ 納税地は，事業の主たる場所であるが，この場所は，設備等の所在地ではなく，申告に必要な帳簿等が保管されている主たる事務所のことである。
④ 暦年以外の事業年度に基づくものは認められない。
⑤ 資本株式（capital stock）には優先株式と普通株式が含まれ，剰余金又は未分配利益は資本株式に含まれない。
⑥ 不動産の売却により実現した利益，保有財産の価値の増加部分は所得に含まれる。

⑦　山林業者が木材販売で得た金額から苗木育成等に費消した金額を控除した額が総所得である。
⑧　改良費は資産として処理され，修繕費は，減価償却費と相殺される。
⑨　申告対象年分以前の年に生じた利子又は租税は，申告対象年分において総所得から控除することはできない。
⑩　減価償却費の繰入額は，財産の耐用年数，原価，価値及び使用を基礎とする。

14) この記事の見出しが，WHAT THE CORPORATION TAX MEASURE CONTAINS, であり，税率は2%になっている。
15) Deloitte, etc., "Accounting Errors in Corporation Tax Bill" The Journal of Accountancy, Vol. 8, No. 3, July, 1909.
16) タフト政権の司法長官は George Woodward Wickersham である。彼の在任期間は，1909年3月4日から1913年3月4日である。
17) Robinson, Maurice H., "The Federal Corporation Tax" The American Economic Review, Vol. 1, No. 4 Dec., 1911, p. 697, "The Corporation Tax Correspondence" The Journal of Accountancy, Vol. 8, No. 4, 1909.
18) "The Corporation Tax Correspondence" The Journal of Accountancy, Vol. 8, No. 4, 1909.
19) この規則は，Regulation, No. 31, Internal Revenue, Dec., 3, 1909 (T. D. 1578), である (Robinson, Maurice H., op. cit., p. 698.)。
20) Robinson, Maurice H., Ibid., p. 699.
21) Editorial, "Official Interpretation of the Corporation Tax" The Journal of Accountancy, Vol. 9, No. 2, Dec., 1909, pp. 132-133.
22) 規則又は法の許容規定は，納税義務者にとって便利なものであり，実務上の困難を解決するのに使用されていたのである (AIA, Report of Study Group on Business Income, Changing Concepts of Business Income, New York, Macmillan Company, 1952, p. 26 (渡辺進・上村久雄『企業所得の研究』中央経済社　昭和31年　47頁))。
23) Editorial, "Official Interpretation of the Corporation Tax" The Journal of Accountancy, Vol. 9, No. 2, Dec., 1909, p. 133. Chatfield Michael, op. cit., p. 206 (津田正晃・加藤順介訳　前掲書　263頁) では，財務長官が発生主義を認める公的解釈を発行したと記述されている。
24) 現行の財務省規則§1. 61-2(a)の規定では，製造業，商業，鉱業における総所得は，総売上高 (total sales) から売上原価 (cost of goods sold) を控除し，投資及び付随的又は外部の活動から生じた所得を加えた額である。
25) Editorial, "Official Interpretation of the Corporation Tax" The Journal of Accountancy, Vol. 9, No. 2, Dec., 1909, p. 134.

26) Chatfield Michael, op. cit., p. 206（津田正晃・加藤順介訳　前掲書　263頁）．
27) Doyle v. Mitchell Bros. Co., 247 U. S. 179 (1918).
28) 1894年法の法人税における規定は，actual operating and business expenses となっている。
29) Spreckels Sugar Refining Co., v. McClain, 192 U. S. 397 (1904).
30) Flint v. Stone Tracy Co., 220 U. S. 107 (1911).
31) Dohr, James L., "Income divorced from Reality" Journal of Accountancy, Vol. 66, No. 6, p. 366, 1938.
32) Stratton's Independence, Ltd. V. Howbert, 231 U. S. 399 (1913).
33) 1913年に制定された所得税法では，鉱山及び天然資源の場合の減耗引当金で計算対象の年度の生産量の総価値の5%以下であるものの控除が認められた。
34) 宮沢俊義（編）『世界の憲法集』岩波書店　昭和49年　49頁。なお，原文は次の通りである。

　　The Congress shall have power to lay and collect taxes on incomes, from whatever source derived, without apportionment among the several States, and without regard to any census or enumeration.
　　なお，憲法修正第16条の成立に関しては，大塚正民「アメリカ合衆国憲法第16修正」田中英夫編著『英米法の諸相』東京大学出版会　1980年所収に詳しくその改正に係る経緯が論述されている。
35) 高木　前掲書　114-115頁。
36) Brushaber v. Union Pacific Railroad Company, 240 U. S. 1 (1916).
37) 所得税導入に賛成の意見は，Purdy, Lawson, "The Income Tax Amendment Should Be Ratified" (The Journal of Accountancy, Vol. 10, No. 1, May, 1910), Borah, William E., "Income Tax Sound in Law and Economics" (The Journal of Accountancy, Vol. 10, No. 1 May, 1910) であり，反対の意見は，Fox, Austen G., "Insert No Ambiguity Into the Constitution" (The Journal of Accountancy, Vol. 10, No. 1, May, 1910), Guthrie, William D., "No Taxation Without Representation" (The Journal of Accountancy, Vol. 10, No. 1, May, 1910) である。
38) Tariff Act of October 3, 1913 (38 Stat. 166).

第 4 章

1913年所得税法からマコンバー事案まで

1. 本章の概要

　本章は，1913年に恒久税として制定された所得税（法人税を含む。）から第一次世界大戦への戦費調達を目的とした1917年以降の税制の前の段階である1916年までの税制と当該所得税を違憲とする訴訟[1]と，1916年の税制の適用事例であり，米国税制史における重要な判決の1つであるマコンバー事案（1920年最高裁判決）を範囲とする。したがって，税制としては，1913年の税制と1916年の税制の2つがこの時期に含まれることになる。

2. 1913年所得税・法人税の概要

　1913年2月25日に連邦政府に人口に応じて各州に配分をせずに所得税の賦課徴収を行うことを認めた修正第16条が確定した。この当時の米国大統領はタフトであり，同年3月4日で大統領はウイルソンに代わっている。
　1913年10月3日に成立した法人税を含む所得税が規定された法律（以下「1913年法」という。）は，アンダーウッド（Underwood），シモンズ（Simmons）関税法の第2部に規定されている。同法の適用は申告所得については，1913年3月1日以降であり，源泉徴収の適用については，同年11月1日以降となっている。

(1) 個人所得税の概要[2]

イ　納税義務者と課税所得の範囲

① すべての米国市民（その居住する場所を問わず）はすべての純所得（Entire Net Income）が課税所得となる[3]。

② 米国等の外国人居住者は，あらゆる源泉から生じた（Arising or Accruing）すべての純所得（Entire Net Income）が課税所得となる。

③ 非居住者が米国国内に所有する財産から生じる所得及び米国国内において行う事業から生じるすべての純所得（Entire Net Income）が課税所得となる。

ロ　税率

普通所得税（Normal Income Tax）は，基礎控除後の課税所得に対して1％の税率であるが，付加所得税（Additional Income Tax）が純所得の総額に課される。その税率は次の通りである。

　　20,000ドル超～　50,000ドル以下　年率1％
　　50,000ドル超～　75,000ドル以下　年率2％
　　75,000ドル超～100,000ドル以下　年率3％
　　100,000ドル超～250,000ドル以下　年率4％
　　250,000ドル超～500,000ドル以下　年率5％
　　500,000ドル超　　　　　　　　　年率6％

付加所得税の適用上，資本金に基づく配当又は法人等の留保所得からの配当を所得として含めることにしている。ただし，非居住者の場合は，米国国外源泉所得を除くことになる。

ハ　基礎控除の金額

基礎控除の金額は3,000ドル，これに加えて，既婚の男子が申告を行う場合に妻と同居している場合は1,000ドルの控除，既婚の婦人が申告を行う場合に夫と同居している場合は1,000ドルの追加控除ができるが，夫及び妻の双方で1,000ドルずつの追加控除を行うことはできない。

ニ　純所得

免税及び損金算入が認められることを条件として，納税義務者の純所得の範囲は，次の通りである。
① 人的役務による給与，賃金，報酬からの所得
② 事業等から生じる所得，財産の取引から生じる所得，所有権の増加又は財産に係る権利の使用からの所得
③ 利子，賃貸料，配当，証券からの所得，利得又は利益を目的として合法的な事業取引からの所得
④ その他の源泉から生じた利得，利益及び所得を含む。贈与，遺贈，相続により取得した財産の価値そのものではなく，これらの財産から生じる所得を含む。ただし，死亡生命保険金，生命保険，寄付又は年金契約に係る期限満了又は契約解除に伴う返戻金は所得に含まれない。
⑤ 付加税の適用上，租税回避の目的で設立した法人等の株式を納税義務者が所有する場合，法人等からの分配の有無にかかわらず，当該納税義務者が所有する株式に対応する利得及び利益について権利を有する部分は課税所得となる。

ホ　損金算入項目

普通税適用上の純所得の算定において，控除として次のものが認められる。
① 家事費を含まない事業遂行において実際に支払われた必要経費（Necessary Expenses）。
② 納税義務者により年間を通じて支払われた債務に係るすべての利子
③ 年間を通じて支払われた連邦税，州税，市町村民税，学校税で，地域における利益に反して賦課された租税を含まない。
④ 年間を通じて，事業上又は火事，大風，難破等の原因から生じた損失で，保険により補償されないもの
⑤ 年間を通じての貸倒損失
⑥ 事業上の使用から生じる財産磨耗に対する合理的な引当金（Reasonable Allowance），鉱業の場合は，生産時の総価値（Gross Value）の5％を上限とする。

⑦　その純所得が課税を受けているすべての法人，株式会社，団体又は保険会社の配当として受け取る金額又は留保利益から受け取る金額

⑧　本条の規定に基づいて源泉徴収された税額，源泉徴収の対象となる所得から源泉徴収され納付された税額

ヘ　免税所得

純所得の計算上，地方債，連邦債，属領債からの利子は免税となる。また，在任期間中の大統領の報酬，最高裁及び下級裁判所の判事の報酬，州又は市町村の公務員の報酬は免税である。

(2)　法人税の概要[4]

イ　納税義務者

納税義務者は，米国において設立されたすべての法人，ジョイントストック会社，団体，保険会社でパートナーシップは除かれる[5]。労働団体，農業又は園芸団体，株式出資による資本金を持たない相互銀行等は非課税法人である。公共事業又は州，国，コロンビア特別区，市町村，フィリピン，プエルトリコの公共活動から生じる所得は免税となる。

ロ　法人税率

すべての純所得（Entire Net Income）に対して1％であり，個人所得税のような基礎控除額はない。

ハ　所得計算

すべての源泉から当該年度中において生じ（Arising）又は発生した（Accruing）法人の所得の総額（Gross Amount of the Income）から，次に掲げるものを控除して純所得（Net Income）が算定される。

①　財産の継続的使用又は所有のための条件としてなされた賃借料及びその他の支払いを含むその事業と財産の維持及び活動に関して当該年度中に支払った（Paid）すべての通常かつ必要な（Ordinary and Necessary）経費。

②　事業年度内に実際に蒙ったすべての損失で保険会社に補塡されなかったもの。財産の使用，磨耗による合理的な減価償却費，鉱山及び天然資源の

場合の減耗引当金で計算対象の年度の生産量の総価値の5％以下であるもの等。

③ 債務についてその年度中に生じ（Accrued），かつ，支払った利子の金額で，利付き債及び決算時の外部払込資本の額の2分の1以下を限度とし，又は，払込資本がない場合には，年度中の支払利子の金額は，決算時の事業に使用された資本の金額以下を限度とする。

　法人の通常の事業における販売条件として，見返り担保により全額保証されている債務の場合，当該法人により保障され，かつ，支払われた利子の総額は，その事業遂行上の経費の一部として控除することができる。社債の場合，その支払利子が無税である場合，控除はできない。

④ 国又は地方により課された租税の額。

ニ　事業年度

暦年を基準として，事業年度の選択ができる。

ホ　申告期限

事業年度が暦年の場合は3月1日，事業年度が暦年以外の場合は決算後60日以内。

(3)　源泉徴収

英国所得税における源泉徴収制度の影響を受けて[6]，米国では，最初の所得税である1862年法以降，この制度が適用されている。

イ　1862年法及び1894年法

1862年法では，国会議員を含む，連邦政府の公務員及び軍人の給与，鉄道会社，銀行，信託会社，保険会社，ガス会社等の会社から支払われる利子と配当について，3％の税率で源泉徴収が行われた。この源泉徴収制度は，1894年に制定された所得税法（違憲判決により廃止）に引き継がれた。

ロ　1913年法

1913年法は，すべての者，共同パートナーシップ，会社，株式会社，ジョイントストック会社，団体，保険会社で，米国の借地人，抵当権設定者，信託

の受託者を含み,執行者,管理者,代理人,受領者,雇用者,すべての役員と使用人として活動する場合で,他の者の利子,賃貸料,給与,賃金,割増金,年金,報酬,給与及びその他の定額かつ定期的利得,利益又は所得に係る支配,受領,処分又は支払いをする場合,一般所得税の課税対象となるものと同額の金額の支払いから,当該者に代わって源泉徴収をして,かつ,申告しなければならない,と規定している。

そして,3,000ドル以下の所得の申告は不要であるが,社債,抵当権,信託証書或いはこれらに類するものから生じた利子等の場合は,所得金額が3,000ドル未満であっても源泉徴収を要することになる。なお,税率は通常所得税の税率の1%である。

源泉徴収により課税された所得は,課税所得の計算上,総所得から控除されることになる。

ハ 1913年法の源泉徴収に係る特徴

1913年法の源泉徴収は,南北戦争期の所得税の源泉徴収と比較して,その範囲を拡大していることは明らかである。そして,課税対象となる所得の多くを源泉徴収による課税でカバーして,所得税の徴収を容易にしていることが1913年法の特徴といえよう。しかし,この源泉徴収制度は,1917年の所得税法において多くが廃止されて,その適用範囲が,非居住外国人に対する源泉徴収,所定の債券からの利子に限定されることになる[7]。

源泉徴収の対象とならない項目には次のものがある[8]。

① 内国法人からの配当はその源泉となる純所得が課税済みであることから除かれる。

② 債券等の真の所有者が外国籍で外国に居住している場合の債券等の利子。

③ 法人はすべての所得を申告する義務があることから法人に対する支払いは源泉徴収の対象から除かれる。

3. 1909年法人免許税と1913年法（法人税）の比較

　法人免許税は，立法上，直接税である所得税ではなく間接税に分類されるが，法人の純所得（Net Income）を課税標準とした税であることから，法人所得税と多くの点で類似した内容である。全体として，1913年法のうちの法人税の規定は，おおむね法人免許税の内容を引き継いだ部分と改訂した部分から構成されているといえる。

　時代区分をすると，南北戦争期の所得税から1894年の所得税・法人税までと法人免許税では，税務を取り巻く環境である税務環境に大きな相違がある。

　その1つが，20世紀に入り会計士業界が大きな発言力を持ち，1894年法までは会計士業界からの発言はほとんどなかったが，1909年の法人免許税では，司法長官と会計士業界の間で書簡の往復が見られるのである。

　第2の点は，法人免許税に関して，米国財務省が規則（Regulations）を公表しているが，1913年法に関しても，規則及びルーリング等が米国財務省等から発遣されている。換言すれば，1909年以降，法令と取扱い（規則及びルーリング等）が出揃ったことになり，法令と会社実務（企業会計等）との差異をこれらの取扱いが埋める形となったといえる。

(1) 法人免許税と1913年法（法人税）の類似点

　両者の類似点ということは，法人免許税の規定のうち，1913年法が引き継いだ部分ということになる。なお，両者の比較を行う場合，法人免許税は，法令とその後に出された規則を含めた形をいうこととする。

① 総所得（The Gross Amount of the Income）はすべての源泉から当該事業年度中に法人が受領したものである。

② 純所得（Net Income）は，総所得から所定の項目を控除して計算することになる。

③ 控除される項目は，1913年法では，減耗償却の規定が創設された以外

は，ほとんど同じである[9]。

(2) 法人免許税と1913年法（法人税）の相違点

両者の相違点ということは，法人免許税に対する批判を立法当局が受け入れて，1913年法に反映させた点ということになる。

第1に，法人免許税では，総所得は受領（Received）した金額と規定されていたが，1913年法では，生じ（Arising）又は発生した（Accruing）として，認識の基準が異なるようになった[10]。

第2に，法人免許税では，費用及び損失の認識を原則として現金主義（控除項目として減価償却費が規定されているのですべての項目に現金主義が適用されているのではない。）で行うことを法令では規定しているが，法人免許税に係る取扱いでは，実務における発生主義を許容する柔軟な対応をしている。1913年法では，基本的には，現金主義に固執しているが[11]，支払利子については発生主義を認める形となっている。

第3に，法人免許税の規定では，資本金よりも借入資本を増額して，借入資本に係る支払利子を損金算入して課税所得の圧縮を図るという租税回避に対して，控除の規定に支払利子の損金算入限度額を設定してこれを防止したのであるが，1913年法ではその規定がより詳細に規定されている。

第4に，法人免許税では，他の法人からの課税済受取配当は非課税として扱ったが，1913年法では，法人から個人株主への配当に関しては二重課税の調整を行っているが，法人間については，その規定はなくなっている[12]。

第5に，事業年度について，法人免許税は暦年であったが，これに対して会計士業界からの批判等を考慮してか[13]，1913年法では，事業年度を歴年又は選択としている。

4. 1913年法に関連した最高裁判決

1916年に判決が出された最高裁判決は[14]，憲法の修正第16条の意義を考察

するためにも重要なものであるが，そのうちのユニオンパシフィック鉄道会社事案については，前章 6 (2)で検討を終えていることから，以下ではその要約と，スタントン事案について検討を行う。

(1) ユニオンパシフィック鉄道会社事案の要約

本事案を検討する際の前提として，南北戦争期に施行された所得税法は米国憲法に規定する直接税ではないという 1880 年のスプリンガー事案の判決[15]等があったのである。

そして，前章で述べたように，ユニオンパシフィック鉄道会社事案は，所得税の違憲を争ったものではなく，1913 年法が米国憲法に定める適正手続に反するという訴えであった。これに対して，ホワイト裁判長は，1913 年法は適正手続の点で違憲ではないとした上で，修正第 16 条が，修正前の米国憲法における直接税の要件とされた，各州への割当及び直接税か否かの基準としての資本の種類（例えば，1880 年判決のスプリンガー事案では，土地又は建物から生じるものが所得と認識していた。）に対する制限を緩和したことであるという見解を示している。したがって，本判決で示された修正第 16 条の意義は，連邦政府に対して所得税の課税権を新たに与えたのではなく，上記 2 つの制限を取り払ったということになる。

(2) スタントン事案

この事案は，裁判長と原告側の弁護士は，ユニオンパシフィック鉄道会社事案と同一人物である。事案の内容も，バルチック社の株主であるスタントンが，バルチック社に対して 1913 年法に基づく納税の差し止めを求めた訴訟である。その主張の根拠として，憲法修正第 5 条[16]に次のような理由から反するというのがスタントン側の主張である。

① 鉱山及び天然資源の場合の減耗引当金は計算対象の年度の生産量の総価値の 5％以下という制限が付されている。
② 鉱業会社のみが総所得に課税され，他の法人及び個人は純所得に対して

課税されている。

③ 個人は，課税済所得からの配当に対して免税となるが，法人はそのような措置が講じられておらず，特に，バルチック社の場合，同社の持株会社と二重課税になっている。

この他に，個人が累進課税で法人は比例税率であること，個人に基礎控除があり免税の団体が規定されていること，等がスタントン側の主張として述べられているが，裁判長は，これらの事項はユニオンパシフィック鉄道会社事案ですでに判断が示された事項であるとして検討の対象から除いている。

本判決において，スタントン側は，鉱業会社が，純生産物に対してではなく総生産物に課税されており，これは修正第16条の規定の範囲外の課税であると主張しているが，裁判長は，修正第16条が，新しい課税権を与えるという規定ではないということはすでに確立した解釈であり，スタントン側の主張は，この解釈に反するものであるとして，鉱業会社に対する所得課税が正当なものであるという判断を示している。

5．1916年税制改正

1916年9月8日に法人税を含む所得税法（以下「1916年法」という。）及びその他の税法の改正を内容とする増税案が成立している[17]。1914年8月に第一次世界大戦が始まっており，米国は当初からこの戦争に参戦していないが，戦争による関税収入の減少に伴い1914年10月に関税を中心とする増税が行われ，1916年9月の増税は，1914年に続く第二次の増税ということになる。この第二次増税が行われた背景としては，陸海軍の軍備拡張による歳入不足を補うことであった[18]。なお，1916年には遺産税が規定された（贈与税は1924年である）。

(1) 個人所得税

1913年法と1916年法を比較して，以下は，1916年法の改正点を中心にまと

めることとする。

　第1条では，普通所得税の税率が1％から2％に引き上げられ，米国市民及び居住者の課税所得の範囲は，あらゆる源泉から前年に受領した（Received）所得と改正されている。なお，1913年法における規定は，あらゆる源泉から生じた（Arising or Accruing）すべての純所得（Entire Net Income）という規定であった。

　第1条(b)に規定する2万ドル超の所得に課される付加税の税率は，1913年法が1％から6％であったのに対して，1916年法は1％から13％に改正されている。また，付加税の適用上，法人からの受取配当は課税所得となるが，非居住外国人の場合，米国国外源泉所得となる受取配当は含まれない。

　第2条の「所得の定義」では，納税義務者のすべての純所得（Net Income）は，その種類及び支払形態を問わず，人的役務に対する給与，賃金，報酬，専門職，事業，貿易，商業，不動産又は動産を問わず，財産に係る取引，不動産又は動産における所有権，使用，権利の発生，利子，賃貸料，配当，有価証券，利益を目的として行われた事業の取引から生じた利得，利益，所得，いずれかの源泉から生じた利得，利益，所得を含む，と規定している。

　また，「配当の定義」としては，同法第2条(a)は配当について次のように規定している。

　「所得税法において使用される「配当」という用語は，法人，ジョイントストック企業，団体或いは保険会社によりなされる分配を意味し，その原資は，1913年3月1日以降に発生したEarnings or Profitsであり，配当はその株主に支払われる。その形態は，法人，ジョイントストック企業，団体或いは保険会社により現金又は株式のいずれかで支払われ，株式配当は，その現金等価額について所得とみなされる。」

　同法は，上記の第2条(a)において，Earnings or Profitsという概念を初めて使用している。また，個人株主の受取配当に対する課税は，二重課税の調整が行われている（同法第5条(b)）。法人間の受取配当については，1913年所得税法・法人税法と同様に課税となっている。なお，1913年法では，配当は付加

所得税の課税対象に含まれたが，普通所得税では，課税にならなかった。これに対して，1916年法は，双方の税において株式配当を含む配当を課税対象としている。

また，遺産財団，信託等の受領する所得も普通所得税及び付加所得税が課されることを規定したことにより，遺産財団及び信託が納税主体として規定されたのである。さらに，1913年3月1日前に取得した資産の譲渡益の計算上，譲渡原価は，1913年3月1日の当該財産の公正な市場価値とすることとなった。

第3条は，留保所得に対する付加税の課税に関する規定であるが，一般的に，留保利益は租税回避目的があるものとして課税となる。法人が持株会社としてのみの役割である場合又は事業上の合理的な理由もなしに所得を留保する場合，その留保利益は租税回避目的があるものとして課税となる。その判定は，財務長官が事業目的上当該留保を不合理であると証明した場合に限られる。内国歳入局長官又は税務署の徴収官からの請求のある場合，当該法人は，当該利得等の証明書と配当の権利を有する者の氏名と住所を提出しなければならないことになっている。

第4条は，免税所得に関する規定である，第5条は必要経費に関する規定である。第5条の規定により必要経費として控除できるものは，①実際に支払った（Actually Paid）必要経費，②支払利子，③租税（外国税額も損金算入），④事業上の損失，⑤事業と関連のない損失（利益の範囲内という制限あり），⑥貸倒損失の控除，⑦財産の減耗，滅失等に基因する合理的な引当金（減価償却費という用語を使用していない。），⑧鉱山等の減耗償却，であり，新規建物の取得費，財産の価値を増加するための改良等は，損金不算入である。

また，税額控除については，普通所得の課税所得には配当所得が控除され，源泉徴収された普通所得も税額控除となる。1913年法では，源泉徴収により課税された所得は，課税所得の計算上，総所得から控除されていたが，1916年法では，税額控除により処理するように改正されている。

(2) 法 人 税

1916年法第10条における所得に関する規定上の文言は，個人所得税における改正と同様で，1913年法では，あらゆる源泉から当該年度中において生じ (Arising) 又は発生した (Accruing) 法人のすべての純所得 (Entire Net Income) と規定されていたが，1916年法では，Arising or Accruing という文言が Received に改正されている[19]。そして，このすべての純所得に対して改正された税率2%（改正前1%）が課されることになる。なお，配当に係る規定は個人所得税と同じであり，株式配当も課税である。

第11条は，免税法人の規定である。第12条は損金算入項目である。①通常かつ必要な費用（1913年法と同じ。），②損失（減価償却費等を含み1913年法と同じ。），ただし，新規建物の取得費，財産の価値を増加するための改良等は，損金不算入である。③支払利子（1913年法と同じ制限があり，払込資本金額と社債の2分の1の合計額を債務の限度とする。），④租税，が規定されている。なお，利子について，1913年法では，「債務についてその年度中に生じ (Accrued)，かつ，支払った利子の金額」と規定しているが，1916年法では「当該年度に支払った (Paid) 利子の金額」と改正されている。さらに，1916年法では，新たに優先株式は利子付債務ではなく，この株式に係る利子又は配当は損金不算入であると規定されている。

以上の改正事項から，1916年法は1913年法よりも現金主義に固執して，会計実務と乖離しているように見えるが，第13条（申告書等）(d)に現金主義以外の基準の容認に関する規定があり，実際の収入又は支出以外の基準により記帳をしている法人は，それ以外の基準がその所得を明瞭に反映しない場合を除き，財務長官の承認を得た内国歳入局長官の定める規則に従うことを条件として，その記帳に基づいて申告書を作成し，その場合の税額は，当該所得により計算されなければならない，として，例外的に，法律等により所定の会計実務を強制される者との調整を図っている[20]。

(3) 軍需品製造業者税（Munitions Manufactures' Tax）と法人特別免許税（Special Excise Tax）

1916年の税制改正では，軍需品製造業者税と法人特別免許税が創設されている。前者は，所得税とは別に，軍需品を製造する業者（Person）の純所得に対して12.5％の軍需品製造業者税を課する間接税である。また，後者は，米国において設立されたすべての法人，ジョイントストック企業，団体で，営利を目的とし，かつ株式資本を有する者及び保険会社に対して，99,000ドルを超える資本等の金額（法定資本金と積立金等）がある場合，1,000ドルにつき50セントの税額となる税である[21]。

6. マコンバー事案の関連事項

1920年の最高裁判決であるマコンバー事案は[22]，個人の所得税の株式配当への課税を巡るものである。本論は，米国税務会計史として，米国法人税の計算構造を対象としている。しかし，マコンバー事案は，その判決において実現概念（以下，「実現概念」といい，会計で使用される実現概念との混同を避けるために，会計における実現概念を「実現主義」と表記して使用する。）に言及したことで，会計分野における実現主義の展開と交差することになる。したがって，ここにおける視点は，税法と会計の接点ということになり，税法の実現概念に影響を及ぼした事項と会計の実現主義の展開にこの税法の実現概念がどのような影響を与えたのかということである。

(1) 適用となる税法等

税法及び判例に関連する日付は次の通りである。
① 1913年法（1913年10月3日成立）の初年度の適用は，1913年3月1日から1913年12月末までの期間である。
② 1916年法（1916年9月8日成立）の初年度の適用は，1916年1月1日からで，1916年法の成立により，1913年法は廃止されている。

③ タウン事案は[23]，最高裁では，1917年12月12日に口頭弁論，1918年1月7日に判決である。この事案に適用となる税法は，1913年法である。なお，地裁判決は1917年6月15日である。

④ マコンバー事案は，1919年10月17日及び同月20日に口頭弁論，1920年3月8日に判決である。この事案に適用となる税法は，1916年法である。

(2) 株式配当（Stock Dividends）に係る規定の変遷

本項で扱うのは，株式配当が課税となるのか否かであることから，以下では，マコンバー事案に関連する株式配当に関する判例及び課税上の取扱い等の変遷をまとめることとする。

株式配当に関連する最高裁判決における見解は，ギボンズ対マホーン事案（1890年判決）の判決文に示されている[24]。この判決文によれば，株式配当は資本とみなされ，現金配当は所得とみなされ，株式配当は，会社の財産から何も分配されず，株主の持分に何も加えることがない，と判示されている。

1913年法では，配当所得は純所得に含まれるが，特に株式配当に係る規定はない。

1915年2月18日付の財務省決定（T. D. 2163）では，個人所得税の課税を逃れる意図なしに法人資本株式の真正かつ恒久的増加のために発行した株式配当は，資本を表すものとされるために，株主の利得，利益及び所得として所得税の課税を受けないことが規定されている。

その後，1915年12月22日付の財務省決定（T. D. 2274）では，法人，ジョイントストック企業，団体及び保険会社の税引後利益或いは剰余金若しくは未分割の利益から払われる株式配当は，現金と等価なものとされ，かつ，現金配当と同様の状況下において課税所得となる。なお，上記の決定の発遣により，1915年2月18日付の財務省決定（T. D. 2163）は改正され，上記決定と異なる内容のルーリングはこれ以降無効となる。

1916年法（第2条(a)）では，株式配当は，その現金等価額で所得とみなされ

る，と規定している。

株式配当は，1915年2月18日付の財務省決定（T. D. 2163）では課税がないと規定されたが，1915年12月22日付の財務省決定（T. D. 2274）では，一転して課税となると規定され，その後の1916年法では，条文上課税と規定されたのである。

(3) タウン事案

この事案は，タウン氏が株主である法人が1913年前の利益を原資とする150万ドルの剰余金を1913年12月17日に資本勘定に振り替えて，15,000株の株式配当を行うことを決議した。当該法人は，同年12月26日現在で株主を定めて，1914年1月2日に分配を行った。タウン氏は，4,174.5株の新株を取得した。新株は，1株当たり100ドルに相当することから，課税当局は，タウン氏の所得417,450ドルの対して課税を行い，地裁は株式配当が課税という判断を示したが，最高裁は，株式配当が1913年法に規定する所得ではないという判決を示している[25]。このような判断をした理由としては，1916年法において，課税となる配当の原資は，1913年3月1日以降に発生したE&Pと規定されたことが間接的に影響したものと思われる。

1914年11月12日付の財務省決定（T. D. 2048）では，配当所得の計上時期は，配当宣言が行われた日であるとしている。この通達に基づけば，タウン事案の株式配当は1913年分ということになる。タウン事案の地裁判決には，いずれも株式配当を課税とする1915年12月22日付の財務省決定（T. D. 2274）及び1916年法の規定が引用されている。

7. マコンバー事案

(1) 事実関係

本事案の事実関係の要点は次の通りである。

① 1916年1月1日現在のカリフォルニア・スタンダードオイル社（以下

「会社」という。）の授権資本は1億ドルである。発行済株式は5,000万ドル，1株当たりの額面金額は100ドルである。

② 会社の未処分利益剰余金は4,500万ドルあり，その内の2,000万ドルが1913年3月1日以前に取得したものであり，残りの2,500万ドルがその後に取得したものである。

③ 1916年1月に，会社の取締役会は，発行済株式に対して50％の株式配当を行うことを決定して，当該株式配当に見合う2,500万ドルを未処分利益剰余金勘定から資本金勘定に振り替えた。

④ マコンバー夫人は，旧株2,200株を保有して，新株1,100株を受領した。この1,100株のうちの18.07％に当たる198.77株（額面金額19,877ドル）は，1913年3月1日以後1916年1月1日までの期間に取得したものである。

⑤ マコンバー夫人は，1916年法に基づいて19,877ドルについて課された税を納付するように慫慂され納付した。そして，税の還付を求めて提訴したのである。

⑥ マコンバー夫人の主張は，株式配当を課税と規定している1916年法に基づく課税が米国憲法第1条第2節第3項及び第1条第9節第4項に抵触し[26]，株式配当は修正第16条の意味する所得ではない，というものである。

(2) 本事案の関連事項

本事案の最高裁判決を検討する前に次の2点を確認しておく必要がある。

① 最高裁は，タウン事案において株式配当が1913年法に規定する所得ではないという判決を示している。このような判断をした理由は，1916年法の間接的影響と株式配当が法人の財産と株主持分に変化をもたらさないからであると思われる。

② 純所得が課税を受けているすべての法人，株式会社，団体又は保険会社からの配当として受け取る金額又は留保利益から受け取る金額は，個人所得税における控除項目である。

本事案は，1916年法の適用であり，同法には株式配当は課税という条文の規定がある。タウン事案は，1913年法の適用であり，同法に株式配当に係る規定はないが，その後に発遣された財務省決定（1915年12月22日付：T. D. 2274）では，株式配当は現金と等価なものとされ，かつ，現金配当と同様の状況下において課税所得となるという取扱いになっている。
　また，1916年法は，付加所得税として純所得の総額が2万ドルを超える部分に対して累進税率が適用となり，付加所得税の適用上，株式配当は課税所得に含まれることになる。したがって，タウン事案と本事案では適用となる配当に係る税法の規定の内容が異なることになる。

(3) 本事案判決要旨とその意義
　本事案の判決は，最高裁9名の判事のうち4名が反対意見を述べていることから，5対4の判決ということになる。結果として，株式配当は所得ではないという判決になるが，このような判決を下したピトニー判事（Mr. Justice Pitney）の意見のうち問題となる部分をまとめると次の通りである。
　第1に，修正第16条は，新たな直接税の課税権を連邦政府に与えたのではなく，連邦政府が直接税を課税する場合，各州の人口に応じて割り当てる必要がなくなったという判例がある[27]。
　第2に，1909年の法人免許税に関連した判例により[28]，所得とは，資本又は役務提供若しくはその双方から生じる利得（Gain）と定義されている。本事案の判決は，所得を，資本から生じた利得（Gain）又は投資における価値の増加ではなく，利得，利益（Profit），なんらかの交換された価値であり，財産から生じるもの，資本から切り離されたものであり，財産から生じる所得とは，納税義務者が個別に使用（for His Separate Use）できるように受領したものであると述べている。この資本と所得関連については，資本は木或いは土地であり，所得は果実又は穀物であると譬えられている[29]。
　第3に，配当が金銭又は例外的に分割可能な財産で支払われた場合で，当該配当が株主の独自の財産（Separate Property）になるときに，株主は利益或いは

利得の実現を認識することになる[30]。

　第4に，本事案は，利益積立金を資本勘定に組み入れたものであり，会社の財産の社外流出はなく，株主は独自の財産として会社の資産から何も受領していない。また，株式配当は一度現金配当を行い，その現金で新株を購入したことと相違ないという，わが国でも課税を行うときの理由として利用される考え方について，同判事は，現金配当であれば，株主が新株を購入するか或いは現金で保有するかを選択できるとして判決ではこのような考え方を斥けている[31]。また，株式配当が現金に代わって利益剰余金を表す象徴を分配するのであるから，両者に相違はないとするマサチューセッツ州の判決[32]に示された株式配当の課税理由を斥けている。

　第5に，株主は株式を売却する以外に（他に換金化できる資産等を有している場合はこの限りではない。），株式配当に課された所得税を納付する手段を持たない[33]。

　なお，上記の本事案判決における反対意見は，ホームズ判事（Mr. Justice Holmes）とブランデイズ判事（Mr. Justice Brandeis）から出されている。他の2人の判事はデイ判事がホームズ判事と同意見であり，クラーク判事はブランデイズ判事と同意見である。

(4)　最高裁判決が税法の規定を否定した理由

　本事案に適用された1916年法では，株式配当は所得であることが規定されている（本事例への適用はないが，1918年歳入法第201条(c)は，株式配当に係る規定で，E&P（Earnings or Profits）の分配相当額の金額までを所得とみなすと規定している。）。本事案の判決では，株式配当は所得ではないとしていることから，どのような理由から，最高裁判決が税法の規定について異なる判断をしたのかということが最初の検討事項となる。

　判決では，修正第16条は，各州に割り当てることなしに，株主の所得として，適法で，かつ真実な株式配当或いは留保利益に課税する権限を政府に与えていないと解されている。したがって，株式配当について，1916年法は各州

に割り当てるという憲法上の規定に違反していることから，修正第16条の改正が行われてはいるが，改正後においても憲法違反である，という判断が示されている[34]。また，修正第16条は，課税権を新しい事項に拡大したものではなく，所得税を各州に割り当てることを取り除いたに過ぎないのである。憲法上の規定である直接税の各州への割当という制限は，適切かつ重要な機能をいまだに持っている。この制限は，議会により無効にされたり，裁判所によって無視されたりすることはない，と判示している[35]。要するに，株式配当に係る課税は，憲法解釈に基づくものであることから，法律上の規定により影響されないという判断である。そこで，焦点は，次項で扱う株式配当を所得ではないとした理由との関連ということになる。

(5) 本事案判決における実現概念についての検討

本事案判決の意義は，株式配当の課税を斥ける理由として実現概念を用いたことである[36]。そこで，第1の問題点は，判決で用いられた実現概念を理論的に提唱した者は誰なのかということである。当然に，第2の問題点は，実現概念の意義ということになる。換言すれば，なぜ，実現概念を用いて理由付けをしなければならなかったのかということである。第3の問題点は，会計における収益の認識基準である実現主義と実現概念はどのような関連を有するのか，ということである。

イ 実現概念の提唱者

20世紀初頭の著名な財政学者の1人がコロンビア大学のセリグマン教授 (Edwin Robert Anderson Seligman : 1861-1939) である。セリグマン教授の書いた「株式配当は所得か？」という論文が「The American Economic Review」に掲載されたのが1919年である。この論文は若干手直しされて，1925年発刊（1969年再版）の「Studies in Public Finance」の第5章に再掲されている。1919年の論文には，本事案との関連は述べられていないが，再掲された論文では，冒頭に，この論文が，本事案の最高裁に提出された覚書（以下「覚書」という。）であると説明されている。したがって，焦点は，この覚書と本事案判決の関連性

である[37]。

　ロ　実現と分離

　セリグマン教授の覚書は，その冒頭に所得概念に関する記述がある。そこでは，所得は，役務及び財貨の利用により得られる満足（Satisfactions）の流入であり，貨幣取引を行う社会では，満足の流入は貨幣等の流入ということになる。そして，所得は，一定の期間の貨幣等で表されることになる，としている[38]。

　このように満足の流入（所得）は，実現すること及び所得を与える者又は物から独立，分離することの2つを所得の属性とするのである[39]。しかし，覚書の冒頭の抽象的な所得概念に関する記述は，実現概念の正確な意義が不明という見解もあるが[40]，覚書のⅣ「課税所得とは何か」[41]及びⅤ「株式配当の経済的性格」[42]に関する記述は，具体的かつ明快である。Ⅳの項では，米国の所得概念が純財産増加説に基づくことを述べた後に，販売からの利得については若干の取扱いにおいて相違があるが，それ以外の利得については相違がなく，未実現利得は所得ではない。そして，土地の価値の未実現の増価が所得でない理由は，主として不確実性に原因があり，売却すればその利得が実現することになる。そこで，次のようなまとめが行われている[43]。

　①　資本の増価は，実現したときのみ利得となる。
　②　実現した資本の増価は，広義には所得である。
　③　未実現の資本の増価は所得ではなく，資本の単なる価値の増加である。

　ここにおけるポイントは，資本から増価した部分を分離することである。分離した増価部分は所得であるが，分離しないままであれば，それは資本ということになる。

　覚書Ⅴでは，現金配当，未処分利益の留保の場合，株式配当と比較しつつ説明し，株式配当が所得ではないという結論になる。その理由は，配当が富の増加であるはずであるが，株式配当では，実際に富の増加が実現していないことを理由としている[44]。

　ハ　小括

所得の属性として，実現と分離が必要であるというセリグマン教授の所説であるが，それぞれの機能はどのようなものなのであろうか。実現は未実現な評価益との区分に必要な概念ということであろう。したがって，財産価値が増価しただけでは所得にならないことになる。分離は，資本から増価した部分を切り離せば所得ということであるが，これは換言すれば，資産としての処分可能な状態ということになる。株式配当は，資本の増価がなかったために，資産として処分可能な状態になっていても，2つの要件のうちの1つを欠くために所得として認識されなかったと解することになろう。

(6) 会計における実現主義との関連

本章は，マコンバー事案及び覚書において使用された概念を実現概念として，会計上の同様の概念をそれと区別する意味で実現主義としているので，以下では，会計に関わる場合は実現主義という用語を統一的に使用することとする[45]。

最初に，会計上の実現主義とは何かということであるが，これについては，佐藤孝一教授による「実現概念と実現主義」という論稿において，これらの概念が多様に使用されていることが示されているが[46]，ここでは，実現主義は，収益の認識基準という一般的な定義を置くこととする。

本章において述べたように，1913年法では，あらゆる源泉から生じた(Arising or Accruing) すべての純所得 (Entire Net Income) が課税所得となる，と規定している。この規定は，1916年法では，Arising or Accruing という文言がReceivedに改正されている。

セリグマン教授の覚書では，米英の税法を比較して[47]，販売から生じる利得に関しては相違があるが，それ以外の利得の取扱いにはほとんど差がないとしている[48]。

会計における実現主義の発展に関しては，AIA企業所得研究委員会のまとめた『企業所得の研究』に示された，「実現の公準が近代に発生したものである。少なくとも米国では，第一次世界大戦前には実現の公準が認められていなかっ

た。」という説明からすれば[49]，マコンバー判決における実現概念が企業会計に影響を及ぼしたという説も成り立つことになる。

同時代の会計の文献であるハットフィールド教授の『近代会計学』では，資本の増価が利益として分配可能であるのか等の問題が取り上げられている[50]。また，チャットフィールド教授は，会計理論と実現の法的概念の間に若干の接点があるとして，法的概念としての実現と異なる理由から同様の結論に至った例として，長期保有資産は，原価で記帳し売却時にのみ所得が実現するというローレンス・デクシー会計士の説を取り上げているが[51]，会計理論における実現という用語の公的な使用は1932年のアメリカ会計士協会証券取引所特別委員会とニューヨーク証券取引所上場委員会の間の書簡であると述べている[52]。

したがって，セリグマン教授が覚書を作成した時点において，会計分野で実現主義が一般化していたと論証することはできない。ただし，企業利益と支払配当の関連等において，資本の増価である未実現利益は配当原資にならないというような考え方はあったものと思われる。また，逆に，マコンバー判決における実現概念が会計理論に吸収されたのかというと，必ずしも両者の関連が明確とはいえない[53]。

結論としていえることは，実現概念と実現主義は未実現利益の排除という機能では共通するが，実現概念は，課税所得計算における実現概念である，実現主義は，企業利益算定，ひいては配当可能な金額の算定という意義を持つものである，両者は異なる展開の系譜を持っているといえよう。

1) Brushaber v. Union Pacific Railroad Co., 240 U. S. 1 (1916), Stanton v. Baltic Mining Co., 240 U. S. 103 (1916).
2) Niven, John B (ed.)., "Income Tax Department" The Journal of Accountancy, Vol. 16, No. 5, pp. 386-388, Nov., 1913.
3) 米国最初の所得税法である1862年法では，個人の納税義務について，米国に居住するすべての者に納税義務があり，外国に居住する米国市民の所定の所得が課税対象となることを規定しているが，1913年法と同様の規定となったのは1894年所得税法である。

第 4 章　1913 年所得税法からマコンバー事案まで　89

4)　Niven, John B (ed.)., "Income Tax Department" The Journal of Accountancy, Vol. 17, No. 2, Feb., 1914, pp. 135-145.
5)　パートナーシップはいわゆるパススルー課税で，パートナー段階の課税となる。
6)　英国では，1803 年の所得税（アディントンの所得税）において源泉徴収制度を採用している（Doris, Lillian (ed.), The American Way in Taxation : Internal Revenue 1862-1963, William S. Hein & Co., Inc. 1994, p. 115. 佐藤進　前掲書　114 頁）。
7)　Doris, Lillian (ed.), ibid. pp. 118-119.
8)　Seligman, Edwin R. A., op. cit., pp. 693-694.
9)　鉱業会社であるストラットン社事案（Stratton's Independence, Ltd. v. Howbert, 231 U. S. 399 (1913)）の判決は，1913 年 10 月 2 日に公判が行われ，同年 12 月 1 日に判決が出ていることから，1913 年 10 月 3 日に大統領の承認を受けて成立している 1913 年法の成立よりも遅れた時期の判決であるが，この事案は法人免許税の適用における鉱業会社の減耗償却を検討している。
10)　1913 年法は，新しい所得概念を導入しようとする努力がないという指摘がある（Seligman, Edwin R. A., op. cit., p. 678）。
11)　法人免許税の規定では，actually paid という規定であるが，1913 年法では，paid に変わっている。
12)　法人免許税では，課税済みの受取配当を非課税としていたが，1913 年法では，課税とした理由は，持株会社設立等を阻止しようとする政策である（Seligman, Edwin R. A., op. cit., p. 685）。
13)　会計士業界は事業年度が選択性になったことを高く評価している（Editorial, "The Income Tax" The Journal of Accountancy, Vol. 16, No. 4, Oct., 1913, pp. 307-308）。
14)　ここで取り上げた判決は，Brushaber v. Union Pacific Railroad Co., 240 U. S. 1 (1916) と Stanton v. Baltic Mining Co., 240 U. S. 103 (1916) であるが，これ以外に，憲法第 16 次修正に関連した判例としては，Tyee Realty Co. v. Anderson (240 U. S. 115, (1916)) 等がある。
15)　Springer v. United States, 102 U. S. 586 (1880).
16)　米国憲法修正第 5 条の後段にある，「（前段省略）また，正当な法の手続（due process of law）によらずに，生命，自由または財産を奪われることはない。（以下略）」（宮沢俊義編 前掲書　45 頁。)
17)　39 Stat. 756.
18)　野津高次郎　前掲書　63-77 頁。
19)　1913 年法の文言から 1916 年法の文言への改正は，実務と乖離しているという批判がある。実務では，収入と支出の基準ではなく，稼得した（earned）所得と発生（incurred）した費用を基準に法人の帳簿が作成されている（Niven, John B (ed.)., "Income Tax Department" The Journal of Accountancy, Vol. 22, No. 3, Sep.,

1916, p. 219)。
20) この規定は，現金主義以外の認識基準を税法が認めたと解するのではなく，連邦又は地方政府等の監督の下で所定の会計処理等を強制される法人の標準的な会計実務に従って会計帳簿が記帳されている場合，財務長官の承認を得ることを条件として，このような実務を認めるというものである（T. D. 2433, January 8, 1917 : Niven, John B (ed.)., "Income Tax Department" The Journal of Accountancy, Vol. 23, No. 3, Mar., 1917, p. 212）。
21) Niven, John B (ed.)., "Income Tax Department" The Journal of Accountancy, Vol. 22 No. 6, Dec., 1916, pp. 461-463, pp. 469-470.
22) Eisner v. Macomber, 252 U. S. 189 (1920).
23) Towne v. Eisner, 245 U. S. 418 (1918), 242 F. 702 (1917).
24) Gibbons v. Mahon, 136 U. S. 549 (1890).
25) 株式配当の例示：Warren Edward H., "Taxability of stock dividends as income" Harvard Law Review, Vol. 33, No. 7, May, 1920, p. 885.
　① 法人を設立：5,000株を1株額面＄100で発行して資本金＄500,000となる。
　② 会社の業績が良く，資本金＄500,000．剰余金＄500,000．となる。
　③ 株式配当前の1株当たりの帳簿価額は，＄200である。
　④ 剰余金を資本組入れして株式配当を行った。旧株100株を所有する株主は，株式配当前は＄200×100株＝＄20,000．株式配当後は，＄100×200株＝＄20,000．となる。
26) ① （第1条第2節第3項：直接税に関する規定は修正第16条により改正）。代議員数及び直接税（direct taxes）は，連邦に加入する各州の人口に比例して，各州の間に配分されることとする。（以下略）
　② （第1条第9節第4項：修正第16条により改正）。人頭税その他の直接税は，上に（第2節第3項）に規定した調査或いは計算に基づく割合によるのでなければ賦課することができない。
27) 前章で検討を行った Brushaber v. Union Pacific R. Co., 240 U. S. 1 (1916) と Stanton v. Baltic Mining Co., 240 U. S. 103 (1916) の判決がある。
28) Stratton's Independence v. Howbert, 231 U. S. 399 (1913), Doyle v. Mitchell Bros. Co. (247 U. S. 179 (1918) の2つの判例である。
29) Eisner v. Macomber, 252 U. S. 207.
30) Eisner v. Macomber, 252 U. S. 209.
31) Eisner v. Macomber, 252 U. S. 215.
32) Tax Commissioner v. Putnam, (1917) 227 Mass. 522.
33) Eisner v. Macomber, 252 U. S. 213.
34) Eisner v. Macomber, 252 U. S. 219.

35) Eisner v. Macomber, 252 U. S. 206.
36) 日本の税制では，平成13年度税制改正により，資産の交付がない場合のみなし配当課税は廃止された。平成13年税制改正前は，利益積立金の資本組入れ等，株主に資産の交付がない場合のみなし配当課税の規定があったが，平成13年度税制改正により，利益積立金の資本組入れは資本積立金の減少として扱われ，同様に，株式の利益消却における残存株主に対するみなし配当課税も行われないこととなった。この改正以前では，利益積立金の資本組入れをみなし配当として課税した事例に対する裁判（大阪高裁　昭和56年7月16日判決）の判決では，未実現の利得も担税力を増加させることから，これを除外することは担税力に応じた公平な税負担の原則にそぐわない結果となるし，実現した利得のみを課税対象とすると租税回避が生じ易くなる。実現した利得のみを課税対象とするか，未実現の利得をも加えるか，またその範囲，限度等は結局，租税立法政策の問題というべきである，と判示している。また，利益積立金額を資本に組み入れることは，会社が一たん利益積立金額を株主に分配したうえ，あらためて同額の資本の払込みを受けることと経済上の効果を同じくするのであるから，株主の保有株式の増加益に課税する場合，実現利得である配当所得と同様の取扱いをすることはあながち不合理とはいえない，という考え方を認めている。この後段で示した2段階説ともいえる説明は，マコンバー事案の判決では斥けられた説である。わが国は，昭和36年税制改正から昭和63年の抜本的税制改正（昭和63年12月改正）までの間，株式の譲渡益課税を原則として非課税としていたことから，利益積立金の資本組入れは未実現利益であるが，この段階で課税しないと株式の譲渡益が非課税であることから，課税の機会を失うという立法政策の問題とされていた（井上久彌　前掲書　128頁）。
37) この判決はセリグマンの理論に強く影響されているという意見がある（金子宏「租税法における所得概念の構成」，金子宏『所得概念の研究』所収　有斐閣　1995年　60頁）。
38) Seligman, E. R. A., "Are Stock Dividends Income" in Studies in Public Finance, reprinted by A. M. Kelly, 1969, pp. 99-100.
39) Seligman, E. R. A., ibid., pp. 100-101.
40) 金子宏　前掲論文　61頁。
41) Seligman, E. R. A., op. cit., p. 111.
42) Seligman, E. R. A., ibid., p115.
43) Seligman, E. R. A., ibid., p114.
44) Seligman, E. R. A., ibid., p120.
45) 会計学の分野では，米国のAAA会計基準1957年改訂版において実現概念の拡大が図られたことから，それ以前については「伝統的実現概念」という用語を用いるのが一般的であるが（例えば，若杉明『企業会計基準の構造』財経詳報社　昭和

41 年　233 頁以降），本稿では，このような区分を行っていない。
46)　佐藤孝一「実現概念と実現主義」『産業経理』21 巻 10 号（1961 年）　39-43 頁。
47)　英国の判例である The Spanish Prospecting Company 事案（The Law Report 1911 Vol. 1 pp. 92-108）では利益（profits）は純財産増加説により説明されている（Ibid. p. 98）。
48)　Seligman, E. R. A., op. cit., p. 113.
49)　AIA, op. cit. p. 21. 渡辺進・上村久雄　前掲書　39-40 頁。
50)　Hatfield, Henry Rand, op. cit., pp. 223-224.　松尾憲橘『近代会計学』雄松堂出版 1971 年　213-214 頁。
51)　Dicksee, Lawrence R., Advanced Accounting, London Gee and company, 1903.
52)　Chatfield Michael, op. cit., pp. 257-258. 津田正晃・加藤順介訳　前掲書　330-331 頁。
53)　株式配当に係る米国税法の変遷については，金子宏「アメリカ連邦所得税における「株式配当」の取扱い」金子宏『所得概念の研究』有斐閣　1995 年 11 月　189-229 頁参照。マコンバー判決以降の 1936 年最高裁判決（Helvering v. Koshland, 81 F. 2d 641 (1936)）では，最高裁は，従前の株式所有と異なる利益を与える株式配当は課税と判示する等，租税法におけるマコンバー判決の持つ意義は，次第に低下するのであるが，実現主義との関連では，マコンバー判決は引用の対象となるのである。なお，マコンバー事案以降の判例における実現概念の変遷を検討した文献としては，Surrey, Stanley S., "The Supreme Court and the Federal Income Tax : some implications of the recent decisions" Illinois Law Review of Northwestern University, Vol. 35, 1940-1941. がある。

第5章

1916年以降の増税法

1. 本章の概要

　本章で取り上げる対象は，1916年から1919年までの戦時増税の期間である[1]。米国では，1913年以降，個人所得税と法人税が課税されているが，これらの税収が増加するのは1916年以降である[2]。その後，第一次世界大戦が終了した1920年代の米国は，減税の時期に入るのである[3]。この1916年以降の戦時増税の時期を一まとめとする理由は，この時期の増税が企業における税負担を増加させたため，企業にとって税コストの削減に取り組む結果となったことから，この期間は税務と会計の交差が頻繁になる時期といえるのである[4]。本章は，以下では，1916年9月の第二次増税法，1917年3月の第三次増税法，1917年10月の第四次増税法，1919年2月の第五次増税法を時系列に検討すると共に，この期間における会計の動向との関連をまとめることとする。なお，1914年の第一次増税は酒税等が中心である。

2. 第二次増税法（1916年9月）

(1) 第二次増税法の概要
　1910年代後半の第一次世界大戦に対する戦時税制は，税収面等から見れば，1917年3月の第三次増税法から本格化したといえる。第二次増税法（1916年法）に関しては，前章において既に検討していることから，この項は，第三次増税法以降との繋がりという観点から，第二次増税法に関して再度まとめるこ

ととする。第二次増税法は，本稿で取り上げた戦時税制の期間，所得税及び法人税に関して第四次増税法において一部改正されるのであるが，継続して適用となる，いわば基本法といえるものである。

① 1913年法における所得税及び法人税の基本税率が1％であったのに対して，第二次増税法における所得税・法人税の基本税率は2％である。
② 1913年法の所得税付加税の税率は1％から6％であるが，第二次増税法における所得税付加税の税率は1％から13％と引き上げられている。
③ 1913年法では，源泉徴収された所得は総所得に含まれなかったが，第二次増税法では，総所得に含めた上で税額控除を行うことになった。
④ 第二次増税法では，軍需品製造業者税（Munitions Manufactures' Tax）と法人特別免許税（Special Excise Tax）として法人資本税（Capital Stock Tax）が創設されている。

(2) 軍需品製造業者税

第二次増税法の第3編が軍需品製造業者税で，同法の第300条から第312条に規定がある。この税は，第四次増税法により，1918年1月1日以降廃止されている。

イ 納税義務者

パートナーシップ，法人及び団体（Associations）を含む所定の軍需品を製造する者が，所得税に加えて納税義務を負う。

ロ 課税標準

この税は間接税（Excise Tax）であり，米国国内で製造した軍需品の販売等から該当する年度中に実際に受領（Actually Received）又は発生（Accrued）したすべての純利益（Entire Net Profits）が課税対象となる。ただし，1915年末までの契約に基づいて1916年に販売等を行った軍需品は対象外となる。課税標準算定は，売上金額（Gross Amount Received or Accrued）から同法第302条に規定する控除項目等を差し引いた純利益（Net Profits）である[5]。控除項目として規定されているものは，①製造原価，②一般管理費，③支払利子等，④租税，⑤事

業上又は災害等による損失，⑥減価償却費，である。

　ハ　課税年度と税率

　課税年度は暦年で，初年度が1916年1月1日から1916年12月31日までであり，税率は，1916暦年が12.5％，1917暦年が第四次増税法により10％となっている。申告期限は，翌年の3月1日である。

(3)　法人資本税

　この税は，資本金99,000超の会社の資本金等に1,000ドル当たり50セントを課し，施行は，1917年1月1日であり，その後継続して，1926会計年度前半まで課税が続き，その後に廃止されている。この税の課税標準となる資本金等は，資本金，剰余金及び利益積立金を含むものである。

3．第三次増税法（1917年歳入法）

　第三次増税法の特徴は，超過利潤税（Excess Profits Tax）が創設されたことである[6]。しかし，この超過利潤税は，1917年10月の第四次増税法により創設された戦時超過利得税（War Excess Profits Tax）により廃止され，同税に改組されたのである。

(1)　超過利潤税の納税義務者等

　この税の納税義務者は，米国国内，アラスカ及びハワイ準州，コロンビア特別区に設立された一般法人，パートナーシップ，ジョイントストック会社，団体，保険会社等（以下「内国法人等」という。）であり，個人は対象となっていない。外国法人等は，米国国内のあらゆる源泉から受領した所定の金額に対して課税となる。課税年度は原則暦年であるが，事業年度を設定している法人等の場合は，その事業年度が課税年度となる。第一課税年度は，1917年である。

(2) 超過利潤税の課税標準等

内国法人等の課税標準は，純所得（Net Income）が5,000ドル及び投下資本の8％を超過する額に対して8％の税率で課税となる。外国法人等は，米国国内のあらゆる源泉から受領した金額が米国における事業の投下資本及び使用している資本の8％と当該外国法人等の投下資本に占める米国事業の投下資本及び使用資本の比率に5,000ドルを乗じた金額を超える額に対して8％の税率で課税となる。なお，ここで使用されている投下資本とは，①実際の払込資本，②資産の現金価値（借入した現金等は除く。），③剰余金及び未分配利益，である。

課税標準となる純所得は，第二次増税法に規定のある法人税と同じ計算を行い，法人税と超過利潤税の納付は同時期となる。

(3) 超過利潤税と戦時利得税の区分

米国において法人に対する戦時増税の一環としての超過利潤税について，英国においても，英国及びアイルランドにおけるすべての事業の利益に対して超過利潤税が課されたのである[7]。英国では，1915年以降，軍需品製造税と超過利潤税が課されている[8]。

超過利潤税と戦時利得税は，一般的に，戦時における企業の超過利潤を税として徴収することを目的としたものである[9]。しかし，課税標準の算定方法は，投下資本の一定割合を適正な所得と想定し，純所得がその適正な所得を超過する額に課税をする超過利潤税の課税方式と，戦前の一定期間の平均所得を超える所得を戦時所得として課税する戦時利得税の方式がある。米国が第二次増税法（1916年）で規定した軍需品製造税は，軍需品という特定の製品を製造する会社を対象とするものであるが，課税上，業種等の区別をしない超過利潤税と戦時利得税は課税対象としては，軍需品製造税よりも広範であるといえよう。

第三次増税法における超過利潤税は，8％という比較的低い税率であると共に，法人のみを対象としているもので，英国の同種の税と比較すると（1917年当時の英国の超過利潤税の税率は80％），納税義務者にとって負担が軽いといえる。

また，課税所得算定という計算構造の観点からすると，法人税と同じ所得を

使用していることで，目新しいことはない。

4．第四次増税法（1917年10月）

(1) 第四次増税法の概要

第四次増税法は1917年10月3日に成立した戦時歳入法（War Revenue Act）であり，所得税関係は，タイトルⅠ（戦時所得税：第1条から第5条），タイトルⅡ（戦時超過利得税：第200条から第214条），タイトルⅫ（所得税の改正：第1200条から第1212条）から構成されている。なお，第四次増税法における所得税及び法人税は，タイトルⅫに規定された事項を除いて，第二次増税法（1916年9月制定）における規定が基本となっている（以下では，第二次増税法の個人所得税を「1916年所得税法」，法人税を「1916年法人税法」，所得税及び法人税の双方の場合は「1916年法」と表記する。）。結果として，1916年法は，第四次増税法のタイトルⅫに修正された上で存続して適用となり，これをベースに，第四次増税法に含まれた戦時税法に基づく課税が追加される形となっている。

(2) 戦時所得税

戦時所得税のうちの個人課税の基本税率は，1916年所得税法による普通税率2％に戦時所得税による付加税2％の加算である。さらに，1916年所得税法に規定された所得税付加税（1％から13％の税率）に加えて，戦時個人所得税の1％から50％までの付加税が課税となる。

戦時所得税のうちの法人課税は，1916年法人税法による普通税率2％に戦時所得税による付加税4％を加算して，計6％となっている。

個人課税及び法人課税のいずれの場合も，1916年法が第四次増税法のタイトルⅫの規定により改正され（以下「1917年改正法」という。），この改正後の規定に基づいて算定された所得に対して，1917年改正法と，戦時所得税の双方が課されたのである。

(3) 1917年改正法

1917年改正法は，第四次増税法のタイトル XII の規定により 1916 年法を一部改正したものであるが，同法のタイトル XII の第 1200 条から第 1205 条までが所得税に係る改正，同法の第 1206 条から第 1210 条までが法人税に係る改正となっている。また，1917年改正法の第 1211 条は，1916 年法の第 3 款に第 27 条から第 32 条を新規に追加することを規定している。

イ　配当に係る規定の改正

1916 年所得税法及び同法人税法における純所得（Net Income）に対する定義の用語に改正はないが，1917 年改正法では定義規定から配当に係る規定が削除され，配当に係る規定は，1917年改正法の第 1211 条に新条項として追加規定された第 31 条に改めて規定されている。

この第 31 条の規定の前段（第 31 条(a)）は，1916 年法と同様の規定であるが，同条後段(b)には新たな規定が加えられている。

(イ)　第 31 条(a)の規定（1916 年法と 1917 年改正法が同じ規定）

前段の規定は，次のようなものである。

> 「本タイトルにおいて使用される「配当」の定義は，法人，ジョイントストック会社，団体及び保険会社により行われる分配の形態を意味する。その配当原資は，1913年3月1日後に生じた利益積立金又は利益であり，かつ，株主に支払可能なものである。その形態は，現金又は法人，ジョイントストック会社，団体及び保険会社の株式を問わず，株式配当は，その現金等価額で所得とみなされる。」

(ロ)　第 31 条(b)の規定（1917 年改正法に新設された規定）

この規定の要旨は，次の通りである。すなわち，1917 年以降における法人等の株主等に対する分配は，直近の未処分利益又は剰余金を原資としたものとみなす。分配は，受領者の受領時の年分の所得となり，法人等により当該利益又は剰余金が留保された年次の法に規定する税率により課税される。しかしこ

れらの分配の原資が1913年3月1日前に生じた課税済利益である場合，その支払いが，1913年3月1日後であっても課税にならない。

ロ　所得税における超過利潤税の取扱い

超過利潤税の税額は，同時期の純所得に係る課税において控除できるが，所得税及び超過利潤税の税額は，超過利潤税の計算上控除できない[10]。

ハ　留保所得への課税

1917年改正法第1206条(b)は，1916年法にはない新たな規定である。この規定は，個人付加税回避のために法人が留保した所得を配当として分配することを促進する観点から，原則として，事業年度終了後6か月以内に配当しない場合，当該留保所得に対して10％の税率で課税するものである。

ニ　控除項目の改正

1916年法に規定された控除項目（Deductions）について，1917年改正法では，所得税が支払利子，租税及び寄附金（新設）に係る改正があり，居住法人等に係る法人税の規定では，支払利子と租税に係る控除の規定が改正されている。

支払利子に係る規定は，1913年法及び1916年法と継続しているものの一部に改正がある。この規定は，法人が資金調達を資本金ではなく意図的に債務を源泉とすることで支払利子の損金算入を増加させて所得を減少させようとすることを防止するために，払込資本金額と社債の2分の1の合計額を債務の限度とする規定であるが，免税となる利子を生む債務等をこの計算の債務から除くというものである。

(4)　戦時超過利得税（War Excess Profits Tax）

第四次増税法の戦時超過利得税は，同法第200条から第214条までに規定されている[11]。

イ　納税義務者

当時適用されていた税目に加えて戦時超過利得税が課される。納税義務者は，事業に従事するすべての法人（ジョイントストック会社，団体及び保険会社を含む。），パートナーシップ及び個人である。すべての法人及びパートナーシッ

プ（免税となる者を除く。）は事業に従事しているものとみなされる。すべての事業は単一の事業として扱われ，源泉を問わずすべての所得は当該事業から受領したものとみなされる。ただし，国家及び地方公務員の給与，免税法人，週ごとに支払う保険は除かれる。

ロ　適用年度

原則として，適用年度は，1917暦年である。法人及びパートナーシップで事業年度を設定している場合は1917年中に終了する事業年度（12か月）ということになる。

ハ　課税標準と税率

戦時超過利得税の課税標準と適用される税率は次の通りである。

課税標準	税率
純所得のうち投下資本の15％以下の部分	20％
純所得のうち投下資本の15％超20％以下の部分	25％
純所得のうち投下資本の20％超25％以下の部分	35％
純所得のうち投下資本の25％超33％以下の部分	45％
純所得のうち投下資本の33％超の部分	60％

ニ　非居住者の免税点

事業を営む非居住者の免税点は3,000ドルである。

ホ　戦前期間（Prewar Period）

戦時超過利潤税の本来の目的は戦時利潤を課税することである。同法では，1911年，1912年及び1913年が戦前期間として定義されている。戦前期間に法人又はパートナーシップが設立されていなかった場合，個人が戦前期間に事業を営んでいなかった場合，当該課税年度の投下資本の8％相当額と法人の場合は3,000ドル，パートナーシップ又は個人の場合は6,000ドルの控除となる。

ヘ　内国法人に認められる控除額

戦前期間の投下資本の平均利益率による金額（以下「戦前利潤」という。）と3,000ドルの合計額が内国法人の控除額となる。したがって，課税標準の算式

は次の通りである。

（算式：課税標準（超過利潤額）＝純所得－基礎控除－戦前利潤）

ト　内国パートナーシップ，米国市民或いは米国居住者に認められる控除額

認められる算式は基本的に内国法人と同様であるが，基礎控除の額は 6,000 ドルである。

チ　特例的な措置

同法第 205 条及び第 210 条に規定があるが，前者では，戦前利潤がない場合又は同種の事業よりも低率である場合に財務長官により控除額の決定が規定され，後者では，類似業種の平均所得を配分する方法を使用する場合が規定されている。

リ　投下資本の定義

同法の投下資本の定義は，基本的には，第三次増税法における超過利潤税における投下資本の定義（本章 3(2)参照）を踏襲しているといえる。投下資本に関して同法の定義が改正された点は，特許権，著作権及び暖簾（goodwill）等の価値に関する規定を置いたことである（同法第 207 条）。株式等を払い込むことで取得した特許権及び著作権の実際現金価値（Actual Cash Value）は株式等の額面を限度とすることになる。暖簾，商標，ブランド及びフランチャイズ（以下「暖簾等」という。）のうち有償取得のものは投下資本となり，その対価の額が対象となる。ただし，暖簾等の対価が株式である場合，その株式により 1917 年 3 月 3 日前に支払われ，かつ，新株による場合，その株数が 1917 年 3 月 3 日時点の総株数の 20％を超えないという制限がある。

(5)　1917 年の課税のまとめ

ここで，所得税と法人税，それ以外の戦時税制の適用を整理して，1917 年において，個人及び法人等はどのような課税を受けていたのかをまとめることとする。

①　1916 年法による所得税（基本税率 2％）に戦時所得税としての付加税 2％が加算される。この他に，戦時所得税付加税が税率 1％から 50％で課される。

② 法人税では，1916年法による法人税（基本税率2%）に戦時付加税4%を加算して税率は6%となり，これ以外に留保金課税は，原則として，事業年度終了後6か月以内に配当しない利益に対して10%の課税がある。
③ 第三次増税法により創設された超過利潤税は戦時超過利得税に代替されたことで適用がない。
④ 軍需品製造税（1916年の第二次増税法により創設）は，1917年法第214条に規定により税率を10%に引き下げて，1917年限りで存続した。
⑤ 戦時超過利得税が20%から60%の税率で課される。

(6) 法人の場合の仮設例

仮設例の条件は，投下資本100万ドル，純所得50万ドル，戦前利潤は投下資本の9%とする。この場合の算式は，（課税標準＝純所得－基礎控除－戦前利潤）である。以上の条件の数値を算式に当てはめると，次のようになる[12]。

純所得（500,000ドル）－基礎控除（3,000ドル）－戦前利潤（90,000ドル）＝ 407,000ドル（超過利潤額）となる。

超過利潤額の計算・税額	税額
1,000,000 × 15% － 93,000 ＝ 57,000　57,000 × 20% ＝ 11,400	11,400
1,000,000 ×（20 － 15）＝ 50,000　50,000 × 25% ＝ 12,500	12,500
1,000,000 ×（25 － 20）＝ 50,000　50,000 × 35% ＝ 17,500	17,500
1,000,000 ×（33 － 25）＝ 80,000　80,000 × 45% ＝ 36,000	36,000
1,000,000 × 33% ＝ 330,000　（500,000 － 330,000）－ 170,000　170,000 × 60% ＝ 102,000	102,000
超過利潤（407,000）	税額計 179,400

法人税額は，19,236［(500,000 － 179,400)× 6% ＝ 19,236］であり，税額の合計は，198,636（179,499 ＋ 19,236）ドルということになる。この場合，実効税率は約39%（198,636 ÷ 500,000 ＝ 39.72%）となる。

(7) 個人の場合

個人の場合は，法人の課税よりも複雑になる。説明が煩雑になることと，本論が法人の課税所得計算を主たる対象としていることから計算例は省略するが，その課税の概要を簡略に述べると次の通りである。

① 1916年所得税法に規定する税率2％による課税と所得税付加税（税率1％から13％）が課される。

② 第四次増税法（1917年10月）に規定する戦時所得税により，上記①に加えて，戦時付加税2％と戦時所得税付加税（税率1％から50％）が加算される。

③ 戦時超過利得税が課税となる。

以上の①，②，③に述べた各税が重層的に課されることになる。ちなみに，①と②の課税が行われた場合の例によれば[13]，夫婦と子供2人の場合で，純所得が10万ドルで実効税率16.2％，30万ドルで30.9％，100万ドルで47.5％となっている。したがって，この個人が事業に従事しているのであれば，戦時超過利得税がさらに重課されることになる。

5．第五次増税法（1918年歳入法）

第五次増税法は，1919年2月24日に成立した1918年歳入法と称されるものである。この法律は1918年夏に提案されたのであるが[14]，1918年11月にドイツが連合軍との休戦協定に署名したことから第一次世界大戦が停戦となってしまったのである。したがって，本法は，提案時と成立時において状況が変化していることを背景として理解をしておく必要があろう。

(1) 第五次増税法の概要

イ　所得税（1918暦年適用分）

1916年法及び1917年所得税法の規定に代えて，1918年歳入法では，1918暦年適用分として，基本税率6％（4,000ドル以下），4,000ドル超の部分12％の

税率が適用となる。所得税付加税は，1916年法及び1917年所得税法の規定に代えて，1％から65％までの税率が適用となる。したがって，1917年までは，1916年法に1917年法である戦時所得税が加算される状態であったが，1918年からは一本化されたといえる。

　ロ　所得税（1919暦年以降）

所得税の基本税率4％（4,000ドル以下）で，4,000ドル超の部分の税率が8％と前年よりそれぞれ引き下げられている。また，所得税付加税は，1％から65％までの税率である。

　ハ　法人税（1918年適用分）

1917年改正法（1916年法を1917年に改正したもの）及び1917年歳入法の規定に代えて，1918年歳入法の規定が適用となる。法人税の基本税率は12％である。

　ニ　法人税（1919年適用分）

法人税の基本税率は10％に引き下げられている。

　ホ　戦時利得及び超過利潤税（War-Profits and Excess-Profits Tax）

（イ）用語の意義

標記に関する法の規定（第311条及び312条）によれば，それぞれの用語は，次のような内容となる。

① 超過利潤とは，純所得から投下資本の8％相当額及び3,000ドルを控除した額である。

② 戦時利得とは，純所得から戦前利潤（1911年から1913年の平均利潤）と3,000ドルを控除した額である。ただし，戦前利潤は，課税年度の投下資本と戦前利潤年度の投下資本額に相違があるときはその差額の10％相当額を限度として加減算することができる。

（ロ）1918年分適用

① 第312条の超過利得特別控除額（課税年度の投資資本の8％相当額＋3,000ドル，外国法人は3,000ドルの特別控除なし）を超過する純所得の超過額で，かつ，投資資本の20％以下の金額に対して30％の税率

②　投下資本の20％を超過する純所得の金額の65％
③　戦時利得税の特別控除額（戦前利潤額＋3000ドル）を超過する純所得の金額の80％が①及び②に基づく税額を超える場合にはその税額

したがって，①又は②の税額に③の税額が重課されるのではなく，①又は②の課税で終了すればこれ以上の課税はないのであるが，③は一般的な超過利潤を超える戦時利得がある場合，その戦時超過相当分について高率の課税を行うという考えに基づくものではないかと思われる。

(ハ) 1919年適用分

1919年分については，戦時超過利潤税が戦争継続中のみ適用されると規定されていたことから，1919年分については，戦時超過利潤税が廃止され，超過利潤税のみの適用となっている。この超過利潤税は，1922年1月1日以降廃止されている。超過利潤税の税率は20％と40％である。

6．1918年歳入法の特徴

(1) 1918年歳入法の構成

1918年歳入法の構成は，これまでの所得税法等とは異なる構成となっている。タイトルⅠが一般的諸定義，タイトルⅡが所得税で，所得税の第一款が一般的規定として，諸定義，配当，利得決定の基準，棚卸資産，純損失，税率が異なる事業年度，所得が異なる暦年の税率の適用を受ける場合が規定されている。第二款が個人，第三款が法人，第四款が管理上の諸手続，タイトルⅢが戦時利得及び超過利潤税となっている。したがって，税法全体の一般的諸定義がタイトルⅠに規定され，所得税法における一般的規定がタイトルⅡ第一款に規定されるという，これまでにない構成となったのである。

(2) 発生主義の明確化

同法第200条の最後のパラグラフに規定する，「支払った (Paid)」という用語は，本編における損金算入，税額控除の適用上，「支払又は生じた (Paid or

Incurred)」或いは「支払又は発生した (Paid or Accrued)」を意味し,「支払又は生じた」或いは「支払又は発生した」という用語は,第212条に基づいて計算された純所得を基礎として,会計処理基準により解釈されなければならない,という,これまで内国歳入局の通達レベルの解釈として運用していた事項について,本法において明確に費用に係る発生主義を規定している。

収益に関する規定については,条文上では,以下の(5)で記述している通り,納税義務者の記帳に継続して使用されている会計処理基準に従うことになっているので,収益及び費用の認識基準は,同法第212条の規定が適用となる。

(3) 譲渡原価の算定

同法第202条(a)(1)において,1913年3月1日前に取得した財産の場合は,その日の公正な市場価格を原価とすること,その後に取得した財産は,原価又は棚卸による価値で評価し,棚卸による価値は第203条の規定によることが規定されている。

交換の場合は,交換により受領した財産とその公正な市場価値と同額の現金を受領したものとして損益を計算する。しかし,組織再編成,合併等により,新規に受け取る株式等の額面金額の合計が交換した株式等の額面金額の合計額を超える場合,新株式は旧株式の簿価を引き継ぐ。新株式の時価が旧株式の原価を上回る場合,その新株式の時価と旧株式の原価の差額は利得となる。

(4) 棚 卸 資 産

納税義務者の所得の決定を明確にするために,内国歳入局長官の意見により棚卸を行う必要がある場合はいつでも,財務長官の承認を得て,事業における最善の会計実務とほぼ一致するものとして内国歳入局長官の規定する基準により棚卸が強制されることになる[15]。

(5) 純所得の計算

同法第212条に規定する純所得の定義によれば,純所得は,第213条に定義

する総所得から第214条に定義する経費を控除したものであると定義されている。この点は，これまでの所得税法と変わるものではない。また，法人における純所得の定義（同法第232条）も，同様である。さらに，個人及び法人共に，純所得は，納税義務者の記帳に継続して使用されている会計処理基準に従って年次の会計期間（事業年度又は暦年）を基礎に計算されなければならない。しかし，そのような会計処理基準がない場合，又は使用されている会計処理基準が所得を明瞭にしない場合，内国歳入局長官の指示する方法により行われなければならない，と規定されている（同法第212条(b)，第232条）。

(6) その他の事項

その他の項目で特徴的なものは次の通りである。
① 内国法人からの受取配当は益金不算入となる。
② 外国税額控除に関する初めての規定が設けられた（控除限度額に関する規定はない）。
③ 連結納税制度が第240条に初めて規定された。それ以前は，第四次増税法に規定された戦時超過利得税に関連したレギュレーション41の第77条及び第78条に規定されていた[16]。

(7) 小　　括

以上の(2)から(5)までにおける1918年歳入法の規定の内容は，大きく会計実務に依存していることが明らかになった。このことは，以下の項（7及び8）における減価償却の検討で再度取り上げることになる。すでに述べたように，1918年法の制定及び財務省規則の作成には，法律家のアーサー・バレンタイン，経済学者のアダムス，公認会計士のジョセフ・スターレットの3氏が関与しているのである[17]。その結果，個人及び法人共に，純所得は，納税義務者の記帳に継続して使用されている会計処理基準に従って年次の会計期間（事業年度又は暦年）を基礎に計算されなければならないことになったこと，そして，戦時超過利得税の課税所得の計算において，戦前期間の平均利潤の算定が重要

な意義を持つことになり，大きな影響を及ぼしたのである[18]。

7. 税法規定における減価償却関連規定

(1) 1909 年の法人免許税における規定

米国税法における減価償却に係る規定の変遷がどのようなものであったかを最初に検討する。最初に取り上げる税法は，1909 年の法人免許税（以下「1909 年法」という。）である。この規定から始める理由は，この税法は法人税ではなく間接税ではあるが，課税標準が純所得であることから，その計算構造はその後の税法に影響を与えているからである。また，すでに述べたように，1909 年法は原則として現金主義を採用しているという理解は，特例として，減価償却という会計上の用語を使用して税法に規定が置かれていることで，1909 年法における費用等の認識を現金の支出時のみとはしていないのである。

1909 年法では，純所得算定のために控除される項目に係る規定において，損失に係る規定に「財産の減価償却（Depreciation）のための合理的な引当金」という文言が含まれている（同法第 38 条）。

(2) 1913 年の法人所得税

この 1913 年法は南北戦争期の所得税を除き，現行の米国所得税に繋がる最初の所得税法といえるものである。1913 年法の法人税では，「財産の使用，磨耗による合理的な減価償却費，鉱山及び天然資源の場合の減耗引当金で計算対象の年度の生産量の総価値の 5% 以下であるもの等」という規定が控除の項にある（同法第 2 条）。

(3) 1916 年の法人所得税

1916 年法（第二次増税法）の第 12 条の控除に係る規定では，次のように規定されている。すなわち，「事業における使用から生じる財産の消耗（Exhaustion），磨耗による合理的な引当金」と規定され，1913 年法との比較では，1916 年法

では，減価償却（Depreciation）という用語がなくなり，消耗という用語が加えられている。さらに，1916年法は，新たに，石油と天然ガスの採掘場，鉱山に係る合理的な引当金について規定している（1916年法第12条）。

1916年法は，これ以外に，資本的支出について次のように規定している。

① 新築の建物，恒久的な改良，財産の価値を増加させるために行った改良に支出した金額は控除が認められない。

② すでに評価減を損金算入した財産の原状回復費用又は消耗を補うための金額は控除が認められない。

(4) 1918年歳入法

1918年歳入法に規定された所得税（法人税を含む。）は，法人税（同法第234条(a)(7)）における減価償却について，基本的には上記の1916年法の規定（「事業における使用から生じる財産の消耗，磨耗による合理的な引当金」）と同じである。相違点は，陳腐化（Obsolescence）に対する合理的な引当を含む，としている点が新たに加えられた規定である。

これ以外に，米国が第一次世界大戦に参戦した1917年4月6日以降に取得した減価償却資産（建物，機械，設備，船舶等）についての償却が認められている。特に，終戦後3年以内に，納税者から要請がある場合，内国歳入局長官は申告書を再調査して，減価償却の再計算等を行うことで税額の再決定をすることができることになっている[19]。

(5) 1910年代の減価償却の状況

この時期，減価償却に関する実務者間における支配的な考え方は，減価償却が資産取替えのための準備金（Reserves）であるというものである[20]。したがって，減価償却が，適正な期間損益のための費用配分という考え方に収斂するためにはもう少し時間を要したということになる。

また，減価償却の普及に対して税法が果たした役割について，1909年法及び1913年法に減価償却に関する規定が置かれたことは前述の通りである。し

かし当時の法人税率は，1909年法が税率1%，1913年法の税率が1%，1916年法の税率が2%であることから，減価償却実務の普及は遅く，1917年以降の戦時税制下では戦時超過利得税等が重課され，一挙に法人の税負担が増加したことにより，一般に普及したことは事実である[21]。

さらに，1918年歳入法において，個人及び法人共に，純所得は，納税義務者の記帳に継続して使用されている会計方法に従って年次の会計期間（事業年度又は暦年）を基礎に計算されなければならないと規定され，そのような会計処理基準がない場合，又は使用されている会計処理基準が所得を明瞭にしない場合，内国歳入局長官の指示する方法により行われなければならない，とされたことである（同法第212条(b)，第232条）。

(6) 1916年法の減価償却に関する通達

内国歳入局は，1917年4月10日に減価償却に関する通達（T. D. 2481）を発遣している[22]。

この通達に関して，会計専門誌の誌上における実務に関する質疑応答を前提として理解するとその内容を把握することは容易になろう。

この質問の内容は，次の通りである[23]。すなわち，法人は，減価償却の適正な金額を帳簿の記帳とは別に控除できるのか，というものである。

この質問に対する回答は次の通りである。所得税法が法人に減価償却の費用を控除することを認めているのは，その償却費が帳簿上で差し引かれて(Charged Off)いる場合で，金額が合理的であり，かつ，通常の維持又は修繕費としての支出ではないものである。なお，当時の所得税法における減価償却費の計算は，資産の原価を基準として，経験及び観察等に基づいて耐用年数を定めて計算していたのである（課税当局が本格的な標準的耐用年数のガイドラインを公表するのは1931年のブレティンM以降である。）。

通達における説明によれば，1916年法の減価償却に係る規定の重要な要件は，帳簿上で差し引かれていること及び合理的な引当金（Reasonable Allowance）ということである。この合理的な引当金とは，その金額が生じた損失を十分に

償うものであるという意味である。この「差し引く（Charged Off）」という用語は，減価償却費として総所得から控除される合理的な金額が準備金勘定（減価償却累計額）に貸方記入され，資産に対する反対勘定となるのである。

(7) 小　　括

すでに述べてきたように，1918年法による規定を待つまでもなく，1917年4月の減価償却に関する通達において，当時の米国の税務会計では，現行のわが国の法人税法に規定のある損金経理に近い概念が導入されていたことが判る。したがって，上記の減価償却に関する質疑になるように，純所得の計算上，納税義務者は帳簿記入を離れて適正な減価償却費を控除することはできないことになる。ただし，当時の税法には法定耐用年数の規定はないことから，償却限度額計算に類似する規定は見当たらない。

本稿の対象とした年度から外れるのであるが，その後の税法における減価償却制度について簡単に述べると，次のような展開になったのである。

1934年に財務省から出された文書（Treasury Decision 4422, February 28, 1934）では，納税義務者が減価償却費を控除する場合，原則として，次の事項に関してそのすべてで漏れのない報告を行う義務があるとしている。ただし，減価償却費の金額が少額である場合等，課税所得に対する影響がわずかな場合は報告を免除されることになる。

① 減価償却資産の原価等
② 減価償却資産の耐用年数，状態及び残りの残存年数
③ 減価償却により償却済みとなった部分の金額
④ その他の情報

そして，上記の文書は，減価償却費の計算の正確性に関する挙証責任を納税義務者に負わせている。したがって，耐用年数等の算定は，納税義務者が行うことになる。課税当局は，納税義務者から提供される減価償却計算に係る情報が不十分である場合，助言等を行うことになる。

1) 第一次世界大戦に関連した増税は5回行われている。なお，米国が第一次大戦に参戦したのは1917年4月6日（ドイツへの宣戦布告）で停戦は1918年11月11日（ドイツが連合軍との休戦協定に署名）である。第一次世界大戦は1914年8月に始まっている（以下は主として野津高次郎　前掲書　63-125頁，大塚正民　前掲書6頁，渋谷博史　前掲書　14-23頁参照）。

第一次から第五次までの増税法の概要

1914年第一次増税法 （成立）1914年10月 （施行）1914年10月23日 （1916年9月8日の法律により廃止）	主として戦争による関税の減収対策として飲料税等の増税
1916年9月の第二次増税法 （所得税等の増税） （成立）1916年9月8日 （施行）1916年9月9日	①所得税・法人税　基本税率2％ ②所得税付加税　税率1％〜13％ ③軍需品製造税（1916年1月1日から12月31日までを第1課税年度，1917年10月3日の法律により1917年分の税率10％，1918年1月1日以降廃止）税率12.5％ ④法人特別税（資本金99,000ドル超の会社の資本金等に1,000ドル当たり50セント） （施行）1917年1月1日 （廃止）1926会計年度前半まで課税
1917年3月第三次増税法（相続税の増税と超過利得税の創設）（成立）1917年3月3日	超過利潤税（excess profits tax）（1917年1月1日から12月31日までを第1課税年度：法人のみに適用し税率8％であったが，第四次増税法による戦時超過利得税により改組され，廃止された。）
1917年10月第四次増税法 （成立）1917年10月3日， （施行）1917年及び戦争継続期間中	①戦時所得税：基本税率2％に戦時付加税2％を加算 ②戦時所得税付加税　税率1％〜50％ ③法人税：基本税率2％に戦時法人付加税4％を加算して6％・留保金課税（個人付加税回避のため法人の留保金額で事業年度6か月以内に配当しない利益に対して10％の課税） ④戦時超過利得税（war excess profits tax）（個人：1917年以降終戦まで適用．法人：1917暦年を第1課税年度，法人及び組合は1917年終了の事業年度を第1事業年度）は，超過利潤税の改組，法人及び個人を問わず累進税率（20％

	〜60％）を適用 ⑤軍需品製造税（1917年の税率を10％として，1918年1月1日で廃止） ⑥その他の特徴 源泉徴収の縮小・廃止連結納税制度が規則に規定され，超過利得税に対して適用（1917年），連結納税制度が法人所得税に対して強制適用（1918年）
1919年2月の第五次増税法 （1918年歳入法） （成立）1919年2月24日， （施行）1919年1月1日 （1918年適用分）	①所得税：基本税率6％（4,000ドル以下）4,000ドル超の部分12％ ②所得税付加税：1％〜65％ ③法人税：基本税率12％ ④戦時利得及び超過利潤税（war-profits and excess-profits tax）
1919年2月の第五次増税法 （1918年歳入法） （1919年適用分）	①所得税：基本税率4％（4,000ドル以下）4,000ドル超の部分8％へ引下げ ②所得税付加税：1％〜65％ ③法人税：基本税率10％ ④超過利潤税（1919年2月成立，1922年1月1日以降廃止）：超過利潤税（20％と40％）と戦時利潤税（廃止）

特別税等の適用期間（年分は暦年）

税　目	1916	1917	1918	1919
①軍需品製造税	○	○	—	—
②法人特別税	—	○	○	○
③超過利潤税	—	法人のみ適用であったが④により改組され適用されず。	—	—
④戦時超過利潤税（③の改組）1921年に廃止	—	○（法人・個人を問わず適用）	○	○
⑤戦時利得税	—	—	○	—

所得税・法人税の税収（年分は暦年）　　　　　　　　　　（単位：百万ドル）

税　目	1916	1917	1918	1919
所得税（合計）	173	794	1,128	1,270
所得税	51	157	476	468
所得税付加税	122	433	651	802
戦時利得税・超過利潤税	―	208	―	―
法人税（合計）	172	2,142	3,159	2,175
法人税	172	504	653	743
戦時利得税・超過利潤税	―	1,639	2,506	1,432
総合計	345	2,938	4,286	3,445

（渋谷博史　前掲書　18頁）

2) 戦費調達を目的とする特別税には，超過利潤税（excess profits tax）と戦時利得税（war profits tax）がある。前者は，資本額の一定割合を正当な利潤としてそれを上回るものを超過利潤として課税する方式であり，後者は，戦前の利潤水準を上回ったものを戦時利得として課税する方式である（渋谷博史　同上　20頁）。

3) 1920年代の所得税・法人税の成立の変遷は下記の通りである（以下は主として野津高次郎　前掲書　148-190頁，大塚正民　前掲書　6-7頁参照）。1921年以降，第5次にわたる減税が行われ，1929年の大恐慌後，1932年の増税となるのである。

（歳入法）	所得税	法人税
1921年歳入法（成立） 1921年11月23日，（施行） 1922年1月1日	所得税：4％～8％ 付加税：1％～50％	基本税率12.5％（これ以前の税率10％）
1924年歳入法（成立） 1924年6月2日，（施行） 1924年1月1日	所得税：2％，4％，6％ 付加税：1％～40％	基本税率12.5％
1926年歳入法（成立） 1926年2月26日，（施行） 1926年1月1日	所得税：1.5％，3％，5％ 付加税：1％～20％	（1925暦年）基本税率13％，（1926暦年以降）13.5％

1928年歳入法（成立） 1928年5月29日，（施行） 1926年1月1日	同上	基本税率12%
1929年歳入法（成立） 1929年12月16日，（施行） 1930年1月1日	所得税：0.5%，2%，4% 付加税：1%〜20%	基本税率11%

4) 戦時税制が会計記録及び報告の拡大と改善を促すと共に，法律家のアーサー・バレンタイン，経済学者のアダムス，公認会計士のジョセフ・スターレットの3名が財務省において1918年法の制定及び財務省規則の作成に貢献している（Brundage, P. F., "Milestones on the Path of Accounting", The Harvard Business Review, July, 1951, p. 74）。

5) 同法第303条には，租税回避防止規定として，時価よりも低い価格で販売した場合，その差額を個人の利得とするか，又は，売上高を時価に引き直して再計算するのかのいずれかの処理となることが規定されている。

6) 超過利潤税は，1917年歳入法（39 Stat. 1000）の第200条から第207条に規定がある。

7) Wright, James C. A., "Excess Profits Tax in Great Britain" The Journal of Accountancy, Vol. 23, No. 6, June, 1917, p. 434.

8) http://www.1911encyclopedia.org/Excess_Profits_Duty_And_Tax

9) 米国は，第一次大戦が終了した1921年に超過利潤税を廃止するが，第二次世界大戦及び朝鮮戦争時に同税が再度導入されている。

10) Niven, John B (ed.), "Income Tax Department" The Journal of Accountancy, Vol. 24, No. 5, Nov., 1917, pp. 387-388.

11) 第200条から第214条に見出しを筆者が付すと次のようになる。

第200条（諸定義），第201条（税率），第202条（非居住者の免税点），第203条（内国法人等の控除項目），第204条（戦時前所得のない者の控除額），第205条（財務長官による認定控除額），第206条（戦時前所得の算定），第207条（投下資本の意義），第208条（企業組織再編があった場合），第209条（投下資本のない場合），第210条（財務長官による投下資本に係る認定額），第211条（パートナーシップへの適用），第212条（他の法律との関連），第213条（財務省規則），第214条（第三次増税法の超過利潤税の廃止）

12) Niven, John B (ed.), op. cit., p. 395. 第四次増税法に係る財務省規則41号にも戦時超過利得税の課税に関する例示が示されている（Niven, John B (ed.), "Income Tax Department" The Journal of Accountancy, Vol. 25, No. 3, Mar., 1918, pp. 206-208.）。

13) Niven, John B (ed.), op. cit., p. 399.

14) 野津高次郎　前掲書　100頁。
15) 1917年12月19日の棚卸資産に関するルーリングでは，製品又は原材料等の棚卸資産の評価は，原価又は低価主義のいずれかによるとされている。そしてその適用は継続的であることが条件であり，内国歳入局長官により別に定められる場合はその限りではない，となっている（Niven, John B (ed.)., "Income Tax Department" The Journal of Accountancy, Vol. 25, No. 2, Feb., 1918, p. 128.）。
16) Niven, John B (ed.), "Income Tax Department" The Journal of Accountancy, Vol. 25, No. 3, Mar., 1918, pp. 223-224.
17) 注4) 参照。また，「会計士，法律家及び経済学者の協力の結果，1918年歳入法は，会計実践を基礎として税務上の規則を規定し，それ以降，この形が本質的に存続している。」という評価が行われている（Chatfield Michael, op. cit., p207.s　津田正晃・加藤順介訳　前掲書265頁）。同様の見解は次の文献にも示されている（AIA, op. cit., pp. 37-39, 渡辺進・上村久雄　前掲書　66-68頁）。
18) Edwards, James Don, op. cit., pp. 104-105.
19) 1918年歳入法のこの規定は，米国最初の特別償却の規定である（高寺貞男・醍醐聡『大企業会計史の研究』同文舘　昭和54年　170頁）。
20) Previts, Gary John and Merino, Barbara Dubis, A History of Accounting in America, John Wiley and Sons, Inc., 1979, p173, 大野功一・岡村勝義・新谷典彦・中瀬忠和訳『プレビッツ＝メリノアメリカ会計史』同文舘　昭和58年　184頁。
21) 1915年及び1916年に実施された連邦公正取引委員会の調査では，年間10万ドル以上の営業高を持つ約6万の会社のうち半数はまだ減価償却を行っていなかったが，戦時税制による増税により大戦終了までは減価償却会計が一般産業分野に完全に浸透したということである（青柳文司『会計士会計学　改訂増補版』同文舘1969年　112-113頁）。
22) Niven, John B (ed.), "Income Tax Department" The Journal of Accountancy, Vol. 23 No. 6, June, 1917, p. 472. この通達は発遣した時期から，1916年法までを対象範囲とし，1917年10月に成立した1917年法は対象外となっている。
23) Niven, John B (ed.), ibid., p. 471.

第 6 章

1920年代の法人税制等

1. 本章の概要

　米国は，第一次世界大戦（この期間における税法の改正は1916年の税制から1919年歳入法までである。）における戦費調達を目的として，1916年法以前の1914年法から1919年歳入法までに5回にわたり増税を行い[1]，戦後になる1920年会計年度の税収は，1917年会計年度の約10倍強，所得税・法人税の税収も同様に10倍強に増加している[2]。その後，一定期間の減税を経て，1929年の大恐慌以降，米国の税制は，1932年歳入法以降増税となるのである。結果として，第一次世界大戦の戦費調達等を目的とする租税負担（特に，所得税及び法人税等）の急増は，企業等における税負担に対する意識を進化させ，企業の利益計算に影響を及ぼしたということになろう。

　本章は，第一次世界大戦の戦時財政に続く1920年代の税制の動向と企業会計との関連を検討するものである。特に，1918年歳入法により，個人及び法人共に，純所得は，納税義務者の記帳に継続して使用されている会計処理基準に従って事業年度又は暦年を基礎に計算されなければならないと規定され，そのような会計処理基準がない場合，又は使用されている会計処理基準が所得を明瞭にしない場合，内国歳入局長官の指示する方法により行われなければならない，とされたことである（同法第212条(b)，第232条）。

　したがって，本章における検討課題の第1は，1920年代における所得税・法人税の規定における新たな展開である。税法規定の構成の点から見ると，1921年歳入法，1924年歳入法及び1926年歳入法は，1918年歳入法の形式を

踏襲しており，改正されている事項もあるが，基本的に条文の構成は類似している。それに対して，1928年歳入法は，それ以前の税法の条文構成と全く異なる形態になっている。また，規定の内容の点では，1924年歳入法が規定の実質的な改正を行っていることから，条文の構成では，1918年歳入法から1926年歳入法が一括りとなって1928年歳入法と対比され，内容の点における転換点としては，1924年歳入法における改正がポイントということになろう。

検討課題の第2は，1920年代における企業会計と課税所得の計算の関連である。1918年歳入法以降，「納税義務者の記帳に継続して使用されている会計処理基準に従って事業年度又は暦年を基礎に計算されなければならない。」という原則の沿革とその意義を検討することが課題となる。

検討課題の第3は，配当に関連して，所得税と法人税の関連である。1910年代前半は，所得税と法人税の基本税率は同じであったが，1917年10月3日に成立した戦時歳入法（War Revenue Act）以降，所得税と法人税の基本税率は乖離するのである[3]。本稿では，時期を1910年代に遡って，法人の受取配当課税を中心とした変遷を検討する。

検討課題の第4は，税法と会計の相互作用である。この次の時代である1930年代は，証券取引法の整備，会計原則制定化の動きとなるのであるが，1920年代は，1910年代の初期の米国会計学と1930年代の中間であるが，ペイトン教授が1922年に"Accounting Theory"，1924年に"Accounting"という著書を公表している。黒澤教授は，第一次世界大戦までの時期を米国会計学の基礎が築かれた時代，第一次世界大戦前後から数年間にわたる時期を伝統的会計学の一層の発展とその批判の現れたところの米国会計学の新しい展開を意味する時期と区分している[4]。また，この時期は，米国における会計士制度の拡大等に伴い，会計士会計学ともいえる標準的な会計実務が定着しつつある時期ともいえるのである。したがって，会計士に主導された会計実務の影響を受ける税法と，税法によりある種の標準化をせざるを得ない会計実務の相互作用がこの時期にあるといえる。

2. 1920年代の税制の概要

(1) 1920年代の税制改正

1920年代の税制改正と所得税・法人税の税率の推移は次の通りである。

なお,1918年歳入法により適用された超過利潤税が1921年末をもって廃止され,1910年代に創設された法人等に関連する税目としては,1916年歳入法により創設された資本金等の金額に一定金額を課す法人特別税のみが1926会計年度前半まで継続している状態である。

税制改正と所得税・法人税の税率推移

（歳入法）	所得税	法人税
1921年歳入法（成立：1921年11月23日），（施行：1922年1月1日）	所得税：4%～8% 付加税：1%～50%	基本税率12.5%（これ以前の税率10%）
1924年歳入法（成立：1924年6月2日），（施行：1924年1月1日）	所得税：2%，4%，6% 付加税：1%～40%	基本税率12.5%
1926年歳入法（成立：1926年2月26日），（施行：1926年1月1日）	所得税：1.5%，3%，5% 付加税：1%～20%	(1925暦年：基本税率13%），（1926暦年以降：13.5%）
1928年歳入法（成立：1928年5月29日），（施行：1928年1月1日）	同上	基本税率12%
1929年歳入法（成立：1929年12月16日），（施行：1930年1月1日）	所得税：0.5%，2%，4% 付加税：1%～20% （所得税・法人税税率の1%減）	基本税率11%

(2) 1920年代の所得税・法人税の税収状況

税収全体に占める所得税・法人税の税収比率は,1920年代の減税等によりその比率を低下させるが,1930年代に近づくにつれて,ほぼ税収の8割弱と

いう数値になる。

また，所得税と法人税の税収は，1925年以降法人税の税収が所得税の税収を上回ることになる[5]。1929年の税収では，所得税が税収の37％，法人税が税収の42％という比率である。憲法修正第16条確定後に初めて所得税・法人税が制定された1913年の両税の税収比率は全体の10％であり，1916年に24％，1918年に77％となり，以降，1930年までおおむね税収の60％以上を両税が占めている。このことは，第一次世界大戦の戦時財政の時期以降，所得税・法人税が米国における主要税目としての地位を確立したといえる。

(3) 1920年代の所得税・法人税の申告状況

1920年代の所得税・法人税の申告状況全体を俯瞰すると，個人は，1920年から1924年までが700万件から600万件で，1925年以降は400万件に減少している。純所得階層別では，1920年代が進むにつれて高額所得者数は増加傾向であるが，1920年代後半になり年間純所得5,000ドル以下の階層の申告数が大幅に減少している[6]。

個人に対して法人の申告数は，1920年代全般に増加傾向にあり，1920年に34万件の申告数が，1928年には48万件になっている。純所得階層別では，純所得金額1万ドル未満の法人数が，1924年で76％，1928年で77％であり，米国法人の約4分の3がこの階層に入ることになる。

3. 1920年代の所得税・法人税

1910年代の所得・法人税制とは異なり，1920年代の同税制の規定のうち，特徴的な項目を取り上げると次のようなものがある。

(1) キャピタルゲインの課税

1921年歳入法第206条は，キャピタルゲインの課税についての特例措置を初めて規定している[7]。同条(a)(6)では，キャピタルゲイン発生の基因となる

「資本資産（Capital Asset）」について，納税義務者が2年を超えて保有する財産で，私的使用のための財産又は棚卸資産は除かれている。1921年歳入法の規定（第206条(b)）は，納税義務者から法人を除くとなっていることから，個人に対する適用である。

キャピタルゲインに対する税額計算（同条(c)）は，キャピタルゲインを除く所得である通常所得（Ordinary Income）の税額計算とは別に，キャピタルゲイン純所得に対して12.5％の税率により税額を計算する。ただし，税額総額が純所得総額の12.5％未満でないことを条件として，納税義務者は税額計算を選択することになる。

これに続いて，1924年歳入法は，純キャピタルロス（Capital Net Loss）を定義して，キャピタルゲインの総額をキャピタルロスと控除額の合計が超える金額とし，個人について純キャピタルロスの他の所得との通算による税額減少について制限を加えたのである（同法第208条(c)）。すなわち，減少する個人の所得税額は，純キャピタルロスの金額の12.5％が控除の限度となるということである。

(2) 収益と費用の認識基準

費用の認識については，1909年の法人免許税では原則として現金主義が規定され，財務省規則により企業会計実務で使用されている発生主義を許容する取扱いであったが，1913年所得税法では，発生主義を条文上も認める改正となったが，その後の，1916年歳入法では，条文上は現金主義に戻った規定になり法人の記帳に基づいて所得計算をするということになっている。そして，1918年歳入法では，発生主義を明確に規定するという変遷を経ているのである。

税法自体の規定とは別に，1920年の最高裁判決であるマコンバー事案により実現概念が税法上の基準となったのである。

以上のような変遷を経て，1924年歳入法では，第202条（利得の金額の決定）及び第203条（販売及び交換からの利得の認識（Recognition of Gain or Loss from

Sales and Exchanges))において，次のように規定が置かれている。
　①　財産の販売又はその他の処分から生じる利得については，実現した金額（The Amount Realized）という文言が規定されている（第202条(a)）。また，財産の販売又はその他の処分から実現した金額は，受領した現金の額と受領した現金以外の財産の時価の合計と規定されている。
　②　財産の減耗，陳腐化等，償却等による損失を調整することが規定されている（第202条(b)）。
　③　上記第203条には，財産の交換等，組織再編に伴い受領した株式等に関して課税としない特例措置に関する規定がある。

本論では，企業会計における実現主義とマコンバー判決で顕著となった実現概念とを区別して使用してきたが，上記の第202条及び第203条から，税法上の実現概念について次のような理解ができる。
　①　実現の時期（認識）は，第203条(a)の規定により，販売又は交換の時点（Upon the Sale or Exchange of Property）となっている。
　②　税法上の実現に関連する規定は，測定に係る文言を含んでいる。すなわち，財産の販売又はその他の処分から実現した金額は，受領した現金の額と受領した現金以外の財産の時価の合計と規定されている。

企業の会計処理基準を重視することを規定した1918年歳入法に係る財務省規則（Regulation 45）第22条において総所得と控除の帰属時期について規定している[8]。すなわち，この規定は，納税義務者の所得を明瞭に反映する方法により純所得の計算が行われるが，総所得又は控除のいずれかの項目が会計処理される時期はその基本的なルールに従って決定される，としている。

したがって，税法における実現概念が上記の理解では，期間帰属を決める基準であり，かつ，測定の基準としても機能するように理解できるが，取扱いを定めた財務省規則では，企業会計における会計処理の基準に沿った利益計算が容認されていることになる。

さらに，同規則第23条では，総所得が受領（Received）されたものとみなされる場合として，収益として勘定処理される場合又は制限なしに納税義務者が

処分可能な状態になることと規定し，さらに，財産の評価益は所得の発生 (Accrual) ではないとして，未実現利益を所得から排除している。この結果，1918年歳入法本文では明確でなかった税法における実現概念が，企業会計における実現主義と実質的には同様の内容と理解されていることが判る。

(3) 勤労所得

勤労所得 (Earned Income) は，1924年歳入法第209条に初めて規定されたものであり，1928年歳入法ではパートナーシップの項にパートナーの所得に関連する規定が置かれている。この所得は，役務提供に基づく賃金，給与，専門家の報酬等が含まれ，利益の分配の性格を有する対価は含まれない。事業所得と人的役務提供所得の混合所得の場合，事業所得の純利益の20％以下は勤労所得とみなされることになる。この規定の特徴は，勤労所得から勤労所得控除 (Earned Income Deductions) を控除した額が勤労純所得 (Earned Net Income) となり，現行の米国税法では規定のない控除が過去にあったことになる。

勤労所得について，納税義務者の所得のすべてが勤労所得の場合は税額の25％の控除が認められる（同条(c)）。納税義務者の純所得が5,000ドル以下の場合は，その全額を勤労所得とみなすことになる。また，納税義務者の純所得が5,000ドルを超える場合に5,000ドルの勤労所得があるものとみなされ，純所得は10,000ドルを上限としている。なお，この上限金額は1926年歳入法では20,000ドルに増加している。

(4) パートナーシップ等の課税

パートナーシップ，遺産財団及び信託における課税に係る規定は，1921年歳入法から個別の条文として規定されている[9]。

パートナーシップ課税のポイントは，パートナーシップ自体が納税主体にならず，パートナーシップの所得をパートナーにパススルーすることについては，現行の米国税法と同様である。以下は，パートナーシップについて，1920年代の規定として最もまとまっている1928年歳入法の規定を対象として記述

する。

　パートナーシップ課税における焦点の1つは，損失の取扱いである。例えば，パートナーシップにおいて生じたキャピタルロス又は純損失（Net Losses）について，パートナーの所得としてパススルーするのかどうかということであるが，1928年歳入法の補則条項Fの第186条及び第187条においては特にパートナーの所得計算上損失控除に制限を加えるという規定はない。

4．税務会計と企業会計の関連

(1)　1920年代歳入法における規定

　本章の冒頭部分で述べたように，1918年歳入法以降，「納税義務者の記帳に継続して使用されている会計処理基準に従って事業年度又は暦年を基礎に計算されなければならない。」（1918年歳入法第212条(b)，第232条）という原則が継続して適用されているのかどうかを検証することがこの項における目的である。

　1921年歳入法は，同法第212条(b)及び第232条に1918年歳入法と同様の規定がある。また，1924年歳入法及び1926年歳入法は，同法第212条(b)及び第232条に1918年歳入法と同様の規定がある[10]。

　1928年歳入法は，それ以前10年余の税法の規定とは異なり，同法第41条から第48条に「会計期間と会計処理基準」という規定を独立した形で置いている。

　同法第41条は，「一般的なルール」を規定しているが，その文言は，1918年歳入法から1926年歳入法に規定した第212条(b)及び第232条と同様である。

　同法第42条は，総所得（Gross Income）の認識に係る規定である。すなわち，会計の一般的なルールにより，期間帰属が異なる処理となる場合を除いて，総所得は，納税義務者による受領（Received）の時期を認識の原則としている。

　同法第43条は，控除及び税額控除に係る規定である。控除及び税額控除の認識は，支払い（Paid）又は発生（Accrued又はIncurred）となっている。これ

らの用語については，同法第48条に定義が規定されている。

これら以外に，同法第45条は，移転価格税制が規定されている。この規定が現行米国税法第482条の移転価格税制の規定に繋がるのであるが，移転価格税制自体の規定は，1921年歳入法における第240条(d)の規定が嚆矢とされている[11]。

(2) 財務省規則第45号の規定

1918年歳入法は，上記(1)でも述べたように，税務会計と企業会計の関連を規定している。1918年歳入法に係る財務省規則第45号は，その規定をさらに敷衍して同規則第23条及び第24条に関連する条項を設けている[12]。

第23条によれば，会計の認められた標準的な処理基準（Approved Standard Methods of Accounting）は，通常，所得を明瞭に反映するものとみなされるが，そのためには会計処理の継続適用を条件としている。

また，第24条によれば，すべての納税義務者に適用となる統一的な会計処理基準はなく，法が期待することは，個々の納税義務者が自己の判断により，自己の目的に適した会計処理基準等を採用することである。納税義務者は，税法により，真実の所得を記載した納税申告書を作成する義務があり，それゆえに会計記録の保存も必要となる。第24条では，このような会計方法における主要な点として次のような項目が掲げられている。

① 製造業等の場合は，期首及び期末に棚卸を行うこと
② 資本的支出と収益的支出を区分すること
③ 財産の復旧又は耐用年数の延長のための費用は，財産勘定からの控除項目又は引当金として計上すべきもので，一般の費用ではない。

(3) アンダーソン事案

1926年1月4日の最高裁判決である本事案は[13]，1916年歳入法[14]の第13条(d)に関する解釈として発生主義を認めたものである。

イ 根拠規定

同法第13条(d)の規定は次の通りである。すなわち，現金主義以外の基準に基づいて記帳を行っている法人，ジョイントストック会社，団体又は保険会社は，当該方法が所得を明瞭に反映しない場合を除いて，財務長官の承認を受けた内国歳入局長官により制定された規則に従って，企業会計において採用されている基準に基づいて申告書を作成することができる，というものである[15]。

ロ　事案の概要

本件は，1916年歳入法により創設された軍需品製造税に関して[16]，損金算入ができる当該税目について納税義務者は当該税を納付した年分（1917年）において総所得から控除していたが，課税当局の判断では，当該納付税額は1916年分であるとした。したがって，1917年分の税額が116,044.40ドル増加することになった。

ハ　本事案の焦点

本事案の適用条文は，1916年歳入法の第13条(d)である。また，同規定に関しては，財務省決定（T. D. 2433）が発遣されている[17]。納税義務者は，軍需品製造税について1916暦年を課税年度として1917年に納付したのであるが，軍需品製造税の申告ではなく，当該納税義務者の所得税申告における軍需品製造税の控除する年分に関して，納付した時期を控除の時期とする納税義務者と発生年分である1916年で控除すべきとする課税当局との争いである。

納税義務者は，1916暦年において軍需品製造税としての引当額86,541.95ドルを計上したが控除せず，その納付額112,412.54ドルを1917年で控除したのである。判決は，当該引当額は1916年分の所得税申告書において控除するという判断を示している。

この判決の根拠法となった1916年歳入法第13条(d)の規定が発生主義を容認した規定であるという理解に問題はないが，留意すべきことは，同条に係る通達（T. D. 2433）に規定のあるように，税務調査等により発生主義を採用していることに問題が生じた場合は，現金主義を採用することを強制されることである。したがって，課税当局による発生主義の容認は，特例としてのものであり，原則は現金主義であるということになる。言い換えれば，税法は，会計実

務を容認する立場から発生主義を認め，会計実務と調整を図ったが，あくまでも原則は現金主義であり，この原則までも放棄したものではないことを同規定は示していることになる。

5．配当に係る規定

(1) 留保金課税

　法人の所得が法人税課税後に法人内に留保されずに配当として流出して，個人株主段階で課税を受けるのであれば問題はないが，個人株主段階において受取配当に対する累進税率による高率な所得税課税を回避するために，同族会社等においては配当を行わずに所得を法人内に留保して所得税の課税を遅らせることが行われる。

　米国の場合は，1913 年の所得税法以降，所得税率と法人税率が同じである時期が続き，1917 年戦時所得税法以降，両者の税率に相違が生じることになる[18]。また，個人所得税は，基本税率による課税以外に，付加税の賦課が 1913 年以降行われ，1913 年所得税法では 1％から 6％，1916 年歳入法では 1％から 13％，1917 年戦時所得税法では 1％から 50％，1918 年歳入法では 1％から 65％と次第に税率が高くなり，法人に所得を留保するという動機が強く働く状況になったのである。

(2) 1909 年法人免許税

　1909 年法は，1909 年関税法第 38 条に規定されたもので，5,000 ドルを超える法人の純所得に対して 1％の税率で課税する間接税であり，個人に対する課税はない。したがって，法人間の二重課税排除のために課税済所得からの受取配当は，純所得計算において控除することが認められていた。

(3) 1913 年所得税法・法人税法

　同法では，個人所得税及び法人税は 1％の基本税率であり，個人所得に対す

る付加税は，1％から6％の税率である。1909年の法人免許税では，他の法人からの課税済所得からの受取配当は非課税として扱い，1913年法では，法人から個人株主への配当に関しては二重課税の調整を行っているが，法人間については，その規定はなくなっている。1913年所得税法・法人税法において，法人間配当を課税とした理由は，持株会社設立等を阻止しようとする政策である[19]。

また，付加税の課税を回避するために法人に利益を留保した場合は，その法人の未処分利益の個人持分相当額を，配当の有無にかかわらず課税されることが規定されている（同法第2条(A)(2)）。

(4) 1916年歳入法

同法では，個人所得税及び法人税は2％の基本税率であり，個人所得に対する付加税は，1％から13％の税率である。

個人株主の受取配当に対する課税は，二重課税の調整が行われている（同法第5条(b)）。法人間の受取配当については，1913年所得税法・法人税法と同様に課税となっている。

また，留保所得に対する付加税の課税（同法第3条）については，一般に，留保利益は租税回避目的があるものとして課税となる。法人が持株会社としてのみの役割である場合又は事業上の合理的な理由もなしに留保される場合，その留保利益は租税回避目的があるものとして課税となる。その判定は，財務長官が事業目的上当該留保を不合理であると証明した場合に限られる。内国歳入局長官又は税務署の徴収官からの請求のある場合，当該法人は，当該利得等の証明書と配当の権利を有する者の氏名と住所を提出しなければならない，と規定されている。

(5) 1917年戦時所得税法

1917年戦時所得税法（1917年10月3日成立）は，個人所得税の基本税率は2％と4％であり，個人付加税の税率は1％から50％である。また，法人税率は

6％である。同法は，第一次世界大戦の戦費調達の目的から戦時超過利得税を個人及び法人に対して適用したのである。

1916年歳入法では課税であった法人間の受取配当について，1917年戦時所得税法第4条は，法人付加税の課税において当該受取配当を課税しないことを規定している。

また，1917年戦時所得税法第1206条(b)は，留保所得への課税として，1916年歳入法にはない新たな規定である。この規定は，個人付加税回避のために法人が留保した所得を配当として分配することを促進する観点から，原則として，事業年度終了後6か月以内に配当しない場合，当該留保所得に対して10％の税率で課税するものである。なお，この規定は，1918年歳入法において廃止されている。

(6) 1918年歳入法

個人所得税の基本税率は1918年適用分が6％と12％，1919年適用分が4％と8％であり，個人付加税の税率は1％から65％である。法人税の基本税率は1918年適用分が12％，1919年適用分が10％である。

1918年歳入法では，個人株主の受取配当については二重課税の調整が行われ（同法第216条(a)），法人間の受取配当については，控除が認められている（同法第234条(a)(6)）。

個人の付加税の課税を回避するために，法人を設立して利益を留保した場合，当該法人は，法人税の課税を受けることなく，パートナーシップと同様に株主個人に所得を帰属させて課税することになる（1918年歳入法第220条）。

(7) 1920年代の歳入法

上記で説明した法人を設立して個人の付加税課税を回避する方法に対処するパートナーシップ方式による個人課税の方法は，1918年歳入法第220条，1921年歳入法第220条，1924年歳入法第220条，1926年歳入法第220条及び1928年歳入法第104条に同様の規定があるが，1918年歳入法第220条，1921

年歳入法第220条, 1924年歳入法第220条の間では, その規定は若干異なっている。

すなわち, 1918年歳入法第220条の規定では, 所得を留保した法人に対して法人課税をせずに株主等に対して留保所得をその持ち分に応じ割り振ることでパートナーシップ方式による課税で代行することを規定している。

1921年歳入法第220条では, 付加税回避の目的で所得を留保した法人に対して, 法人税の課税を行い, さらに付加税として25％の税率による課税を行うことを規定している。

1924年歳入法から1928年歳入法の規定では, 付加税の税率が50％に改正されている。

(8) 小　括

1909年法人免許税から1928年歳入法までの間における, 個人株主及び法人の受取配当課税の変遷と, 個人の付加税を回避するために法人を設立して意図的に利益を留保する脱税[20]を行ったことに対して, 1913年所得税法以降, その方法の変遷はあるものの一貫して脱税の防止のための規定を置いている。

この配当課税に係る変遷は, 本稿の対象である企業利益の計算と課税所得の計算の交差に直接的な関係のあるものではないが, 米国法人税法の特徴の1つであるとしてここにまとめたのである。

6. 会計理論と税法規定の関連

(1) 1920年代までの税法と会計実務等の沿革

1902年にプライスウオーターハウス会計事務所のパートナーになったメイ会計士 (G. O. May) は, 企業利益について, 当時, 事業又は金融関係者を除いて興味を示す人がほとんどいなかったと述べている[21]。

税法と会計士の接点は, 1909年成立の法人免許税の成立時に, 当時の主たる会計士事務所から, 法人免許税が採用した暦年基準及び現金主義等に対する

批判が当時の立法責任者である司法長官宛の書簡で示され，司法長官もこれに返信を出したことから，これらの文書は，会計士の機関誌（The Journal of Accountancy）に掲載されて公になったのである。

米国の所得税法・法人税法は，多くの違憲訴訟の判決と当時の経済理論等の影響の下に形成されてきたといえよう。すくなくとも，1909 年法人免許税の立法時まで会計士による助言等はなかったのである。その後，法人免許税の施行に際して，財務省及び内国歳入庁は取扱いとして規則（Regulations）等により，税法規定の適用基準等を緩和する措置等を講じるのである。

そして，1918 年歳入法の立法時から，外部の専門家の 3 氏が財務省において 1918 年法の制定及び財務省規則の作成に貢献したのである[22]。この時期から，税法は，納税義務者の記帳に継続して使用されている会計方法に従って事業年度又は暦年を基礎に計算することになる（1918 年歳入法第 212 条(b)，第 232 条）。

したがって，税法側の視点に立てば，税法は，いくつかの違憲訴訟等において判示された所得に関する解釈等に基づいて，法人税では総所得（Gross Income）から控除（Deductions）を差し引いて純所得（Net Income）を算出する構造が確立したのである。この間，企業会計の分野では「公正妥当な会計処理」というものが確立せず，1910 年代後半に至って，信頼に足る会計実務が存在するという認識が税法側に生じたことになる。

例えば，税法は 1909 年の法人免許税において現金主義を規定するのであるが，これに対して，会計士側が発生主義の実務と合わないことを理由に，税法が発生主義を受け入れるようにある種の啓蒙的な助言を税法に対して行ったと解するのであれば，それは，米国税法の歴史的な沿革を無視した解釈といえよう。事業所得に関して税法が適用となるのは，すべての企業（個人企業と法人企業）であり，その規模及び記帳状況等は相当の差があることになる。また，税務申告は所定の時期に強制的に現金納付することを強いられるが，企業会計は，対株主或いは債権者等に対する財務諸表の開示であり，配当の支払いは株主総会の決議事項である。要するに，税法（法人税法）と企業会計は，目的も

考え方も異なるものであるが，所得又は利益を計算する点で一致しているのである。

(2) 論点となる項目

1920年代に執筆された米国税法に言及している会計の論文に取り上げられている主たる争点を列挙すると[23]，その項目は次の通りである。したがって，ここに示される事項は，会計士等から見た税法と会計の関連である。

① 現金主義と発生主義
② 実現主義
③ 減価償却（資本的支出と収益的支出の区分を含む。）

(3) 保守主義と税法

メイ会計士の論文では，所得税における問題は，所得の定義と所得の帰属（収益及び費用の認識）であることを指摘しているが，所得概念よりも所得の帰属の問題が重要であるという認識である[24]。会計士側からの検討では，会計上計算される企業利益と課税所得の関連において，両者は，所得又は利益を計算する点で一致しているのである。

上記の論文におけるメイ会計士の主張で最も本論に影響のある事項は，当時の会計実務或いは会計士実務を支配していた考え方が保守主義であったという点である。保守主義に基づく判断或いは会計処理が当時の実務の基本であるならば，収益に関しては，現金又は現金等物による受領を確実な収益の認識基準とし，将来発生するであろう損失等は，実際に生じていない場合等でも認識することになる[25]。

すでに述べたように，1918年歳入法に係る財務省規則（Regulation 45）23条では，総所得が受領（Received）されたものとみなされる場合として，収益として勘定処理される場合又は制限なしに納税義務者が処分可能な状態になることと規定し，さらに，財産の評価益は所得の発生（Accrual）ではないとして，未実現利益を所得から排除している。結果として，1918年歳入法本文では明

確でなかった税法における実現概念が，財務省規則で企業会計における実現主義と実質的には同様の内容となったのである。

そして，1920年のマコンバー事案に係る最高裁判決において，判例において実現概念が判示されたこととは別に，会計実務或いは会計士実務では，収益の認識については保守主義に基づく実現主義と実質的に同様の考え方が存在していたことは，上記のメイ会計士の諸論からも窺えることである。税法上の明文化は，上記の財務省規則（Regulation 45）ということになる。

結果として，税法上の所得算定と企業利益の計算における主たる相違点は，保守主義に基づく企業利益の計算では，将来想定される損失等，総所得から控除する項目の計上等に関するものである。税法が棚卸資産において低価法を認めたのは1918年歳入法であり，貸倒引当金の計上を認めたのは1921年歳入法（同法第234条(5)）である[26]。

以上のことをまとめると，会計士側の論理として，税法の規定が保守主義に基づく会計処理に近づけば，会計実務或いは会計士実務と税法の相違は解消されたことになる。そのためには，税法が控除項目として予測できる将来的な支出等も認めることである。しかし，税法は控除については制限的であり，会計実務にはない利子の控除の制限等の別段の定めを置いているのである[27]。したがって，1909年の法人免許税以降の会計実務或いは会計士実務と税法の対立は，前者が保守主義という考え方に基づくことから，予測の収益を排除して予測の費用又は損失を計上することになるが，税法では，控除について制限的であり，租税回避等の防止の観点から別段の定め等があり，両者が一致することは難しいと思われるが，メイ会計士の論文により両者の対立軸が明確になったといえる。

(4) 減価償却実務

弁護士のスタンハーゲン氏の減価償却に関する論文及びコーラー会計士の論文により[28]，当時の減価償却実務の一端を知ることができる。

前章7の減価償却に関する税法規定の変遷からも明らかなように，規定に陳

腐化の文言が置かれたのは，1921年歳入法以降ということである。課税当局が認めていた減価償却の方法は定額法と生産高比例法（Production Methods）であり，他の方法も認められるのであるがほとんどその例はなかったということである[29]。

耐用年数については，納税義務者がこれを短縮する傾向にあるが，その資産の種類により2年から50年の間で経験等により判断していた[30]。また，減価償却資産には，特許権等が含まれ，特許権の償却期間は17年である。また，減価償却についての控除の要件は償却費を帳簿に計上することである[31]。

(5) 小　　括

コーラー会計士の主張が，ある意味，当時の会計士の税法に対する認識であったのかもしれない。すなわち，会計の指導力を高く評価することで，税法が会計理論等を吸収して進化し，純利益（Net Profits）と課税所得が一致するようになるというものである[32]。

米国税法の沿革と会計士実務等との関連を考慮すれば，両者が別の論理で形成されていることは容易に理解できるものである。すなわち，総所得から税法上に規定のある限定された控除項目を差し引いて純所得を算定するという所得税・法人税の計算構造の論理的な骨格が1909年の法人免許税で出来上がってから，会計士実務等がまとまりを見せてきて助言又は批判を行うようになったのであって，この段階で，両者は異なる論理体系になっているのである。換言すれば，両者は，利益又は所得算定という点では共通しているのであるが，その結論に至る計算過程が全く異なるのである。具体的には，税法では，課税所得の計算上特定項目について損金不算入とする処理という独自に控除を制限することができる。

繰り返しになるが，1920年代における米国税法と会計士実務等との差異は，保守主義に基づいて会計上予測できる費用又は損失を税法が控除項目・金額として計上するかどうかである。

1) 米国は，1917年4月6日のドイツへの宣戦布告で第一次世界大戦に参戦し，停戦は1918年11月11日（ドイツが連合軍との休戦協定に署名）である。なお，第一次世界大戦は1914年8月に始まっている。
2) 税収内訳（1913-1930）（構成比率は筆者算定）　　　　（単位：百万ドル）

（会計年度）	税収総額	所得税・法人税	構成比率
1913	344	35	10%
1916	512	124	24%
1917	809	387	47%
1918	3,698	2,852	77%
1919	3,850	2,600	67%
1920	5,407	3,956	73%
1921	4,595	3,228	70%
1922	3,197	2,086	65%
1923	2,621	1,691	64%
1924	2,796	1,841	65%
1925	2,584	1,761	68%
1926	2,836	1,974	69%
1927	2,865	2,219	77%
1928	2,790	2,174	77%
1929	2,939	2,331	79%
1930	3,040	2,410	79%

（出典）　U. S. Department of Commerce, Statistical Abstract of the United States, 1931.

3) この戦時歳入法では，所得税は付加税が追加で課され，法人及び個人の双方に戦時超過利得税，軍需品製造税が課されている。
4) 黒澤清「米国会計学発展史序説」馬場敬治他『米国経営学（上）』所収　東洋経済新報社　昭和31年　239頁。
5) 所得税と法人税の税収　　　　　　　　　　　　　　　（単位：百万ドル）

（会計年度）	税収総額	所得税	法人税
1925	2,584	845	916

1926	2,836	879	1,094
1927	2,865	911	1,308
1928	2,790	882	1,291
1929	2,939	1,095	1,235
1930	3,040	1,146 (37%)	1,263 (41%)

（出典）　U. S. Department of Commerce, Statistical Abstract of the United States, 1931.

6)　個人・法人申告数　　　　　　　　　　　　　　　　　　（単位：万）

暦年	個人申告数	法人有資格申告数 （納付額のある法人）	無資格申告数 （納付額なし）
1913	35	18	12
1916	43	20	13
1917	347	23	11
1918	442	20	11
1919	533	20	11
1920	725	20	14
1921	666	17	18
1922	678	21	17
1923	769	23	16
1924	736	23	18
1925	417	25	17
1926	413	25	19
1927	410	25	21
1928	407	26	22

（出典）　U. S. Department of Commerce, Statistical Abstract of the United States, 1931.

個人申告：純所得階層別件数（1922-1928）　　　　　　　（単位：千人）

申告純所得金額	1922	1924	1926	1928
1,000 未満	402	344	119	111

1,000 以上 2,000 未満	2,471	2,413	1,045	918
2,000 以上 3,000 未満	2,129	2,112	837	837
3,000 以上 5,000 未満	1,190	1,800	1,240	1,192
5,000 以上 10,000 未満	391	437	560	628
10,000 以上 25,000 未満	151	191	246	270
25,000 以上 50,000 未満	35	47	57	68
50,000 以上 100,000 未満	12	15	20	27
100,000 以上 150,000 未満	2	3	4	7
150,000 以上 300,000 未満	1	1	3	5
300,000 以上 500,000 未満	0.3	0.4	0.8	1
500,000 以上 1,000,000 未満	0.1	0.2	0.4	0.9
1,000,000 以上	0.06	0.07	0.02	0.5
（総　　　計）	6,787	7,369	4,138	

（出典）　U. S. Department of Commerce, Statistical Abstract of the United States, 1931.

7) 米国のキャピタルゲイン課税の沿革については，大塚正民『キャピタル・ゲイン課税制度―アメリカ連邦所得税制の歴史的展開』（有斐閣学術センター 2007 年 2 月）が判例等を含めて詳細に検討している。

8) Niven, John B. (ed.)., "Income Tax Department" The Journal of Accountancy, Vol. 27, No. 4, Apr., 1919, p. 284.

9) 1921 年歳入法は，パートナーシップに係る規定に，人的役務提供法人（personal service corporation）の規定があり，1924 年歳入法以降，この規定はない。パートナーシップ，遺産財団及び信託に係る規定は，1921 年歳入法，1924 年歳入法及び 1926 年歳入法とほぼ同様の規定振りであるが，1928 年歳入法では，複数の規定に整備されている。1928 年歳入法における遺産財団及び信託に係る規定は，同法第 161 条から第 170 条まで，パートナーシップに係る規定は同法第 181 条から第 189 条に規定されている。

10) 1918 年歳入法から 1928 年歳入法に係る該当箇所の規定は，いずれも shall be computed という文言が使用されている点においても共通である。したがって，納税義務者が課税所得計算においては企業会計の会計処理基準を使用することが義務付けられていたということになる。また，所得決定と会計処理基準との関連については，財務省の規則（Regulations）により具体的な規定がある。例えば，これらの規定は，1913 年規則 33 の第 182 条及び第 183 条，1916 年 -1917 年の規則第 127

条及び第128条，1928年の規則74の第323条にある（Gaa, Charles J., The Taxation of Corporate Income, University of Illinois Press, 1944, p. 17.）。これらの規則における規定では，1916年-1917年の規則33第127条において，法人は，市町村，州又は連邦政府により規定された会計方法若しくは承認された標準的会計実務（approved standard accounting practices）に従った記帳を行うとされている。1928年の規則74の第323条では，会計の統一的な方法はなく，各納税義務者がその目的に適合した会計方法等を選び真の所得を申告することが義務付けられているとしている。

11) 1921年歳入法第240条は，連結納税申告に係る規定であり，連結納税申告が選択できることを規定している。同条(d)の規定は，属領法人に対して所得を移転することを規制したものである。そして，1924年歳入法の第240条(d)では，属領法人に関する規定が削除されている。そして，この規定が1928年歳入法の第45条に引き継がれるのである。

12) Niven, John B (ed.)., op. cit., p. 284.

13) United States v. Anderson, 269 U. S. 422 (1926).

14) 1916年歳入法は，1916年9月8日に成立し，翌日の9月9日から施行された法律で，軍需品製造税を創設している。

15) 第13条(d)に係る法人税の取扱いについては，1917年1月8日に発遣されたT. D. 2433（Niven, John B. (ed.), "Income Tax Department" The Journal of Accountancy, Vol. 23, No. 3, Mar., 1917, pp. 212-213.）がある。T. D. 2433に記述された説明は次の通りである。すなわち，1916年歳入法第13条(d)に係る取扱いとして，法人が発生主義により帳簿を作成することができる。そして，法人は，将来の債務に係る支払に備えて引当金（reserve）を設定することができ，その引当額を総所得から控除できる。ただし，当該引当額は過去の経験に基づく実額に近いものであることを要するのである。また，過大な引当額は控除することが認められず，所得に加算されることになる。なお，所得と控除は同じ基準に基づいて計算され，その実務は継続しなければならない。また，発生主義に基づいて帳簿を作成している法人が，税務調査において，発生主義に基づく税務申告書及び引当金が真の所得を反映していない場合，法人は，現金主義に戻ることになる。なお，価値の下落，貸倒れ等の損失は，取引完了時等として確実に決定された場合のみ控除できる。

16) 軍需品製造税は，1916年1月1日から同年12月31日が第一課税年度であり，申告期限は，翌年の3月1日である。

17) 上記15) 参照。

18) 1918年歳入法により，1919年適用分から所得税の最高基本税率が8%，法人税が10%となった。このことについて，法人税率が個人所得税率を上回ることになり，法人税が分配利潤に対する個人普通所得税の源泉徴収であるという状態が崩れ

たという見解がある(畠山武道「アメリカに於ける法人税の発達」『北大法学論集』第 24 巻第 2 号　264 頁)。

19) Seligman, Edwin R. A., op. cit., p. 685.
20) 現在では,法人に利益を留保することは脱税(evade)することではなく,法人利益の課税の時期が繰り延べられることであるから,租税回避(tax avoidance)又は課税の繰延べ(tax deferral)であると思われるが,当時は,人為的に法人を設立して税を免れることを意図したものであることから,該当する条文は脱税(evade)という文言を使用している。
21) Grady, Paul (ed.), Memoirs and Accounting Thought of George O. May, The Ronald Press Company, 1962, p. 234.
22) Brundage, P. F., op. cit. p. 74.
23) 当時の会計実務等における意見を反映しているものとして,メイ会計士(May, George O.)の論文で取り上げたのは, Taxable Income and Accounting Bases for Determining IT (1925) (including in, May, George O., Twenty-Five Years of Accounting Responsibility 1911-1936 Essays and Discussions edited by Bishop Carleton Hunt, Price Waterhouse & Co. 1936.),同じくコーラー会計士(Kohler, Eric L.)の論文は, ("Accounting as Affected by Federal Income Taxation" The National Income Tax Magazine, Vol. 1, No. 1, 1923.),減価償却についてはシカゴのスターンハーゲン弁護士の論文(Sternhagen, John M., "Depreciation and Obsolescence-Their Application To Taxable Income" The National Income Tax Magazine, Vol. 1, No. 10, 1923.)である。
24) May, George O., ibid., pp. 267-268.
25) May, George O., ibid., p. 272.
26) May, George O., ibid., p. 273. なお,メイ会計士の見解によれば,税法における貸倒引当金は,売掛債権勘定の評価勘定ではなく,控除を制限するためのものであるというものである(May, George O, ibid. p. 289.)。また,メイ会計士は,税法上の発生主義(accrual basis)という用語に懐疑的であり,税法上の選択としては,納税義務者の記帳を基準とする方法と所得を明瞭に反映するものとして内国歳入局長官により指示された基準の選択であると述べている(May, George O., ibid. p. 288.)。
27) 法人免許税以降,法人の資金調達を借入資本を多くすることにより,そこから生じる支払利子を控除して所得の圧縮を図る租税回避を防止する観点から,利子の控除に制限を設ける規定がある。
28) Sternhagen, John M., "Depreciation and Obsolescence-Their Application To Taxable Income" The National Income Tax Magazine Vol. 1, No. 10, 1923. Kohler, Eric L., "Accounting as Affected by Federal Income Taxation" The National Income

Tax Magazine, Vol. 1, No. 1, 1923.
29) Kohler, Eric L., ibid., p. 8.
30) Sternhagen, John M., op. cit., p. 9.
31) Sternhagen, John M., ibid., p. 10.
32) Kohler, Eric L, op. cit., p. 11.

第7章

1930年代の法人税制等

1. 本章の概要

　本章は，1930年代の米国税務会計史を対象としている。この時代は，1929年10月のニューヨーク市場における株式の暴落に始まる大恐慌が1933年頃まで続き，1933年3月4日に就任したルーズベルト大統領は，提唱したニューディール政策の一環として1933年5月に連邦証券法，1934年6月に連邦証券取引法を制定し，さらに証券取引所等を監督する証券取引委員会（Securities and Exchange Commission : SEC）が設立されて，公認会計士による法定監査が実施されるに至ったのである。

　米国の会計実務をリードする会計士は，1916年に米国会計士協会（The American Institute of Accountants : AIA）を設立し，1934年1月に「株式会社会計の監査」を公表している。米国の会計学者等から構成される米国会計学会（AAA）は1936年の設立であるが，その前身は1916年に設立された米国会計学担当大学教員協会（AAUIA）であり，1936年にAAAに改称されたのである。この米国会計学会は1936年に「株式会社報告書に関する会計原則試案」を公表した。また，1938年にはサンダース，ハットフィールド，ムーア3教授による，「会計原則への声明」（SHM会計原則）が公表され，1940年には，ペイトン及びリトルトン両教授による「会社会計基準序説」が公表されている。

　以上のように，1930年代の会計は，これまでの会計士実務等を中心とした会計から証券取引法の制定等を背景として会計原則等が検討され，制度としての会計の時代に入ったということができる。したがって，本章は，このような

会計の状況等を背景として，法人税における課税所得の計算構造がどのような変化を遂げたのかを検証することを目的としている。

2. 1930年代の所得税，法人税法等の特徴

(1) 1930年代の所得税，法人税法等の概観

1930年代の歳入法等による改正の動向はまとめると次の通りである[1]。

税制改正と所得税・法人税の税率推移

（歳入法）	所得税	法人税
1932年歳入法 (1932年6月成立) 施行日：1932年6月6日，所得税は1932年1月1日から課税	○最初の4,000ドル：4％，4,000ドル超：8％ ○付加税：2％～55％ ○勤労所得控除として3万ドル以下の勤労所得の税額の25％控除の廃止 ○受取配当の免税の継続	○13.75％ 連結付加税：0.75％（1932・1933年に限り付加税の課税）
産業復興法 (National Industrial Recovery Act) (1933年6月16日成立) 施行日：1933年6月16日，所得税は1933年1月1日から課税	○繰越純損失の廃止 ○証券損失繰越控除の廃止	○法人資本税：1,000ドルにつき1ドルの消費税 ○超過利得税：資本の改訂申告価格の12.5％を超えるときは超過部分の5％ ○法人配当税：源泉徴収により5％の控除（消費税） ○連結付加税を1934年及び1935年に1％とした。
1934年歳入法 (1934年5月10日成立)	○税率：4％の均一 ○付加税：4％～59％ ○勤労所得控除（1932年廃止），34年法（10％税額控除可） ○資産損失：一定割合の算入を認める方式	○法人資本税，超過利得税の存続 ○親族法人による連結納税制度を禁止 ○留保金課税：10万ドルにつき25％，10万ドル超35％ ○人的持分会社付加税：10万ドルまで30％，10万ドル超40％

1935年歳入法 (1935年8月30日成立), (1936年法の成立により実施されなかった。)	○付加税：最高75% ○社会保障税等の創設	○法人税（1935年12月31日後に開始する事業年度から適用）12.5%～15% ○外国法人の源泉徴収：1936年以降15% ○内国法人からの受取配当10%課税（それ以前免税） ○人的持株会社の留保金課税：20%～60% ○法人資本税，超過利得税の増税 ○法人の清算規定創設
1936年歳入法 (1936年6月22日成立)	○所得税率，付加税率改正なし ○個人の受取配当について付加税のみの課税から普通税・付加税の課税に改正	○法人税：8%～15% ○法人付加税（留保所得の純所得に対する割合に応じて）：7%～27% ○留保金課税（付加税なしの法人：25%，35%），（付加税課税法人：15%，25%） ○内国法人からの受取配当15%課税（1935年法では10%） 人的持分会社の留保所得：8%～48%法人資本税の税率引下げ（1.4ドルから1ドル）
1938年歳入法 (1938年5月28日成立)，所得税は1938年1月から始まる事業年度から2年間有効	○キャピタルゲイン課税の整備 （1年半超2年未満の所有の場合3分1免税，2年超の場合，50%免税）	○一般法人（純所得25,000ドル超）と第14条所定の法人（純所得25,000ドル以下）を区別して課税 ○留保金課税廃止 ○不当留保所得付加税25%，35% ○人的持分会社の付加税（65%と75%） ○支払済配当控除額の拡大
1939年内国歳入法典 (Internal Revenue Code of 1939)（1939年2月10日成立）初めての統一税法典である。	○税率の改正なし（基本税率4%，付加税率4%から75%）	1938年歳入法と同じ

なお，1939年歳入法典制定後に，1939年歳入法（1939年6月29日成立）が制定されているが，その内容は，1939年内国歳入法典の追加的改訂である。

(2) 税率の動向

所得税の最高税率（付加税を含む）は，1928年が28％，1929年が24％であったが，1932年歳入法では63％，1935年歳入法では79％になっている。

法人税率は，1928年歳入法で税率12％，1932年歳入法で13.75％，1935年歳入法で税率12.5％から15％，1936年歳入法で税率8％から15％，留保金課税の税額がこれに加えられる。そして，1940年代に入ると，1940年歳入法で24％，超過利潤税が25％から50％までの6段階，1941年歳入法で31％，超過利潤税が35％から60％の6段階，1942年歳入法で40％，超過利潤税が一律90％（1943年歳入法では95％）になっている。

(3) 税収と納税義務者数等

所得税及び法人税の税収合計は，1933年以降大幅に税収全体に対する比率を下げて，1932年が67％であったが，それ以降の1940年までの間は，30％又は40％台ということになっている[2]。

また，納税義務者数では，個人申告者数が，1923年769万人を最高にそれ以降下落して，1931年に322万人までになり，その後回復して，1939年には748万人になる。法人税の申告者数（納税している法人数）は，1928年の26万社を最高に，1932年には8万社まで減少し，その後，1939年には19万社になっている[3]。

このように1930年代に入り，所得税及び法人税の税収全体に占める比率が減少し，納税義務者数も減少した原因としては，大恐慌による所得の減少が原因の1つであることは明らかであるが，特に1930年代前半の歳入不足を補うために，タバコ税，製造者消費税等の所得税以外の税収が伸長している。そして，1934年以降，遺産税収の急増，酒・ビール税収の急増，1934年から1936年の農業調整税（特定産品の過剰生産を規制するために課税：1936年の違憲判決によ

り廃止）の税収等が所得税等の減収分を補完したのである[4]。

3. 純所得（Net Income）の計算

(1) 1928年歳入法

1928年歳入法以降の各歳入法等において，純所得の計算に係る規定がどのような内容であるのかを最初に検討することとする。

1926年歳入法と1928年歳入法は，その条文構成が大きく異なっている。1926年歳入法では，所得税全般にわたる部分を最初に規定し，その後に個人所得税，法人所得税という順序で条文が配置されている。

1928年歳入法は，個人と法人を区別せずに規定され，それとは別に補足規定B（Supplement B）において純所得の計算に係る補足的な規定をまとめて規定している（同法第111条から第120条）[5]。1928年歳入法は，条文構成ではそれ以前の歳入法と異なるが，規定の内容の点で大きな改正があるものではない。

この1928年歳入法から1939年歳入法までの規定において，純所得の計算の本則は，総所得から控除の金額を差し引いて計算するというもので[6]，所得計算の全体的な骨組みに改正はない。したがって，本則の規定（同法第21条から第26条）は基本的な純所得計算について規定し，補足規定Bは，譲渡損益等本則に規定のないものと補足的に規定の必要なものに係るものが置かれている。

(2) 1932年歳入法

1928年歳入法との比較では，総所得から差し引く諸控除等の項目において，いくつかの改正がある。

1つは，株式等の仮装売却（Wash Sales）により生じる損失の控除が認められないという規定（同法第23条(h)，第118条）である。この仮装売却とは，当該売却時点の前後30日以内に実質的に同一の財産を買い戻すことをいい，株式等の含み損を確定するが，その株式等は保有を継続することになる。

その他には，資本資産に該当しない株式等の損失の制限（利得と同額まで控除）と空売り（Short Sales）の損益は，資本資産により生じた損益とはみなされない等の規定がある（同法第23条(r)(s)(t)）。

(3) 1934年歳入法

1932年歳入法との比較では，総所得から差し引く諸控除等の項目について次のような改正がある。第1として，賭博による損失は，利得の範囲まで認めるというものである（同法第23条(g)）。その他として，資本資産に該当しない株式等の損失の制限等が廃止されている。

(4) 1936年歳入法

1936年歳入法における諸控除の規定において，法人の寄附金に関する規定が創設されたことである。一定の条件を満たす寄附金の場合，課税所得の5％を限度として財務省規則等の規定の要件を満たすものは控除できることになる（同法第23条(q)）。

(5) 1938年歳入法

1938年歳入法の諸控除の規定で注目される事項は，不良債権に係る規定の改正である（同法第23条(k)）。1938年歳入法の前の1936年歳入法までの規定では，債権が無価値になった場合で記帳が行われている場合（或いは内国歳入局長官の裁量により貸倒引当金の追加計上が行われている場合），内国歳入局長官は，当該債権の回収可能性の判断が可能となった段階で，記帳額を限度として控除することを認めることができる，となっていた。

1938年歳入法は，証券等が無価値になった場合と処理を事業年度最後の日における資本資産の譲渡又は交換からの損失とみなして控除することを規定すると共に，不良債権の処理が，銀行以外の納税義務者に適用にならないと規定している（同法第23条(k)）。

4. 企業会計と税法の関連

　米国の税法では，1918年歳入法以降，「納税義務者の記帳に継続して使用されている会計処理基準に従って事業年度又は暦年を基礎に計算されなければならない。」(1918年歳入法第212条(b)，第232条) という原則が継続して適用されている。1918年歳入法に続く1921年歳入法には，1918年歳入法と同様の規定がある。また，その後の1924年歳入法及び1926年歳入法は，同法第212条(b)及び第232条に1918年歳入法と同様の規定がある。そして，1928年歳入法は，それ以前10年余の税法の規定とは異なり，同法第41条から第48条に「会計期間と会計処理基準」(Accounting Periods and Methods of Accounting) という規定を独立した形で置いている[7]。

　本章は，以下，1928年歳入法以降の企業会計と税法の関連について検討を行う。

(1) 1928年歳入法

　1928年歳入法以降，「会計期間と会計処理基準」が同法第4款 (Part IV) に規定されている[8]。

　第41条は一般的規定であるが，その内容は従前の規定と同様である。すなわち，原則としては，純所得は，納税義務者が記帳に通常適用している会計の処理基準に従って計算されるのであるが，そのような会計処理基準がない場合又は適用されている処理基準が所得を明瞭に反映するものでない場合，内国歳入局長官の指示する方法によることになる。なお，事業年度が確定しない場合は暦年が事業年度となる。

　したがって，1918年歳入法以降におけるこの規定は，所得を明瞭に反映する会計処理基準であることから，現金主義を原則ということではなく，発生主義を現金主義に改正することもあることになる[9]。

　第42条は，総所得を計上する時期 (期間帰属) に関する規定である。総所得

の認識は，原則として，納税義務者による総所得の受領（Received）であるが，第 41 条において認められた会計処理基準による場合はその限りではないと規定している。これについては，1918 年歳入法に係る財務省規則（Regulation 45）第 23 条において，総所得が受領（Received）されたものとみなされる場合として，収益として勘定処理される場合又は制限なしに納税義務者が処分可能な状態になることと規定し，さらに，財産の評価益は所得の発生（Accrual）ではないとして，未実現利益を所得から排除している。したがって，この規定は，企業会計における実現主義と実質的には同様の原則が税法においても適用されていたと理解することができる。

第 43 条は，諸控除及び税額控除の計上時期（期間帰属）に関する規定である。認識基準としては，発生主義によることになっている。そしてその用語（Paid, Incurred, Accrued）の定義は，第 48 条(c)に規定されている。

(2) 1934 年歳入法以降

1932 年歳入法の「会計期間と会計処理基準」に関する規定は，1928 年歳入法と同じである。1934 年歳入法では，納税義務者が死亡した場合，存命中に発生した分についてはその者の純所得に含めることが追加されている。1934 年歳入法以降，1939 年内国歳入法典までの「会計期間と会計処理基準」に関する規定は同じ内容である。

(3) 1934 年歳入法に関連する財務省規則 86 の規定

財務省規則 86 の第 41 条から第 43 条に上記で検討した条文に関する取扱い等が示されている[10]。以下では，この規則の内容について検討を行うのであるが，その意義は，税法の条文では明らかでなかった具体的な所得計算についての詳細がここに示されているからである。言い換えれば，当時の税務における所得計算の水準を示すものと理解することができる。

税法が純所得の計算に認めている会計の処理基準は，所得を明瞭に反映する会計の処理基準である必要がある。その具体的な内容に関しては，条文上に説

明はない。財務省規則86の第41条の1は，所得を明瞭に反映する会計処理基準についての一般的な記述である。

　第41条の2は，純所得計算の基礎と会計処理基準の変更について規定している。そして，標準的な会計処理基準として認められたものが，一般的には所得を明瞭に反映するとみなされる，と説明されている。ただし，その場合，総所得及びすべての控除項目が継続適用されることが条件となる。また，同規定では，棚卸資産の処理を行う必要のある場合，仕入と売上に関する会計は発生主義（Accrual Method）で行わないと所得を正確に反映しないことになるが，財産価値の値上がり益については所得の発生とせず，当該財産の譲渡等により実現して所得となる。

　会計処理基準が変更となる場合，納税義務者は変更となった項目についての説明を申告書に添付しなければならない（変更に関しては内国歳入局長官の承認を必要とする。）。この変更は，現金主義から発生主義又はその逆の場合であるが，具体例は，棚卸資産の評価方法の変更，現金主義又は発生主義から長期請負契約への変更，長期請負契約において工事進行基準から工事完成基準への変更又はその逆，収穫基準等の純所得の計算の基礎となる基準の採用又は変更を含むもの等である。この変更の届出は，原則として，事業年度開始後90日以内に提出するものとされている。

　第41条の3は，会計の処理基準について規定している。すなわち，税法では，統一的な会計処理基準を定めておらず，すべての納税義務者は，自己の判断で適した会計の様式及び処理基準等を採用することとしている。その目的は個々の納税義務者に対して真実の所得を申告することが法律の要請するところということになる。その場合に必須となる会計記録は次の通りである。

① 期首と期末の棚卸資産の記録と売上原価の計算
② 支出を資本的支出と収益的支出に区分
③ 減価償却の計算と資本的支出により耐用年数の延長となった資産の減価償却

(4) 財務省規則86における棚卸資産に係る規定

1934年歳入法第22条（総所得）(c)に棚卸資産についての規定がある。財務省規則86では，第22条(c)の1から第22条(c)の8までに棚卸資産に関する細則が定められている。

第22条(c)の1は，棚卸資産に関する総論で，製品又は商品の販売を業とするすべての場合に，期首と期末の棚卸は正確な純所得の計算にとって必要であることを規定している。棚卸資産の範囲は，販売目的の完成品，半製品，原材料及び消耗品である。棚卸資産となる商品は，その所有権が納税義務者に属する場合である。

第22条(c)の2は，棚卸資産の評価に関する規定であり，棚卸資産に関する処理が従うべき2つの条件を次のように示している。

① 使用する事業等における最適な会計実務にほぼ一致する方法であること
② その方法が所得を明瞭に反映すること

そして，採用された棚卸資産の方法は継続適用をすることになる。最も一般的に使用される棚卸資産の評価の基準は，原価法と低価法である。商品の損傷等により通常の価格で販売できない場合の評価は，真正な売却価格（Bona Fide Selling Price）から処分に要する費用を控除した金額となり，原材料又は半製品の場合は合理的な価格で評価することになる。なお，真正な売却価格とは，棚卸後30日以内の期間に当該商品に対する買い申込みの価格である[11]。

通常の商品等の期末評価に低価法が認められたのは1920年の棚卸からである。棚卸資産の評価方法の変更は，上記第41条の2に規定されている。棚卸となる商品は，直近に購入又は製造した商品とみなされることになるとしていることから，規定において専門用語は使用されていないが，この規定の意味することは先入先出法ということである[12]。

第22条(c)の3は棚卸資産の原価に関する規定である。当該原価は次のように算定される。

① 期首の棚卸商品は，棚卸時の価格
② 期中に仕入れた商品は，送り状価格に取得に要した費用を加算した金額

から値引き分を控除した金額
③　期中に製造した製品は，製造原価（販売費用等を除く。）
④　農業，鉱業等の場合はその産業において確立している実務と合致する合理的な方法による価格

第22条(c)の4は低価法を規定している。時価は，棚卸時の支配的な価格を意味することになるが，市場取引等がなく時価が存在しない場合は，棚卸時点に最も近く入手可能な公正市場価格が使用される。

(5)　後入先出法の適用

後入先出法が税法上で最初に規定されたのは1938年歳入法第22条(d)である。また，財務省規則101は，同規則第22条(d)に後入先出法に関する規定を置いている[13]。

後入先出法の税法への導入の経緯は，1930年4月14日の最高裁判決において基準棚卸法（Base Stock Method）の使用が税法上認められなくなったことに始まる[14]。1934年歳入法に係る財務省規則86では，上記に述べたように，先入先出法が規定されている。

財務省規則101第22条(d)の1では，特例として選択により所定の原材料業者及び非鉄金属の製造，処理業者は先入先出法に代わり，後入先出法を選択できることを規定している[15]。この選択として認められた方法は基準棚卸法の代替的な方法として考えられたものである[16]。なお，当該選択をした場合，適用となる事業年度直前の事業年度に係る納税申告書の提出時以前に届出書（Form970）を提出することになる（同規則第22条(d)の2）。

その後，1939年内国歳入法典の棚卸資産に係る規定まで改正は行われず，後入先出法の適用対象業種等が制限されていたが，1939年歳入法第219条による改正により，その適用対象業種等への制限が撤廃されて，課税当局への申請と課税当局からの承認が適用要件となり，方法の変更に対する課税当局の承認等の制限が付された[17]。

5．1930年代の会計の動向

(1) 概　　要

米国では，大恐慌を契機として投資家保護の観点から1933年に証券法，1934年に証券取引法が制定され，上場法人に対して会計士による法定監査が実施されることになった。この会計士監査における判断基準として，会計原則の必要性が高まり，次のような会計原則等が作成された。

① 1934年　米国会計士協会（AIA）「株式会社会計の監査」（Audits of Corporate Accounts）

② 1936年　米国会計学会（AAA）「株式会社報告書に関する会計原則試案」（A Tentative Statement of Accounting Principles Affecting Corporate Reports）

③ 1938年　SHM会計原則（A Statement of Accounting Principles）

④ 1940年　ペイトン及びリトルトン教授「会社会計基準序説」（An Introduction to Corporate Accounting Standards）

1930年代は，企業会計における中心が財産法から損益法重視に移行し，外部報告会計と公認会計士による法定監査が確立された時期であることは周知の事柄である。そして，これまで会計士実務を中心として形成されてきた会計が，会計理論の側面からの発展を加味して集大成されて会計原則となったのである。

税法は，1918年歳入法以降，所得を明瞭に反映する会計実務を尊重して課税所得の計算を行うことを規定してきたのであるが，会計側の新しい展開（会計の制度化）に対してどのような影響を与えたのかという点が注目されるところである。

(2) 会計の新しい動向と税法

会計の新しい動向に関して，メイ会計士（May, George O.）が会計の統一性に関する論文を書いている[18]。なお，メイ会計士は，1930年に米国会計士協会

第7章 1930年代の法人税制等　153

により組織されたニューヨーク証券取引所との協力特別委員会の座長となり[19]，同委員会とニューヨーク証券取引所の株式上場委員会との間の往復書簡が1934年の米国会計士協会（AIA）「株式会社会計の監査」等になったのである[20]。したがって，メイ会計士は，1920年代後半から1930年代前半における監査制度の確立と会計原則制定における中心人物の1人であるといえる。

　上記の論文では，会計実務に対して強制力を持つものとして鉄道業における州際商業委員会（Interstate Commerce Commission）の規制と税法の規制等を取り上げて[21]，会計処理の方法に対してこれらの規制が会計処理の方法を統一しているのか否かを，会計実務における実情に照らして検討している。したがって，この論文は，会計原則制定等により税法にどのような影響があったのかという観点ではなく，会計原則制定等に際して，それ以前に存在した税法或いは州際商業委員会の会計規制等が，会計処理の方法を統一（1つの処理方法とすること）したのか，選択を認めたのかということを検証しているのである。

　税法（所得税法）における考え方について，会計の完全な統一化（会計処理の方法を1つにすること）は行われていない。そして，1918年歳入法以降，純所得計算は納税義務者に記帳に通常使用されている会計の処理基準に従って課税年度を基礎として計算すること（以下「公正処理基準」という。）を変えていない。内国歳入局は，特定の取引に関して処理方法を特定化しているが，その他の場合では，処理方法の選択を認めている。

　以上のことから結論を出すのは早計と思われるが，1918年歳入法以降，税法では，公正処理基準の規定を明記してきたのであるが，1930年代に入りそれまで慣習として存在した会計実務が会計原則として集大成される事態になり，企業会計が税法の公正処理基準に影響を与えたのかというと，逆に，当時会計実務に強制力を有していた税法等における会計処理の取扱いが企業会計において参考とされたといえるのではなかろうか。

1) 資料は，野津高次郎　前掲書　191頁以降，大塚正民　前掲書　7-9頁。この表に関する追加的情報は次の通りである。

① 1932年歳入法：個人株主の受取配当の免税，証券取引に基づく損失控除の制限（個人），純損失の繰越（2年⇒1年），外国税額控除⇒国別，一括のいずれか高い方の選択，贈与税の創設。
② 州による法人所得税の税率：1%～6%（野津　前掲書　334頁）。
③ 1933年歳入法では，超過利得税は法人資本税をできるだけ高くするために設定された税である（野津　前掲書　335頁）。
④ 1935年歳入法：法人資本税（千ドルにつき1.4ドルの増税），超過利潤税（資本の調整申告価額の10%を超え15%以下：6%，15%超：12%），社会保障税の創設。
⑤ 1938年歳入法で留保所得課税廃止。
⑥ 米国の会計年度は7月～6月である。

2) 税収内訳（1930-1940）（構成比率筆者算定）　　　　　　（単位：百万ドル）

（会計年度）	税収総額	所得税・法人税	構成比率
1930	3,040	2,410	79%
1931	2,428	1,860	76%
1932	1,557	1,056	67%
1933	1,619	746	46%
1934	2,672	819	30%
1935	3,299	1,105	33%
1936	3,520	1,427	40%
1937	4,653	2,173	46%
1938	5,658	2,622	46%
1939	5,181	2,178	42%
1940	5,340	2,121	39%

（出典）　U. S. Department of Commerce, Statistical Abstract of the United States, 1942.

3) 個人・法人申告数　　　　　　　　　　　　　　　　　　　　（単位：万）

暦年	個人申告数	法人有資格申告数（納付額のある法人）	無資格申告数（納付額なし）
1930	370	22	24
1931	322	17	28

1932	387	8	36
1933	372	10	33
1934	409	14	32
1935	457	16	31
1936	541	20	27
1937	635	19	28
1938	620	16	30
1939	748	19	27

(出典) U. S. Department of Commerce, Statistical Abstract of the United States, 1942.

4) 野津 前掲書 254-275頁, 411-428頁。
5) 各条文の見出しは次の通りである。第111条（利得又は損失金額の決定）, 第112条（利得又は損失の認識）, 第113条（利得又は損失決定における税務簿価）, 第114条（減価償却又は減耗償却における税務簿価）, 第115条（法人からの分配）, 第116条（総所得からの除外：非課税所得）, 第117条（純損失）, 第118条（証券等の売却に係る損失）, 第119条（米国国内源泉所得）, 第120条（個人における慈善寄附金等の控除）。
6) 本則における純所得の計算は, 1918年歳入法第21条から第26条に規定されている。第23条（総所得からの諸控除）では, 諸費用, 利子, 一般的な租税, 法人により支払われた株主の租税, 個人による損失, 法人による損失, 損失決定のための税務簿価, 証券等の売却による損失, 純損失, 不良債権, 減価償却, 減耗償却, 減価償却及び減耗償却における税務簿価, 慈善寄附金等, 不動産譲渡の場合の将来的な費用, 法人の受取配当, 年金信託が控除項目として列挙されている。
7) 会計処理基準に関する歳入規則（Revenue Ruling）には次のようなものがある。
① Rev. Rul. No. 1971 (1921年)：この規則は, 現金主義で申告を行っていた者が発生主義で申告をするように修正することは認められない。たとえ, 外国で発生した税額を除いて, 現金主義の結果と発生主義の結果が同じになる場合でも認められない, というものである。
② Rev. Rul. No. 1821 (1924年)：この規則は, 現金主義を発生主義に変えた銀行の会計が税務調査により現金主義に改められたことについて, この処理を妥当としている。
③ Rev. Rul. No. 2866 (1926年)：この規則は, 鉄道会社における損金の計上時期について規定している。
④ Rev. Rul. No. 2867 (1926年)：この規則は, 訴訟になった場合の税額の計上時

期について規定している。
⑤ Rev. Rul. No. 3542（1927 年）：この規則は，第 5 巡回裁判所の判決（1927 年 10 月 28 日：S. L. Becker v. U. S.）を紹介しており，この判決では，現金主義により所得を明瞭に反映していないことから発生主義で計算した税務調査を支持している。
⑥ Rev. Rul. No. 3932（1928 年）：軍需品製造税に関して発生主義を認めた事案（The Aluminum Casting Co., v. F. Routzahn：1927 年 11 月 30 日判決）を紹介している。
⑦ Rev. Rul. No. 5162（1932 年）：この規則は，自動車の販売者がローンで自動車を売却したときは，ファイナンス会社から信用供与が行われた段階で販売者の売上を計上できることを規定している。
⑧ Rev. Rul. No. 7087（1934 年）：この規則は，被相続人の死亡以前に宣言された配当は，死亡後に支払われても被相続人の所得であることを規定している。
8) 第 4 款は，同法第 41 条から第 48 条までの規定である。各条の見出しは次の通りである。第 41 条（一般的規定），第 42 条（総所得の期間帰属），第 43 条（損金算入と税額控除の期間帰属），第 44 条（延払基準），第 45 条（所得と控除の配分），第 46 条（会計期間の変更），第 47 条（1 年未満の事業年度における納税申告書），第 48 条（諸定義）。
9) 上記 7) ②参照。
10) U. S. Treasury Department & Bureau of Internal Revenue, Regulation 86 relating to the Income Tax under the Revenue Act of 1934.
11) 1935 年 6 月 3 日に請求裁判所における判決（The Pierce-Arrow Motor Car Co., v. The United States. Court of Claims of The United States.）において，財務省規則 45 の第 1582 条に規定のある真正な売却価格は棚卸後 30 日以内の買い申込みの価格と定められていることから，低価法の場合の時価はこの価格ということになる（Ruling No. 7682 (1936 年)）。
12) 本章では，便宜上，先入先出法又は後入先出法という用語を使用するが，現在の段階で理解するこれらの方法と当時の財務省の説明では異なっている（Ruling No. 10137, 1940 年）。この規則では次のような名称を使用して例示が説明されている。
① 新しく購入した資産が棚卸資産を構成する方法（いわゆる先入先出法）：most recent purchases
② 取得した順に棚卸資産を構成する方法（いわゆる後入先出法）：in order of acquisition
13) U. S. Treasury Department & Bureau of Internal Revenue, Regulation 101 relating to the Income Tax under the Revenue Act of 1938.
14) 棚卸資産の評価方法の 1 つである基準棚卸法（base stock method）は，1930 年

4月14日の最高裁判決（Lucas v. Kansas City Structural Steel Co., 281 U. S. 264 (1930)）において基準棚卸法は所得税法の要請する会計には不適合であるという判断が示されている。この判決は1918年歳入法第203条（棚卸）に関するものである。内国歳入局は歳入規則（Revenue Ruling No. 4752 (1930)）を発遣して，この方法が所得を明瞭に反映しないという判断を示した。

15) この時点では，先入先出法或いは後入先出法という用語は使用されておらず，後者については，選択的棚卸法（elective inventory method）という名称が使用されている。

16) 後入先出法は，この基準棚卸法に代わる方法としてその適用範囲を限定して税法に導入したのである（佐橋義金 前掲書 72頁）。

17) 1939年歳入法第219条による改正については，歳入規則（Ruling No. 10137, 1940年）にその詳細が規定されている。なお，この歳入規則では，棚卸資産の評価方法について，most recent purchases（いわゆる先入先出法）と in order of acquisition（いわゆる後入先出法）という用語が使用されている。

18) Grady, Paul (ed.), Memoirs and Accounting Thought of George O. May, The Ronald Press Company, 1962, pp. 101-107.

19) 青柳文司 前掲書 252-253頁。

20) 山桝忠恕 前掲書 138-139頁。

21) 州際商業委員会に関しては，中村萬次『英米鉄道会計史研究』同文舘 1991年 235-236頁。

第 8 章

1940 年から 1954 年までの法人税制等

1. 本章の概要

　本章は，1940 年代から 1954 年の第二次内国歳入法典の制定までの期間を対象とする。この時期は，1939 年 9 月のドイツによるポーランド侵攻で第二次世界大戦が始まり，1945 年の終戦までの期間と，1950 年 6 月から 1953 年 7 月までの朝鮮戦争という 2 つの戦争による戦時財政が出現するのである。その結果，戦時税制の特徴の 1 つである超過利潤税は，1940 年第二次歳入法（1940 年 10 月 8 日成立）により創設されて 1946 年 1 月に廃止となるまで継続し，一時中断後に，朝鮮戦争（1950 年 6 月 25 日〜 1953 年 7 月 27 日）がすでに始まった 1951 年 1 月 3 日に 1950 年超過利潤税法が成立して，1950 年 7 月から 1953 年 6 月までの期間に適用となっている。

　この時期の特徴として挙げられるものは，1938 年歳入法で特定産業に認め 1939 年内国歳入法典で適用業種制限を撤廃した後入先出法（以下「LIFO」という。）の適用及び 1940 年第二次歳入法以降に認められた加速償却の適用は，いずれも税法が先に規定を設け，それに対して，会計が遅れてこれらの方法の適用を認めたものである。米国会計士協会（AIA）は，会計研究公報（Accounting Research Bulletin：以下「ARB」という。）を公表して調整を図っている[1]。

　また，加速償却等の適用により企業会計と税法の処理に相違が生じたことに基因して，法人税等の期間配分の歪みが生じたことから税効果会計が 1940 年代前半に ARB として公表されている[2]。

　さらに，企業会計と税法を調整するために，米国税法は，1954 年内国歳入

法典第462条(Reserves for Estimated Expenses, etc.)において大幅に引当金の損金算入を認めることとなったが導入直後に廃止されている[3]。

以上のような事項を中心として，本章は，1940年代から1954年までの期間において，企業会計と税法がどのような関係にあったのかを検討する。

2. 1940年から1954年までの税法の変遷等

(1) 所得税・法人税の変遷

1940年から1954年までの所得税・法人税の変遷は次の通りである。この時期は，第一次の内国歳入法典である1939年法と第二次の内国歳入法典である1954年法の中間の期間である。

（歳入法）	所得税	法人税
1939年内国歳入法典	○税率：4％ ○付加税：最高75％	○税額計算：19％で仮税額を算出し，次の合計額を控除した税額 ①益金不算入受取配当 (85％) の控除額の16.5％ ②支払済配当の控除額の2.5％，調整純所得の2.5％を限度とする。 ○純所得25,000ドル以下の法人の税率：12.5％，14％，16％ ○銀行等の法人：16.5％ ○外国法人：19％，事業なしでPEなし：15％ ○不当留保所得付加税：25％と35％ ○法人資本税
1940年歳入法（1940年7月25日成立）	○付加税：最高税率75％ ○夫婦の人的控除 2,500→2,000，独身 1,000→800	○基本税率：19％又は， ○代替税率：3,775ドルと25,000ドル超に33％

1940年第二次歳入法（1940年10月8日成立）超過利潤税の創設（1946年1月より廃止）		○超過利潤税の税率が25％から50％まで6段階 ○加速償却創設
1941年歳入法（1941年9月20日成立）	○付加税：最高税率77％ ○夫婦の人的控除 2,000→1,500，独身 800→750	○基本税率：24％又は， 　代替税率：4,250ドルと25,000ドル超に37％ ○法人付加税　25,000ドル以下6％，25,000ドル超に1500ドル＋7％ ○超過利潤税：35％から60％の6段階
1942年歳入法（1942年10月21日成立）	○税率：6％ ○付加税：最高82％ ○夫婦の人的控除 1,500→1,200，独身 750→500	○基本税率：24％又は， 　代替税率：4,250ドルと25,000ドル超に31％（1946年まで改正なし） ○法人付加税　25,000ドル以下10％，25,000ドル超50,000ドル以下に2500ドル＋22％，50,000ドル超に16％ ○超過利潤税：90％
個人所得税法（1944年5月29日成立）	○税率：3％ ○付加税：最高91％	
租税調整法（1945年7月31日成立）		○税額還付の促進
1945年歳入法（1945年11月8日成立） 法人資本税及び超過利潤税（1945年で廃止）	○税率：2.85％（1946年より適用） ○付加税：最高税率91％（1946年より適用）	○1945年までは法人税率改正なし。 　最初の5,000ドル：15％ 　次の5,000ドル：17％ 　次の5,000ドル：19％ 　25,000ドル超：31％ 　50,000ドル超：24％ ○法人付加税　25,000ドル以下に6％，25,000ドル超50,000ドル以下22％，50,000ドル超14％ ○超過利潤税：95％の税率から10％控除して実効税率85.5％

1948年歳入法 (1948年4月2日成立)	○一般税率と付加税率の合計した最高税率 77%	
1950年歳入法 (1950年9月23日成立)		○基本税率：23% 法人付加税：25,000ドル超19% (7月1日以降は次の通り) ○基本税率：25% 法人付加税：25,000ドル超20％に改正
1950年超過利潤税法 (1951年1月3日成立) (1950年7月1日から1953年6月30日までの期間)		○基本税率：30% 1950暦年の税率：15%
1951年歳入法 (1951年10月20日成立)	○個人の税率：22.2%～92%	(1951.1.1-1951.3.31) ○基本税率：28.75% 法人付加税：19.25% (1951.4.1-1951.12.31) ○基本税率：30% 法人付加税：20% (1952.1.1-1954.3.31) ○基本税率：30% 法人付加税：20% (1954.4.1-) ○基本税率：25% 法人付加税：20%
1954年内国歳入法典		(-1955.3.31) ○基本税率：25% 法人付加税：22% (1955.4.1-) ○基本税率：30%

(2) 税収の内訳及び申告者数等の推移

1940年から1954年までの間の所得税及び法人税の税収及び申告者数等の特

徴は次の通りである[4]。

① 1933年以降，所得税及び法人税の税額合計の税収に占める比率は，1931年の67％以降，1941年までの間30％及び40％台であったが，1942年に58％，1943年に68％と増加し，それ以降，60％及び70％台を推移している。

② 所得税及び法人税の税収金額では，1936年から1940年までの期間は，所得税及び法人税の双方の税収の年平均は約10億ドルであるが，1941年から1945年までの間では双方の税収の年平均は約90億ドルに増加し，1946年以降1951年までの間の年平均の税収はおおむね200億ドル，1952年は約300億ドルに増加している。

③ 所得税の同時期における税収は，1941年から1945年までの平均が約97億ドルであるのに対して，1946年以降200億ドルを上下する金額になっているのに対して，法人税収は1941年から1945年までの平均が約94億ドルであり，1951年の143億ドル，1952年の214億ドルまで，おおむね100億ドル前後で推移している。このことから，所得税（個人）の税収増が特徴的であるといえる。

④ ③の税収増加の差異は，所得税及び法人税の申告者数でも裏付けることができる。例えば，法人税の納付額のある申告者数では，1940年が22万社，1945年が30万社，1950年が42万社と10年間で約2倍になっているが，所得税の申告者数では，1940年が1,466万人，1945年が4,975万人，1950年が5,265万人と10年間で約3倍になっている。

以上のことから明らかなことは，1930年代では大恐慌による不景気或いは所得税の高い基礎控除額等が原因で所得税及び法人税の税収は大きく増加をしていないが，1940年代に入ると，税額及び両税の税収に占める比率のいずれも急増している。したがって，数値の上から見ると，この時期に両税が基幹税としての地位を占めたということになろう。

3. 超過利潤税（Excess Profits Tax）

(1) 1940 年から 1954 年までの間の超過利潤税の動向

この期間に適用された超過利潤税は次の 2 つである。

① 1940 年 10 月 8 日に成立した第二次 1940 年歳入法（Second Revenue Act of 1940：以下「1940 年超過利潤税」という。）は，1940 年 1 月 1 日から適用され 1945 年末で廃止されている。税率は，25％，30％，35％，40％，45％，50％の 6 段階である[5]。

② 1951 年 1 月 3 日に成立した超過利潤税法（Excess Profits Tax Act of 1950）は，1950 年 7 月 1 日から 1953 年 6 月末まで適用された。税率は調整超過利潤純所得（Adjusted Excess Profits Net Income）の 30％又は調整超過利潤純所得の 62％の超過相当額のいずれか小さな金額である。

(2) 1940 年超過利潤税の概要

米国では，第一次世界大戦の際に超過利潤税を課している。超過利潤税及び同種の税目である戦時利得税は，戦時における企業の超過利潤を税として徴収することを目的としたものである。課税標準の算定方法は，投下資本の一定割合を適正な所得と想定し，純所得がその適正な所得を超過する額に課税をする超過利潤税の方式と，戦前の一定期間の平均所得を超える所得を戦時所得として課税する戦時利得税の方式がある。

1940 年超過利潤税では，内国法人（1940 年 1 月以降新設の法人等を除く。）は戦時利得税の方式（同法第 713 条）又は超過利潤税の方式（同法第 714 条）のいずれかを選択することにより超過利潤控除額（Excess Profits Credit）を計算する。

戦時利得税の方式は，1936 年から 1939 年の間の平均所得の 95％相当額とその後の増加純資本額の 8％の加算又は減少純資本額の 6％減算をして超過利潤控除額を算定する。また，超過利潤税の方式は，投下資本（Invested Capital）の 8％を超過利潤控除額とする。

次に，超過利潤純所得（Excess Profits Net Income）は，一般所得税の課税対象となる純所得から所得税等の控除[6]と投下資本に基づく超過利潤控除額を調整した金額になる。そして，超過利潤税の課税標準となる調整超過利潤純所得は，上記の超過利潤純所得から 5,000 ドル，超過利潤控除額及び超過利潤控除額の未使用額[7]の合計を控除した金額である。

その後，朝鮮戦争の戦費調達の目的で 1950 年超過利潤税法が 1951 年 1 月 3 日に成立するが，超過利潤税の課税方式は基本的に 1940 年超過利潤税を踏襲したものである。

4．後入先出法（LIFO）

(1) 税法への LIFO の導入

LIFO が税法上で最初に規定されたのは 1938 年歳入法第 22 条(d)である。また，同歳入法に係る財務省規則 101 は，同規則第 22 条(d)に LIFO に関する規定を置いている。LIFO の税法への導入の経緯は，1930 年 4 月 14 日の最高裁判決において基準棚卸法（Base Stock Method）の使用が税法上認められなくなったことに始まる[8]。

LIFO 導入前に使用されていた基準棚卸法は，事業遂行上必要とされる最小限の棚卸資産の数量を固定資産であるかのように一定の評価を行い毎年繰り越しする方法である。すでに述べたように，この方法は，米国課税当局により否認され，その後の訴訟において国側の勝訴となり，企業側はこの方法に代わる方法として LIFO を認めるように議会等に働きかけて 1938 年に初めて導入され，その後の 1939 年歳入法第 219 条による改正により適用対象業種等への制限が撤廃されて，課税当局への申請と課税当局からの承認が適用要件となり，方法の変更に対する課税当局の承認等の制限が付されたのである。

なお，米国では，1940 年代に入り，後入先出法の一形態である貨幣評価後入先出法（Dollar-Value LIFO）が検討されてその後に同方法は定着を見ている[9]。

(2) 1938年当時の状況 (LIFO 賛成論)

LIFO の導入に賛成する立場から，当時の会計士 (Maurice E. Peloubet) による 1938 年歳入法に関する米国議会公聴会における証言がある[10]。

同氏は，銅及び真鍮製造協会を擁護する立場から発言しているのであるが，1936 年歳入法の立法時においても LIFO 導入に関する法改正の要請をしたが導入されなかったとしている。LIFO の長所としては，棚卸資産の価格が上昇局面にあるとき，LIFO を適用することで製造業者の課税所得から実体のない所得 (Fictitious Income) を排除することができること，また，銅及び真鍮製造の実際の事業に合致していることが挙げられている[11]。そして，何よりも，同氏は証券取引委員会及び米国会計士協会 (AIA) が LIFO を会計実務として認めている点を強調しているのである。さらに，同氏は，米国の有力な会計士事務所が LIFO の適用を認めていることを記した書面を提出したのである[12]。

この AIA が LIFO を認めたということについてコメントすると，AIA が認めたとする根拠は，SHM 会計原則において LIFO が棚卸資産の評価方法として認められているということであるが，SHM 会計原則では，LIFO について価格変動時に適切な方法であるとしている[13]。

(3) LIFO に関する一致の要件 (Conformity Requirement)

LIFO の適用に関しての問題点は，LIFO を税務計算において使用するのであれば，企業会計も LIFO の適用を強制されたことである[14]。

米国会計学会 (AAA) の 1948 年会計原則改訂版[15]の追補第 4 号[16]における意見では，税務計算において LIFO を適用した場合，企業会計上もその適用が強制されることに対して，このような要件を不当で不必要な企業会計に対する侵害であるとしてこのような規定を改正するように追補第 4 号の作成委員会は意見をまとめている。

この一致の要件に関する規定は，1939 年歳入法第 219 条（棚卸資産）において，内国歳入法典改正第 22 条(d)(2)(b)として「株主，パートナー，その他の所有主又は利害関係者に対する報告のために」という文言に示されている。この

ことは，後日発遣された歳入規則（Revenue Ruling 74-586）において，1939年歳入法立法過程における資料を引用して明確に述べられている。すなわち，納税義務者は，税務計算上，棚卸資産評価の方法を選択した場合，損益計算書，銀行への融資申込書，株主への報告書等の所定の事業上の目的に対しても選択した方法以外の他の方法を適用することはできない，と法案段階の資料では述べられている。なお，この規定は，現行の内国歳入法典第472条(c)に同じ内容で規定されている。

前記の歳入規則（Revenue Ruling 74-586）によれば，一致の要件の目的は，特定の納税義務者に関して，LIFOが所得を明瞭に反映する方法であることを保証することである。そして，税務上でLIFOを適用し，企業会計においてそれ以外の方法を適用することは，一致の要件に反することになる。また，年次財務諸表ではLIFOを適用した場合，1株当たりの利益積立金の計算等にそれ以外の方法を適用する場合も一致の要件に反することになる。この一致の要件に反する場合は，LIFOの選択は終了することになる。

これについては次のように考えることができる。すなわち，企業利益を大きくするために先入先出法（FIFO）を適用し，課税所得を圧縮するために税務上LIFOを適用することも想定できることから，立法当局の意図は，このような操作を防止する観点から企業会計において選択した処理方法と税務上の処理方法を一致させることでその操作防止を図ったのではないかと思われる。

(4) ARB 第 29 号

LIFOに係る税法における一致の要件は，AAAの1948年会計原則改訂版の追補第4号に代表されるように，税法の企業会計への侵害であるという観点から反対が多く表明されている。他方，米国会計士協会（AIA）により1947年7月に作成されたARB（Accounting Research Bulletin：会計研究公報）第29号（棚卸資産の評価）[17]の項目4（Statement 4）では，FIFO，平均法，LIFOから，期間利益を最も明確に反映する方法を選択することが述べられているが，この公報における議論の焦点は低価法に関するものであることから[18]，ここでは一致の要

件に対する批判は展開されていない。

5. 加 速 償 却

(1) 一致の要件に係る規定の変遷

　内国歳入局は 1927 年に公表した取扱い (I. T. 2369) においては定率法の適用を了解している[19]。具体的には，ある法人 (M 社) が 1927 年年頭から定率法の適用の承認申請をしたのである。M 社は創設以来定額法を適用していたのであるが，減価償却費と収益との対応関係が不均衡となるということから承認申請を行ったのである。これに対する内国歳入局の判断は，定率法を適用した 1927 年申告書を調査した結果を総合的に勘案して，償却費計算が合理的であるならば否認することはないというものである。言い換えると，内国歳入局の見解は，定率法を条件なしで認めるということではなく，税務調査を行ってその実情等を勘案して判断するということであり，定率法であるからといって無条件に否認はしないことを明らかにしたのである。

　その後，連邦所得税における定率法の適用について新しい取扱いが 1946 年に定められている (I. T. 3818)[20]。当時の内国歳入局が納税義務者に対して定率法の適用を認める条件として，定率法が通常の会計の方法と一致しており，合理的な減価償却費となり課税年度の純所得を適正に反映するものであることである。なお，減価償却方法の変更には内国歳入局長官の承認が必要である。

　この 1927 年の取扱いと 1946 年の改正の相違点は，後者が定率法の選択について一致の要件を課すことにより予測可能性を増したことにある。1927 年段階では，課税当局は，定率法を選択すること自体を否認していないが，実情を勘案するまで定率法の選択を不安定な状況に置いていたが，1946 年には，一定の要件を満たせば定率法の選択を認めるということに改正されたことになる。

　1954 年制定の内国歳入法典第 167 条 (減価償却) では，定率法が減価償却方法として明記され，その償却額は定額法の償却額の 2 倍を上限とすることが規

定されている。なお，同法以前の1939年内国歳入法が適用となる償却資産については，定率法の償却額は定額法の150%を上限とするものであった[21]。

1954年当時の財務省規則（§1.167(a)-7(c)）は，企業会計上の減価償却累計額と税務上の同金額が一致することはないとしている。その理由は，両者の減価償却の方法が異なるからとしている。この結果，定率法適用に際しての一致の要件はなくなったことになるが，減価償却に関して会社計算と税務計算の調整のために補助記録を会計帳簿に付すことを条件としている[22]。なお，この場合，完全かつ正確であるという条件を満たせば，会社計算と税務計算を調整する目的で，通常，会計士により作成される精算表（Work Sheets）がこの補助記録に該当することになる[23]。

(2) 戦時緊急設備（Emergency Facility）に係る加速償却

1940年第二次歳入法（1940年10月8日成立）第302条（1939年内国歳入法典第124条）に戦時緊急設備に係る加速償却の規定が創設された[24]。この戦時緊急設備とは1940年6月10日以降から大統領が国防上これらの設備の利用を必要としないと宣言するまでの間（後日1945年9月29日となった。）に使用することになった所定の証明書の添付された土地，建物，機械，設備等のことである。同規定によれば，すべての法人は，選択により，戦時緊急設備の税務簿価（Adjusted Basis）を60か月で償却することになる[25]。なお，上記の規定では非償却資産である土地が含まれているが，これも償却対象となっている[26]。

その後，1942年歳入法（1942年10月21日成立）第155条では，従前の法人がすべての者（Person）に改正されたことで，その適用範囲が拡大したことになる。

このような税務上の処理方法が創設された背景には，1939年9月に第二次世界大戦が始まったことがある。この結果，利用期間が限定されている軍需関連設備の償却費が問題となったからである[27]。

(3) 1954年内国歳入法典における加速償却に係る規定[28]

前述のように，1954年内国歳入法典第167条（減価償却）の規定（以下「167条償却」という。）において，定率法，級数逓減法（The Sum-of Year-digits Method）等は特別な承認を得ることなしに適用することができることとなった。ただし，定額法以外の償却方法は3年以上の耐用年数の資産で，新規取得して事業の用に供したものに限定されている[29]。さらに，すでに述べた事項ではあるが，167条償却に係る規定は，定額法の償却率の2倍（200％）を限度とした定率法の償却率を認めたことである。この制限は，1954年内国歳入法典前の段階（1939年内国歳入法典）では1.5倍（150％）を限度とするものであった。

また，同法第168条は，戦時緊急設備の償却に関する規定（以下「168条償却」という。）である。この規定は，その前例となる1940年6月10日から1945年9月29日までの戦時緊急期間に適用された戦時緊急設備に対する加速償却と同様である。この規定は，1954年内国歳入法典制定前の1950年歳入法の第216条（戦時緊急設備の償却）に置かれたのである。同法では，戦時緊急期間の開始は1950年1月1日である。

(4) 企業会計と税務計算の相違

1954年内国歳入法典制定前までは，定率法の適用に関して一致の要件を課していたが，1954年内国歳入法典においてこの要件を外したことから，企業会計上では定額法を採用し，課税所得計算では定率法を採用することも可能になり，その延長上において，企業会計は税効果会計を適用することになる[30]。

さらに，1954年内国歳入法典における前出の167条償却に規定のある200％定率法と第168条償却に規定のある戦時緊急設備の償却に関しては，一致の要件が課されていないことから，企業会計上の減価償却と税務計算上の減価償却の金額に開差が生じることになった。なお，税効果会計に関する問題を包括的に取り上げた文書は，1944年公表のARBの第23号「所得税等の会計」が最初である[31]。

戦時緊急設備の償却に関しては1950年歳入法から再開されたことから，

AIA は，ARS 第 42 号[32]において，戦時緊急設備の加速償却の要件として必要証明書が必要であるが，企業会計の観点からは，5 年間という償却期間にかかわらず償却計算を行うことになることを示唆している。

税法の立場として，1954 年内国歳入法は，従前の税法と同様に納税義務者が通常所得計算を行っている会計の処理基準に基づいて課税所得の計算を行うことを明らかにしており（同法第 446 条），企業会計の実務を尊重する考え方に変更はない。

これに対して，企業会計の立場は，政策的に導入される課税所得計算に係る処理方法が企業会計と異なる場合，財務諸表における税の影響を排除するために税効果会計へ傾斜することになる。

6. 1954 年内国歳入法典における引当金に係る規定

(1) 引当金に対する規定の創設

1954 年内国歳入法典においては，一般に認められた会計原則を課税所得計算における企業利益計算の適切な基準としての認識を増したのである[33]。換言すれば，同法典は，企業会計と税務会計の距離を縮めることを 1 つの目的として，企業会計において適用されている引当金の処理を税法に導入したのである[34]。

この引当金に関する規定は，同法典第 462 条（将来的費用に対する引当金：Reserves for Estimated Expenses, etc.）であり，同規定は，第 2 款会計の諸方法（第 446 条〜第 472 条）に含まれている。この規定は，1955 年 6 月 15 日に成立した公法 74 第 1 条により廃止されたのである[35]。

(2) 規定の概要

この規定の概要については，同法に係る財務省規則[36]を参考としてまとめると次の通りである。

イ 総論[37]

通常，引当金への繰入額は損金にならないが，第462条は，内国歳入庁長官（本書では1954年以降この名称を使用する。）の裁量により，引当金の設定が認められたものに係る所定の費用（Estimated Expenses）についての控除を認めている。第462条の目的は，税務会計を一般に認められた会計原則に近づけることである。したがって，引当金に係る処理が納税義務者における会計処理として適切であることが税務上認める条件となる。ただし，課税所得の計算において現金主義を採用している納税義務者は，第462条における選択をすることはできないが，それ以外であれば課税当局の承認なしに引当金の計上を選択することができる。

また，引当金の処理に関しては，企業会計上の勘定を作り記帳を行うことを要件としていることから，一致の要件が課されていることになる。

　ロ　繰入額（Reasonable Additions）の算定

引当金の繰入額の算定については，基本的に納税義務者の過去の経験に基づくことになるが，このような経験が納税義務者にない場合は，同業他社の経験等が重視されることになる。設例としては次のようなものが財務省規則に記述されている[38]。

製品保証引当金の例であるが，納税義務者の過去5年間におけるアフターコストは売上金額の1%である。1954年純売上高165,000ドルであることから，繰入額はその1%に当たる1,650ドルである。1954年前の売上に係るアフターコストは800ドルであることから，合計額2,450ドルが損金として控除される。

　ハ　繰入額が過大な場合の調整

例えば，課税当局がある年度で繰入額を過大であると決定した場合，その超過額は，当該年度の課税所得計算において調整されることになる[39]。

　ニ　引当金として計上できる場合

第462条における引当金の見積費用（Estimated Expense）として控除が認められるものには次のようなものがある[40]。

　①　課税所得の計算において控除可能なもの
　②　第462条における選択が適用可能な現行又は過年度の所得に帰属するも

の
③　課税当局の意見として，金額を合理的に見積もられ，かつ，
④　第462条の例外として，次年度以降にその一部又は全部について控除を考慮すべきもの

ただし，貸倒損失，減価償却等のように別に規定されている項目は第462条に規定する引当金には含まれない。

(3)　AIA の検討

AIA の研究部門は引当金の計上に関してその検討結果を公表している[41]。

AIA は，1954年内国歳入法典第462条において発生主義を採用している納税義務者が，その見積額の合理性を明らかにできる場合，見積もった発生費用を控除できるとしたことを重要な改正と位置付けている。そして，具体的な引当金の設定項目としては，売上値引，製品保証費用，売上戻り，売上数量値引，休暇手当，賞与，容器費用，集金費用が挙げられている。

また，この検討において，一致の要件から企業会計と税務計算が一致することになり，課税所得計算においてのみ見積費用を控除することはないが，例外的に税務計算においてのみ見積費用の生じる場合のあることを記述している。さらに，引当金 (Reserve) という用語が広義の意味を持つことから，これを使用しないほうがよいとしている。

(4)　1953年第462条廃止の背景

すでに述べたように，1954年内国歳入法典第462条は，1955年の立法により廃止されている。

米国下院議会の記録に，財務長官が第462条等の廃止について議会に行った勧告が含まれているが[42]，これによれば，第452条（前受収益）及び第462条の規定は，税務計算と企業会計を調和させることを意図したものであるが，財務省の見解としては，多くの納税義務者がこれらの規定を使用して，課税の繰延べと控除の拡大を計画している。このような動向に対して財務省規則で規制

することはできない。そこで，これらの規定を遡及して廃止してほしいというものである。

この財務長官の見解は，当初の予測を超えて引当金により歳入の減少が生じるというものであるが，その原因として，納税義務者が企業会計において各種の引当金勘定を設けることで，税務上においてもこれらの引当金の繰入額を控除すると解することもできるが，議会の合同委員会スタッフ（Joint Committee Stuff）の見解は引当金処理の技術的な側面を重視した見解を示している[43]。財務長官の勧告文書の日付が1955年3月7日であることから，実際の申告で課税当局による当初の予測を上回る引当金による控除が生じたとは思われない。むしろ，合同委員会スタッフの指摘するように，立法技術上の問題に基因するように思われる。

立法技術上の問題とは，控除の二重計上（Doubling Up）である。すなわち，1つは，引当金処理を行うことに変更した事業年度において，過年度分の取引に帰属するもので，当該年度に生じた費用を控除する。第2は，当該年度における取引に帰属する引当金の繰入額を控除する。

結果として，米国は，引当金に関する企業会計との調整に失敗したことになり，その結果，米国税法では引当金がほとんどなくなるのである。

(5) 貸倒損失の処理等における Charged Off との関係

本章では，企業会計と税務計算の関係において，税務上の処理が行われる場合，会計帳簿においてもその処理が行われていることを求めた一致の要件について，LIFO，定率法等について検討してきたが，貸倒損失については，1913年所得税法における控除に係る規定において，債権等が無価値になったこと及びその年度において帳簿から債権等を消去する処理（Charged Off）をするとなっている。貸倒損失の処理に関しては，税務上これを控除する要件として，帳簿における消去処理が求められていることになる[44]。

1954年内国歳入法典第166条（貸倒損失）(c)では，貸倒損失の控除に代えて，財省長官又はその権限の移譲を受けた者の裁量により，貸倒引当金の設定が認

(6) 小　　括

1954年内国歳入法典では，加速償却に関しては企業会計と税務計算が乖離する結果となったが，税務計算を一般に認められた会計原則に近づけることが意図されたことは明らかである。その典型例が，それ以前には認めていなかった引当金の繰入額の控除を新たに認めたことである[45]。しかしこの試みも引当金に係る規定の廃止ということで失敗に終わり，その後，米国税法では引当金に対する積極的なアプローチは見られないのである。

したがって，立法当局の意図としては，企業会計と税務計算の融合，調整を図ったのであるが，結果的に，両者は，距離を置いて離れることになる。何よりも企業会計において税効果会計が論じられていることはその証明といえるのである。

1) ARBの作成を担当した米国会計士協会（AIA）の会計手続委員会（the Committee on Accounting Procedure）の活動は，1938年に設立され，1959年に会計原則審議会（the Accounting Principles Board）の設立まで続き，その間51の会計研究公報を公表している。米国の会計士は，会計手続委員会の示した会計処理の方法よりもそれ以外の会計処理方法が特定の状況下で妥当性があると考える場合，当委員会の見解に従うことはなかったが，当委員会の公式見解は有益な1つの指針と考えられていた（高橋治彦訳『FASB財務会計基準審議会』同文舘　平成元年72頁）。
2) Accounting Research Bulletin No. 23, Accounting for Income Tax, The Journal of Accountancy, Vol. 79, No. 6, June. 1945. この研究公報は1944年12月に公表されている。
3) 1955年6月15日に成立した公法74により廃止されている。
4) 所得税と法人税の税収（1940-1954）　　　　　　　　　　（単位：百万ドル）

（年）	所得税	法人税
1936-1940	1,013（平均）	1,098（平均）
1941-1945	9,721（平均）	9,452（平均）

1946	18,705	12,554
1947	19,343	9,676
1948	20,998	10,174
1949	18,502	11,554
1950	17,153	10,854
1951	22,997	14,388
1952	29,274	21,467
1953	32,536	21,595
1954	32,816	21,546

(出典) U. S. Department of Commerce, Statistical Abstract of the United States, 1950, 1954, 1956.

所得税及び法人税の税収に占める比率 (1940-1954)（構成比率：小数点以下省略・筆者算定） (単位：百万ドル)

（会計年度）	税収総額	所得税・法人税	構成比率
1940	5,893	2,125	36%
1941	7,955	3,469	43%
1942	13,676	7,960	58%
1943	23,402	16,093	68%
1944	45,441	34,654	76%
1945	47,750	35,173	73%
1946	44,238	30,884	69%
1947	44,508	29,305	65%
1948	46,098	31,170	67%
1949	42,773	29,482	68%
1950	41,310	28,262	68%
1951	53,368	37,752	70%
1952	67,999	51,346	75%
1953	72,455	54,072	74%

1954	69,919	54,360	77%
1955	66,288	49,914	75%

(出典) U. S. Department of Commerce, Statistical Abstract of the United States, 1954, 1956.

個人・法人申告数 　　　　　　　　　　　　　　　　　　　　　（単位：万）

暦年	個人申告数	法人有資格申告数 (納付額のある法人)	無資格申告数 (納付額なし)
1940	1,466	22	25
1941	2,585	26	20
1942	3,653	26	17
1943	—	28	13
1944	4,692	—	—
1945	4,975	30	11
1946	5,260	—	—
1947	5,480	—	—
1948	5,176	39	19
1949	5,130	38	23
1950	5,265	42	20
1951	5,497	43	21
1952	5,603	44	22

(出典) U. S. Department of Commerce, Statistical Abstract of the United States, 1954, 1956.

5) 1940年超過利潤税の税率は次のような累進税率である。

調整超過利潤純所得の金額	税　　率
20,000ドル未満	25%
20,000ドル以上 50,000ドル未満	30%
50,000ドル以上 100,000ドル未満	35%
100,000ドル以上 250,000ドル未満	40%
250,000ドル以上 500,000ドル未満	45%

| 500,000ドル以上 | 50％ |

6) 1941年歳入法に規定する超過利潤税では，1940年超過利潤税の規定とは異なり，超過利潤税の課税標準算定において，連邦所得税等は控除できないことになっている（同法第202条）。
7) 超過利潤控除額の未使用額とは，一般所得税の純所得が25,000ドル以下の場合，前課税年度の超過利潤控除額が前課税年度の超過利潤純所得を超過した金額のことであり（同法第710条(b)(3)），前課税年度において控除できなかった超過利潤控除額の残高ということになる。
8) 棚卸資産の評価方法の1つである基準棚卸法（base stock method）は，1930年4月14日の最高裁判決（Lucas v. Kansas City Structural Steel Co., 281 U. S. 264 (1930)）において基準棚卸法は所得税法の要請する会計には不適合であるという判断が示された。
9) 矢内一好「米国の貨幣評価後入先出法について」『税務事例』Vol. 23 No. 6. 1991年。
10) Peloubet, Maurice E., "Statement of Maurice E. Peloubet, New York City, The Copper & Brass Mill Product Association" (Moonitz, Maurice & Littleton A. C., Significant Accounting Essays, Prentice Hall, 1965). なお，引用文献に関する編者（Moonitz, Maurice & Littleton A. C.）によれば，この公聴会の記録は，おそらく最初のLIFOの必要性を説いた公的な説明であり，著名な会計士が税法改正に対して活動を行い成功した数少ない事例の1つであると説明されている。
11) ムーニッツ教授は，LIFOが適切になる場合としてPeloubet会計士の主張を次のようにまとめている（Moonitz, Maurice, "The Case against LIFO as an Inventory Pricing Formula", The Journal of Accountancy, June, 1953, p. 460)。
    ① 棚卸資産に対する投資が他の資産より相対的に多額な場合
    ② 棚卸資産が製品原価のいくつかの主要な材料である場合
    ③ 製品の売価と原材料の差額が相対的に安定している場合
    ④ 製造過程に時間がかかることから棚卸資産の回転が遅い場合
    ⑤ 当該会社が特定の注文に応じるために原材料を経常的に購入している場合
12) 財務諸表にLIFO又はこれと同類の方法を使用した財務諸表の例として，1910年代には6社，1920年代には5社，1930年代には15社の社名と監査人の名前が公表されている（Peloubet, Maurice E., ibid. p. 453.）。ムーニッツ教授は同時期の会計理論ではLIFOについて言及していないとして，1927年刊行のハットフィールド教授の『会計学（Accounting）』と1934年刊行のフィニー会計士の著書（Finney, H. A., Principles of Accounting : Intermediate (New York, 1934)）のいずれにも記載がないとしている（Moonitz, Maurice, ibid., p. 459)。

13) Sanders, Hatfield, Moore, A Statement of Accounting Principles, Reprinted in 1968 by American Accounting Association, p. 73（山本繁・勝山進・小関勇『SHM 会計原則』同文舘 昭和54年 75頁).
14) Moonitz, Maurice, op. cit., p. 459. ムーニッツ教授は，左の箇所において言い換えて，一般に適用可能な会計のルールが議会の立法により確立されたのである，と述べている。
15) AAA, "Accounting Concepts and Standards Underlying Corporate Financial Statements, 1948, Revision".
16) Committee on Concepts and Standards Underlying Corporate Financial Statements, "Accounting Principles and Taxable Income (1952)". 中島省吾『A. A. A. 会計原則原文・解説・訳文および訳註』中央経済社 昭和31年 93-98頁。
17) Committee on Accounting Procedure American Institute of Accountants, Accounting Research bulletin, No. 29 : Inventory Pricing, The Journal of Accountancy, Vol. 84, No. 3, Sep. 1947.
18) この公報に関する論評においても LIFO 自体に関する検討はなされていない (Herrick, Anson, "Application of Accounting Research Bulletin, No. 29 To Inventory Pricing Problems" The Journal of Accountancy, Vol. 85, No. 5, May, 1948.)。
19) [U.S.] Bureau of Internal Revenue. Treasury Department, Internal revenue bulletin. Cumulative bulletin, VI-2, 63 (1927).
20) [U.S.] Bureau of Internal Revenue. Treasury Department, Internal revenue bulletin. Cumulative bulletin, 1946-2, 42 (1946). なお，この文書（I. T. 3818）については，浦野教授により検討が行われている（浦野晴夫『確定決算基準会計』税務経理協会 平成6年 64頁)。
21) 1954年内国歳入法典第167条（減価償却）のもとでも150%定率法の適用は認められた（Revenue Ruling, 57-352)。
22) Revenue Ruling, 59-389.
23) Revenue Ruling, 58-601.
24) 戦時に特別償却を認めた例は，第一次世界大戦中の税制にある（例えば，1921年歳入法第214条(a)(9)，第234条(a)(8))。
25) 軍需産業108社の1942年の年次報告書の分析によれば，加速償却の方法を採用している社は56社で，その内訳として，損益計算書に記載してある社が41社，注記のみの社が12社，その他3社となっている（Farrand, George N., "Accounting for Amortization of War Facilities" The Journal of Accountancy, Vol. 76, No. 5, Nov., 1943)。
26) 小森瞭一『加速償却の研究―戦後アメリカにおける減価償却制度―』有斐閣 2002年 14頁注の8)。

27) 戦時緊急設備の償却の期間は 1945 年 9 月 29 日で終了の宣言が出されたのであるが，その時点でのこれらの資産の未償却残高は，残りの耐用年数の間に償却計算を行い，その償却費を損金とすることができた。AIA に属する委員会は，戦時緊急設備の減価償却について会社計算と税務計算に相違がある場合の処理法を検討している。この場合の判断基準は，戦時緊急設備の減価償却が財務諸表に重大な影響を与えるか否かであり，前者である場合には，現在の状況に基づいて累積した償却費の調整を行うべきであるとしている（Accounting Research Bulletin No. 27, Emergency Facilities, The Journal of Accountancy, Vol. 83, No. 1, Jan., 1947.）。

28) 1954 年内国歳入法典における加速償却は，当時のアイゼンハワー大統領による「企業の活性化と雇用の促進」を目指した政策のうちの 1 つである。この政策による税制改正の事項は 6 項目であったが，1954 年内国歳入法典に規定されたのは次の 5 項目である。①純損失の 2 年繰戻（1 年の延長），②個人の配当課税の改正，③加速償却の規定，④試験研究費の控除，⑤法人の留保所得課税に関連する規定の緩和，である（Carson, A. B., "The New Internal Revenue Act and The Prosperity of the Economy" The Accounting Review, Vol. 31, No. 3, July, 1956, p. 349.）。

29) 1940 年第二次歳入法以降の戦時緊急設備の償却に関する規定の見出しは，Amortization Deductions であり，1954 年内国歳入法典第 168 条においても見出しは Amortization of Emergency Facilities となっている。1954 年内国歳入法典第 167 条の見出しは Depreciation である。これに関して小森教授は Amortization を特別償却と訳している（小森瞭一　前掲書　11 頁）。

30) Accounting Research Bulletin No. 44, Declining-Balance Depreciation, The Journal of Accountancy, Vol. 98, No. 6, Dec., 1954.

31) Accounting Research Bulletin No. 23, Accounting for Income Taxes, The Journal of Accountancy, Vol. 79, No. 6, June, 1945.

32) Accounting Research Bulletin No. 42, Emergency Facilities : Accounting for Depreciation And Taxes Under Certificates of Necessity, The Journal of Accountancy, Jan., 1953.

33) Schaffer, Walter L., "Accounting Procedures & Methods Under the New Revenue Code" The Journal of Accountancy, Vol. 98, No. 3, Sep., 1954, p. 320.

34) Seidman, J. S., "Taxes : Friend of Foe" The Journal of Accountancy, Nov., 1955, p. 53.

35) 日本においても 1954 年内国歳入法典における引当金に係る規定が廃止されたことについて，番場嘉一郎教授は，この廃止の理由を税収減となるほかに規定自体が粗雑なことから税務行政上に問題の生じることを挙げている（黒澤清他「座談会　企業会計原則と課税所得計算原則」『産業経理』第 16 巻第 10 号　昭和 31 年　125 頁番場発言）。

36) 1954年内国歳入法典第462条に関しては，財務省規則 §1.462-1 〜 §1.462-6（TD 6134 1955年6月8日承認）が制定されている。
37) 財務省規則 §1.462-1(a)。
38) 財務省規則 §1.462-1(b)(3)。
39) 財務省規則 §1.462-2。
40) 財務省規則 §1.462-5。
41) AIA Research Department, "Estimated Expenses And Prepaid Income" The Journal of Accountancy Vol. 98 No. 6, Dec. 1954.
42) Congressional Record-House, Mar., 24, 1955.
43) Bernard D. Reams, Jr. (ed.), Internal Revenue Acts of the United States Revenue Act of 1953-1972 with Legislative Histories, Laws, and Administrative Documents, Vol. 4, Williams Hein & Co., Inc., Buffalo New York 1985.
44) 白須信弘「米国における企業利益と課税所得」『税務会計研究』第6号　平成7年　10頁。
45) AIAが引当金の具体例として掲げた項目については，売上値引（Shapleigh Hardware Co., v. United States, 81 F. 2d 697 (8th Cir. 1936))，製品保証（Union Paving Co., 6 B. T. A. 527 (1927))，休暇手当（Tennessee Consol. Coal Co., 15 T. C. 424 (1950)) という判例があり，いずれもこれらの項目についての引当金の繰入は控除を認められなかった（Austin, Maurice, Stanley, Surrey, Warren, William and Winokur, Robert M., "The Internal Revenue Code of 1954 : Tax Accounting" Harvard Law Review, Vol. 68, No. 2, Dec., 1954, p. 267)。

第Ⅱ部
個別問題

第Ⅰ部では，1954年までの米国税務会計史の通史を焦点として記述したが，第Ⅱ部では，個別問題として，異なる視点から再度米国の税務会計史を検証することにより，米国税務会計の特徴を探ると共に，わが国の課税所得計算構造との相違を検討する。したがって，第Ⅰ部で記述された事項が重複して第Ⅱ部で取り上げられる場合もあることになる。

第1章

米国税法を形成した諸要素

1. 法人免許税適用における財務省規則による調整

　米国は，憲法上の制約と1895年のポロック事案における最高裁所得税違憲判決により，当時の憲法を改正するまでの間，連邦政府による直接税の課税は難しくなったことから，1909年に法人を納税義務者とする間接税である法人免許税（Corporation Excise Tax）を制定したのである。この税は，法人を対象としてその純所得を課税標準とするもので，実質的には法人税といえるものである。

　法人免許税を規定した関税法は1909年8月に成立したのであるが，この法案に対して，1909年7月8日付でニューヨーク所在の12の会計事務所が連名で国会関係者に同法案の問題点を指摘した書簡を送っている[1]。

　会計士側の主たる批判点は次の通りである。
　① 法人免許税は事業年度を暦年としているが，この規定は実態に合ってい

ない。

② 費用，損失等の認識基準を現金主義ではなく，発生主義に変える必要がある。

③ 公正な会計として認められた原則に反し，同法の内容は実際に適用が難しい。

この一連の動きから判ることは，法人免許税の立法に際して，同法に助言をするスタッフとして会計士は含まれていないということである。具体的に，会計士資格の取得者を参考にすると，1900年には全米で会計士の総数が218名，1905年は617名，法人免許税が成立した1909年は1,316名に増えている[2]。外部有識者が立法等に助言するようになったのは，1918年歳入法及び財務省規則の作成以降である[3]。

また，法人免許税が原則として現金主義を採用したことについて，当時の法人の会計実務に未熟な点が多かったこと，小規模法人を含めて多くの納税義務者を対象とする税法と少数の大規模法人を業務の対象とする会計士とは両者の認識にずれがあること等が推測できるのである。さらに，総所得については制限を設けず，経費についてのみ限定列挙としたことは，課税における公平を維持することと，納税義務者である法人の会計に対するガイドラインという見方もできるのである。これに対して，会計士側は，すでに現金収支以外の基準で収益及び費用等の帳簿を作成している法人にとって，税法が現金主義であると複数の帳簿を必要とする等から批判が出たことは当然であろう。

法人免許税の立法責任者は司法長官であるが，同法執行上の責任者である財務長官は，実務経験者であり，会計士の指摘事項の困難について理解していたことから，同法成立直後に，内国歳入局長官に規則（Regulations）の作成を命じた。この規則31は1909年12月3日に制定された[4]。

司法長官は，1909年7月12日の書簡で，受け取った総所得（Gross Income Received）を事業年度の間に販売により実際に受け取った金額と回答しているが，規則31では，製品の売却価格と製造原価の差額と定義されたのである。

そして，1909年8月に成立した同法が，1909年暦年を事業年度として申告

義務を課していることで,期首の棚卸ができないという会計士側の主張に対して,規則31は,1908年12月末に近い段階の予測値で代用できることを規定してこの問題を解決している。さらに,費用等の認識について,現金主義にかかわらないことを規則に定めたことで,この規定が,課税当局による発生主義を認める公的解釈をされている[5]。

以上のことから,立法に際して,法律家,学界,会計士協会(米国には税理士という公的資格はないため税理士業界も存在しない。)等が初期の段階から協力していたとはいえないが,税の立法及び執行当局は,取扱いの規定(上記の規則31等)を発遣することにより,税法の規定を改正することなしに,その取扱い領域において柔軟な対応を図ることにより実務界との調整を図っていたことが判かる。

2. 判例及び企業会計等の影響

1913年の憲法修正第16条の確定後,同年には恒久税としての所得税(法人税を含む。)が制定されるが,1916年には,1913年制定の所得税の合憲性を支持した最高裁判決が出されて[6],この頃まで,税法が立法されると違憲訴訟という動きが繰り返され,その判決等により税法の解釈等が形成されてくるのである。したがって,米国の所得税及び法人税に係る解釈は,米国憲法に規定のある直接税の解釈を巡る議論の過程から形成されてきたと言っても過言ではないのである。

企業会計側は,すでに述べたように,1909年の法人免許税の頃から税法に対して意見を述べる状態になってくるのである。換言すれば,会計士の免許取得者数の増加,会計士業界全体からの各種意見の発信等が行える状態が20世紀初頭に存在したということである。逆にいえば,20世紀初頭以前は,会計士の資格者が少数で,業界全体としての意見形成等がなく,税法等への影響はほとんどなかったといえるのである。米国の法人税法は,1894年に制定され最高裁の違憲判決で廃止され,その後1909年の法人免許税となるのであるが,

この間の企業会計から税法への影響はなかったと考えるのが妥当であろう。

そして，1909年の法人免許税制定当時から会計士業界等の主導する企業会計側の実務も一定の水準に達したという税法立法者の認識もあったものと思われるが，第一次世界大戦の戦費調達目的の高率課税が1916年の税制から1919年歳入法までの間に実施され，所得税及び法人税は次第に複雑化する経済取引及び企業活動等を背景として企業会計に依存せざるを得ない状況に至り，1918年歳入法において，個人及び法人共に，純所得は，納税義務者の記帳に継続して使用されている会計処理基準に従って事業年度又は暦年を基礎に計算されなければならないと規定され[7]，その後の改正においても，この考え方は継続して維持されるのである。

米国税法は，税法の本法以外に，財務省規則，ルーリング等の整備が次第に図られることで，税法運用における弾力性が高まると共に，判例及び企業会計等の進展の影響を受けて税法自体が次第に変化を遂げるのである。

1) Deloitte, etc., "Accounting Errors in Corporation Tax Bill" The Journal of Accoutancy, Vol. 8, No. 3, July, 1909.
2) Edwards, James Don, History of Public Accounting in the United States, The University of Alabama Press, 1978, p. 362.
3) Chatfield Michael, A History of Accounting Thought, the Dryden Press, 1974, p207.
4) Regulation, No. 31, Internal Revenue, Dec., 3, 1909 (T. D. 1578).
5) Chatfield Michael, op. cit., p. 206.
6) 1796年には，憲法に規定する直接税の解釈について司法判断が下されている最高裁判決は，ヒルトン事案（Hylton v. U S, 3 U. S. 171 (1796)）である。1916年判決は，ユニオンパシフィック鉄道会社事案（Brushaber v. Union Pacific R. Co., 240 U. S. 1 (1916)）である。
7) 1918年歳入法第212条(b)及び同法第232条。

第2章

米国法人税法における資本等取引

1. 所得と資本の区分に係る税法の規定

わが国の法人税法では，同法第22条第5項に資本等取引が，法人の資本金等の額の増減の生じる取引及び法人が行う利益又は剰余金の分配をいう，と定義されている。このことは法人税法のみならず，企業会計においても資本等の増減から所得は生じないという資本取引と損益取引の区分が損益計算の基礎になる。

他方，米国の内国歳入法典では，同法典第118条に，法人税において納税義務者による資本の拠出は総所得に含まれないという規定がある[1]。この規定に関する米国上院財政委員会報告によれば[2]，それまでの税務行政(Administration)及び判例により形成されていたルールを条文化したということである。したがって，米国の企業会計における原則が税法の規定に影響を与えたということではなく，判例等が大きくこの原則に影響を及ぼしたことになる。

2. 資本等取引に関連した米国判例

資本と利益の区分に関連した初期の判例としては，前出の1918年ミッチェル兄弟会社事案判決がある。この事案は，1909年1月から適用された法人免許税の課税に関するものである。

(1) ミッチェル兄弟会社事案の事実関係

この事案の事実関係は，次の通りである[3]。

ミッチェル兄弟会社は自社所有の立木のある土地（以下「森林地」という。）を所有し，これを自社で製材してその製品及び副産物を販売している法人である。同社は，立木伐採後にその土地を売却するが，同社の事業は不動産取引を行うものではなかった。同社は設立時の1903年に1エーカー当たり約20ドル（以下「当初原価」という。）で森林地を取得した。その後，立木の時価が高騰して，1908年12月31日現在，森林地の時価は1エーカー当たりほぼ40ドルとなった。同社は，この時価による高騰分を帳簿記入せず，製品売上高と木材の帳簿価額の差額から製造に係る原価を控除して利益として帳簿記入していた。そして，法人免許税の申告の準備として，1908年12月31日に森林地を1エーカー当たりほぼ40ドルで再評価したが，帳簿記入は行わなかった。同社は，1909年から1912年までの納税申告書を作成し，伐採した立木の原価を1908年12月31日現在の時価として売上高より控除した。なお，上記4課税年度の間に立木の時価に変動はなかった。課税当局は，1903年当時の評価額を控除することは認めたが，1908年12月31日現在の時価と当初原価の差額を控除することは認めなかった。

(2) 第一審及び高裁判決

第一審の地裁判決は1915年4月30日に出され，原告であるミッチェル兄弟会社が勝訴している[4]。

原告側の主張では，立木等は資本資産（Capital Assets）であり，立木等の売上金額は所得ではなく，課税純所得を計算するためには売上金額から立木の実際の価値を控除する権利があると主張した。これに対して，課税当局は，材木の帳簿に記載されている当初の取得価額を控除することを認めたが，価値の増加分の控除を否認した。司法長官（The Attorney General）の結論は，売上金額が所得であり，いずれの控除も認めなかった。

判決では，立木が材木になることは資本が所得に転換することではないとし

ている。また，判決は，小麦から小麦粉を作る製粉業者，木綿から布を作る織物業等を例に挙げて，所得は，当初の資本投資額（Original Capital Investment）と製造原価等を超える部分である，と判示している。判決では，法人の利得（Gain），利益（Profit）及び所得（Income）を，財産の価値の減少又は資本の減少なしに取得されるという確立したルールにより検証すれば，政府の主張は間違っている，という判断を示している。すなわち，1909年1月以降，原告の所有する森林から伐採された木材は加工されて販売されたことにより，立木の価値の正確な金額まで財産及び資本が減少する。ただし，財産及び資本の減少分相当額を売上の一部により補塡する場合は，財産及び資本の減少がないことになる。

上記以外の判示事項は，原告の記帳が当初の取得価額で時価の値上がり分を記帳していなかったことに対して，重要なことではないという判断を示していることである。

高裁判決は1916年6月30日に出されている。判決は，ミッチェル兄弟会社が勝訴している[5]。

(3) 最高裁判決

最高裁におけるピトニー判事が判示した事項は次の通りである[6]。なお，最高裁判決の日は，1918年5月20日である。

① 資本資産の単なる返還である売上金額は，所得として扱われない。これは1913年のストラットン事案判決における[7]，「所得は，資本，労働，或いは両者の結合したものから生じた利得（Gain）として定義できる。」という判例に基づくものである。この理解に基づけば，資本資産の転換が所得を生み出すということはできない。

② ①の考え方によれば，期首に存在した資本価値を維持するに十分な金額を売上金額から引き出すことになる。

③ 立木等の購入後の価値の増加は，原告の事業活動の成果又は法人免許税適用後の法人の財産の増加でもない。

この一連の裁判を通じて，ミッチェル兄弟会社側の主張が採用され，課税当局の主張は認められなかったのである。米国の現行税法では，資本資産の譲渡益は原則課税になっていることから[8]，当該事案の資本と所得の区分が現在における出資に係る資本取引と相違はあるが，所得は資本等から生み出されたものとして両者が区分されていることから，本判決が資本と所得を区分する考え方を示した判例となるのであろう[9]。

3. 配当と資本の払戻し

1921年歳入法以降，配当と資本の払戻しを区分する規定が増加し，規定上は，Earnings and Profits（以下「E&P」という。）を原資とする分配を配当と定義し，その例外として，資本の払戻しに係る規定を設けて，1924年歳入法以降，法人からの分配は，配当を含めて一括して規定されている。

その背景には，1912年に始まる無額面株式制度の採用に伴う払込剰余金に係る配当規制と，損益計算を重視する企業会計の発展である[10]。また，これ以外に，法人から分配された金額が配当か或いは資本の払戻しかを争点として1925年の最高裁判決（ダグラス事案）がある[11]。

ダグラス事案における判決によれば，剰余金勘定は，法人の純資産が資本金勘定等を超過する額であり，剰余金は，発行価額が額面額を超過するときに生じる払込剰余金，そのすべてが未分配利益からなる利益剰余金，資産再評価による剰余金を含む，としている。要するに，1925年の判決の時点において，利益と資本の区分が明確になっていたと判断できるのである。

1916年歳入法第2条(a)において，E&Pという概念は初めて使用されたのであるが，ダグラス事案では，1917年10月成立の歳入法（1917年は3月にも歳入法が成立している。）第31条(b)において，累積した未分割利益又は剰余金（Accumulated Undivided Profits or Surplus）と規定されたことから，この未分割利益の解釈を巡って争われたのである。この文言の解釈としては，同じ条文の後段においてE&Pという文言が使用されていることから，裁判官は，これらは

同一であると判断している。

1) 現行の内国歳入法典第118条は，1939年の第一次内国歳入法典に同様の規定はなく，1954年制定の内国歳入法典第118条を起源として現在に至っている。現行の規定は創設時のままである。
2) Sen Rep No. 1622, 83rd Cong, 2nd Sess, p. 190.
3) Doyle v. Mitchell Bros. Co., 1 USTC 17.
4) District Court, 225 F. 437.
5) Circuit Court of Appeals, Sixth Circuit, 235 F. 686.
6) Doyle v. Mitchell Bros. Co., 247 U. S. 179 (1918).
7) Stratton's Independence v. Howbert, 231 U. S. 399 (1913).
8) 内国歳入法典第1201条以降。
9) 米国の税法では，資産の売却により所得が実現した場合，過去の投資額は課税済みであることから所得から除外されることになる。この資本不課税の原則の判例としてミッチェル兄弟会社判決が挙げられている（伊藤公哉『アメリカ連邦税法』中央経済社　13頁）。
10) 酒巻俊雄「アメリカ会社法における剰余金概念の発展」『早稲田法学学誌』Vol. 12, 1962年　71-72頁。
11) Edwards v. Douglas et al. (269 U. S. 204 (1925). この裁判における主たる争点は，法人からの分配を配当して課税となる場合の適用される税法の帰属（1916年法又は1917年法）の問題である。

第 3 章

「通常かつ必要な」経費

1.「通常かつ必要な」経費の規定の沿革

(1) 1986 年内国歳入法典の規定

現在,米国において適用されている税法(1986 年内国歳入法典:以下「1986 年法」という。)の第 162 条に規定があり,同条の見出しは,「事業上の経費(Trade or Business Expenses)」である。その規定は,次の通りである[1]。

「第 162 条(a)総論——いずれかの事業遂行において課税年度中に支払い又は発生したすべての通常かつ必要な経費を控除として差し引くこととする。ここに含まれるものは,
(1) 実際に提供された人的役務提供に対する給与又はその他の報酬としての合理的な控除額
(2) 事業目的で自宅を離れる間の旅費(通常必要とされる食事代及び宿泊費を含み,過度に高額なものを除く。)
(3) 賃貸料又は事業目的のために,納税義務者が所有権等を有しない財産の継続的使用又は占有に要する支出　(以下略)」

なお,2008 年米国法人税申告書 (Form 1120) では,所得 (Income) の欄のライン 10 に「その他の所得 (Other Income)」,諸控除 (Deductions) の欄のライン 26 に「その他の諸控除 (Other Deductions)」が印字されている。そして,法人税申告書の諸控除の欄 (ライン 12 からライン 26 まで) 及び同申告書の説明書

(Instructions for Form 1120, U. S. Corporation Income Tax Return) ライン 26 の説明において,「通常かつ必要な経費」という文言は使用されていない。

(2) 1894 年法

1894 年法は,結果として 1895 年のポラック事案の違憲判決により廃止されたが,連邦税として,最初の法人税法である。同法における控除に係る規定(同法第 28 条)では,所得計算において,事業等を遂行するに際して実際に生じた (Actually Incurred) 必要経費 (Necessary Expenses) は控除される,と規定しているが,「通常かつ必要な経費」という用語は使用されていない。

(3) 1909 年法人免許税

1895 年の所得税違憲判決により,米国連邦政府は個人及び法人の所得税の立法ができなくなったため,所得税に代替する税として,1909 年に法人免許税 (Corporation Excise Tax) が制定された[2]。この法人免許税における課税所得の計算が,上述した米国法人税申告書の原型となったのであるが,同法第 38 条においてすべての源泉から生じ,その年中に受領した金額を総所得の金額 (Gross Amount of the Income) として,そこから 5 項目の控除項目を差し引いて純所得を計算すると規定している。その控除項目の第 1 が,「所得の生じた年分に実際に支払った通常かつ必要なすべての経費(以下略)」として,「通常かつ必要な」という文言が初めて使用されている。

(4) 1913 年所得税・法人税

1913 年法の個人所得に関しては,5 項目の総所得となる所得の例示の規定を行っており,法人税における総所得は,個人所得税に規定する総所得を読み替えると理解することができる。

しかしながら,米国の所得税法(個人所得税及び法人税)は,総所得はすべての源泉からのものを包括的に含むが,控除項目は法定により限定している。日本の法人税に例えるのであれば,控除項目はすべて別段の定めである。なお,

1919年2月に制定された所得税法では，第233条に総所得，第234条に「通常かつ必要な」経費を含む諸控除が規定されている[3]。

当時の法人税申告書のうち，商業会社用の法人税申告書（Form 1034）の控除に関する記載項目を見ると，次の通りである[4]。

① 事業と財産の維持及び活動に関して当該年度中に支払ったすべての通常かつ必要な（Ordinary and Necessary）経費（利子を除く。）

② 財産の継続的使用又は所有のための条件としてなされた賃借料及びその他の支払い

③ 事業年度内に生じたすべての損失で保険会社に補塡されなかったもの

④ 事業年度内の減価償却費の総額

⑤ 債務についてその年度中に生じ，かつ，支払った利子の金額で，利付き債及び期末時の外部払込資本の額の2分の1以下を限度とし，又は，資本がない場合には，年度中の支払利子の金額は，決算時の事業に使用された資本の金額以下を限度とする。

⑥ 州，市町村の債務に係る受取利子及び連邦政府及び属領からの債務に係る受取利子

⑦ 国又は地方により課された租税の額及び納付した外国税

以上の項目を見る限りでは，控除項目の最後に「その他の経費」という項目がないことから，②から⑦までに含まれない経費は，すべて①の規定が適用になるものと思われる。しかしながら，「通常かつ必要な経費」の意義としては，上記②から⑦までに含まれない一般的な経費という意味が推測されるだけである。

(5) 1939年内国歳入法典

1939年法の第23条の見出しが，「総所得からの諸控除」であり，その(a)項に，これまでと同様の「通常かつ必要な」経費という文言が規定されている。なお，旅費の控除については，1921年法で個人の諸控除にのみ規定され，法人税の諸控除には規定がなかったが，1939年法では，個人所得税と法人所得

税いずれにも共通の規定が適用されることから，諸控除（第 23 条(a)）に旅費に係る規定が設けられたのである。結果として，1939 年法の段階において制定された規定が，現行の 1986 年法まで引き継がれたことになる。

2.「通常かつ必要な」経費の規定に関連する判決

「通常かつ必要な」経費という概念は，所得との対応で考えるのであれば，企業会計における費用収益対応の原則と同様に，費用を収益獲得のための価値犠牲として収益に対応する部分の金額を費用とすることと同一になるともいえることにもなり，所得との対応で経費を限定する原則とも考えられるのである。しかしながら，この概念は，企業会計における費用収益対応の原則とは別に，支出のうち，当期経費となる収益的支出と経費とならない資本的支出を区分する概念として使用されたのである。

前出の「通常かつ必要な」経費の規定の沿革からは，何が「通常」であり，何が「必要」であるのか，また，この規定の持つ意義等を窺い知ることはできなかった。そのためには，当該規定に係る判決の検討が必要となる[5]。

(1) ウェルシュ事案判決（1933 年最高裁判決）[6]

この事案の対象となった年度は，1924 年から 1928 年であり，最高裁判決の日付は 1933 年 11 月 6 日である。この判決は，「通常かつ必要な」経費の意義について初めて判断が示された判決である。

イ 事案の概要

原告（Thomas Welsch）は，1922 年にミネソタの穀物会社である E. L. Welsch 社（原告の父親が経営する会社）の役員をしていたが，同社は倒産してその債務の返済を免除された。その後，原告は，ケロッグ社と穀物の売買取引により手数料を得る契約を結んだ。原告は，新事業を軌道に乗せるのに際して信用を高めるために，自身が役員をしていた倒産会社に代わり新事業のために 1924 年から 1928 年の間，受取手数料の一部を倒産した会社の債務の返済に充てるた

めに支払い，これらを経費として課税所得の計算において控除した。課税当局は，これらの支出が，「通常かつ必要な」経費に該当せず，事業における評判及びのれん（Good Will）を向上させるための資本的支出（Capital Expenditures）として否認した。第一審（The Board of Tax Appeals）及び控訴審（第8巡回裁判所）は，課税庁側勝訴となっていた。なお，本事案は，個人所得税における問題であるが，個人所得税における諸控除に係る規定においても「通常かつ必要な」経費の文言がある。

ロ　最高裁の判断

最高裁の判決は，上告人（Thomas Welsch）敗訴として，課税当局の見解を受け入れたのである。

最高裁の判示した事項は，次の通りである。

① 　倒産会社の債権者に対する支出は，上告人の事業の発展にとって必要であるが，支払いが必要であっても問題の解決にはならない。多くの必要な支出が資本に対するものであるからである。

② 　判断する要件は，「必要」かつ「通常」の双方であることである。

③ 　「通常」という用語は，常に安定的な状態をいうが，時間，場所及び環境により可変的である。その意味で「通常」という用語は，同一の納税義務者により頻繁に行われる場合に，当該支払が常習的又は正常であることを意味しない。例えば，稀にしか生じない訴訟費用は通常の費用である。

④ 　当該支払いは，通常というよりも，かなりの程度異常といえる。

⑤ 　事業における評判等を得ることは資本資産に類似するものであり，それらは，事業活動における「通常」の費用ではない。

ハ　小括

本事案の判決とは別に，本事案以前の判決として第一審では損金算入を否認したことが支持されたが，第5巡回裁判所（高裁判決）では，逆転して原告の訴えを認め債務の返済を経費として認めた事案（ハリス社事案）がある[7]。この2つの判決に関して，本事案の支払いがハリス社事案より任意性があるという説明がある[8]。

(2) ダン・アンド・マッカーシー社事案（1943 年高裁判決）[9]

イ 事実関係

この事案の事実関係は，婦人靴製造業であるニューヨーク法人であるダン・アンド・マッカーシー社が原告である。原告の前社長であったジョーンズ氏が 1939 年 12 月にギャンブルにより生じた多額の負債を残して自殺した。前社長の死後，1939 年 6 月以降，前社長は，同社のトップセールスマン 7 名から 20,523.92 ドルの借金をしていることが判明した。1939 年 12 月に，原告は，前社長の個人債務をセールスマンに支払い，その債務の譲渡を受けた。この債務支払いは，新社長が事業の暖簾（セールスマンの雇用の確保等）を保護するために行ったものである。原告は，帳簿にも記載し，1939 年の申告書においても総所得からその支払いを控除したのであるが，課税当局はこれを否認した。

ロ 判決

判決は，原告である法人が前社長の個人的債務に対する支払いを「通常かつ必要な」経費であるとした。その理由は，当該支払が現行の暖簾を維持するための支出であり，会社がこの道徳的義務を果たさないと，暖簾が破壊されて損失が生じるが，その支出はそれを防止している。また，この支出について，判決はこの支出が相当程度異常であると認識していない。

ハ 小括

判決が示すように，本事案における支出が「通常かつ必要」の要件を充足したとしても，経費としての損金性については疑問がある。原告である法人は，前社長の個人的債務を肩代わりして，その対価として前社長の遺産としての債務に対する請求権を得ているのである。原告である法人は，当該支出に関する会計処理において借方項目に費用勘定を建てたことになるが，この処理が訂正であったかどうか多少の疑問が残るところである。

(3) 「通常かつ必要」の意義

「通常かつ必要」の意義及び判断となる基準については，事実認定の要素が強く，明確な基準が判決において示されているとはいい難い。しかし，支出自

体の損金性を判断する場合，資本的支出に該当するのであればその支出を経費としないことができるということはこれらの判決から明らかになった。したがって，この規定は諸控除における項目が限定的であることから，別段の定めのいずれにも属さない項目を収容する機能も否定できないが，支出が当期の経費か否かを判断する基準（支出の損金性を判断する一般的な原則）であり，企業会計における資本的支出又は収益的支出を区分する機能と類似するもので，企業会計における費用収益対応の原則とは異なる論理に基づくものであるといえる[10]。

1) 同様の規定は，内国歳入法典第212条（所得創出のための経費）として，個人の場合，課税年度中に所得の創出等のために支出又は発生した通常かつ必要なすべての経費を控除する，と規定している。しかし，第162条が個人及び法人の控除される経費に係る規定であるのに対して，第212条は，個人のみを対象として，「事業遂行上の経費」に該当しない所得を生み出す財産の維持管理等に要する活動に係る経費を規定しているのである。これについては，1941年判決（Higgins v. Commissioner, 312 U. S. 212, 61 S. Ct. 475, 85 L. Ed. 783 (1941)）の最高裁判決により，投資活動に係る経費は，事業遂行上の経費に該当しないため，投資を管理するために個人に生じた経費を控除できないとしたことから，議会が1942年に第212条を創設したという経緯がある（Cf. Malman Laurie, Solomon, Lewis D. and Hesch, Jerome M., Federal Income Taxation, West Publishing Co., p. 132, 1994）。
2) 法人免許税については，第3章参照。
3) 1919年2月制定の所得税法の法人税に係る規定において，総所得は同法第233条に規定されているが，その定義は213条（個人所得税に関する条項）に定義されたものを適用しており，第234条は，総所得から除かれる項目について規定している。諸控除に関する後日の最高裁判決（Helvering v. Independence Life Insurance Co., 292 U. S. 371 (1934)）では，諸控除の程度，制限及び削除等は立法の権限であると判示されている。
4) Niven, John B (ed.), "Income Tax Department" The Journal of Accountancy, Vol. 17, No. 2, Feb. 1914, pp. 135-145.
5) 「通常かつ必要な経費」に関連する判決には次のようなものがある。
① Welsch v. Helvering（1933年最高裁判決），3 USTC ¶ 1164, 12 AFTR 1456. この判決については，判例評釈（Newman, Joel S., "The Story of Welch : The Use (and Misuse) of the" Ordinary and Necessary "Test for Deducting Business

Expenses" including in Caron, Paul L. (ed.), Tax Stories, Foundation Press, 2003）とこの評釈に基づいた判例紹介（川田剛監修「課税所得の計算上控除が認められる「通常かつ必要な経費」の定義— Welch 対 Hervering 事案—」『税務事例』Vol. 38 No. 11）がある。
② Deputy et al. v. Du Pont（1940 年最高裁判決）40-1 USTC ¶ 9161, 23 AFTR 808.
③ Higgins v. Commissioner of Internal Revenue（1941 年最高裁判決）41-1 USTC ¶ 9233, 25 AFTR 475.
④ Dunn and McCarthy, Inc., v. Commissioner of Internal Revenue（1943 年第 2 巡回裁判所判決）43-2 USTC ¶ 9688, 31 AFTR 1043.
⑤ Commissioner of Internal Revenue v. Lincoln Electric Co.（1949 年第 6 巡回裁判所判決）49-2 USTC ¶ 9388, 38 AFTR 411.
6) この判決は，上記 5) の①である。
7) A. Harris & co. v. Lucas, 48 F. 2d 187 (5th Cir. 1931). この事案は，会社が破産して州法に基づいた和解により債権者の債権の 50％が放棄された。しかし，破産後に原告が新たな取引を開始しようとすると旧債権者は現金による決済以外に取引に応じようとはしなかった。そこで，原告は銀行と相談した結果，旧債務の放棄された部分について返済することとし，その返済額を経費とした（Newman, Joel S., op. cit., p. 159）。
8) Newman, Joel S., ibid., p. 161.
9) この判決は，上記 5) の④である。
10) 米国連邦所得税における必要経費に関する包括的な研究としては，碓井光明「米国連邦所得税における必要経費控除の研究」『法学協会雑誌』Vol. 93. 4, 5, 7, 8, Vol. 94. 4. この研究では，本論でも取り上げた必要経費の控除は立法上の恩典であるという恩典説の検討が行われている（同上 Vol. 93.4 516-521 頁）。碓井教授（執筆時助教授）は，次のように述べている。「立法上の恩典説は，今日において，162 条の存在を前提にしたうえで，特定の支出の控除の立法措置により禁止することが許されるのか，或いは，公益（public policy）との衝突を理由に一定の控除を判例上否認することが許容されるのかどうか，という問題に際して議論の対象となっているのである。」（同上 518 頁）また，まとめにおいて同教授は，投下した資本の維持という観点から必要経費控除の存在理由があり，これを立法恩典説と対比してネットインカム課税としている（同上 Vol. 94. 4. 496 頁）。この論文では，1913 年の所得税法まで遡っているが，1909 年の法人免許税において，「通常かつ必要な」という用語が初めて規定されたことに触れていない。法人免許税では，純所得を課税標準としているが，総所得はすべての源泉からの純所得で，純所得は所定の必要経費を控除して計算することとなっている。このようになった要因として想定できることは，歳入確保の観点から限定的に規定したのではないかと思われる。そのことが

後日の司法判断において強調された結果，必要経費を定めるのは議会の権限という見解に至ったものと思われるが，この見解は，租税法律主義に基づけば別に奇異なものではない。

第4章

米国税法における減価償却関連規定の変遷

1. 1930年代歳入法における減価償却に係る規定

　米国税法における減価償却に関する規定は，1909年の会社免許税において「財産の減価償却 (Depreciation) のための合理的な償却費」と規定され，1913年所得税法では，「事業の用に供したことから生じる財産の使用による消耗 (Exhaustion)，摩損 (Wear) 破損 (Tear) に対する合理的な償却費」と規定され，その後，1921年歳入法の規定において，使用による減価に加えて合理的な償却費に陳腐化 (Obsolescence) を含む，という規定が追加されて1928年歳入法まで改正されていない。なお，1910年代の減価償却に係る規定の変遷については，本書第Ⅰ部第5章7及び8において言及している。

　1932年歳入法は，それまでの歳入法における減価償却の規定と同様に，同歳入法第23条（総所得からの控除）(k)に減価償却，同(1)に減耗償却を規定している。1932年歳入法に続く1934年歳入法においても，減価償却（同法第23条(1)），減耗償却（同法第23条(m)）が規定されているが，その内容は1932年歳入法と同様である。それ以降の歳入法及び内国歳入法典 (1939年) においても減価償却等に関する規定に変わりはない。

　以上の事項を含めて，1909年から1954年までの間における減価償却に係る重要と思われる事項は，年代順に整理すると次のようになる。

① 1909年創設の法人免許税において減価償却に係る規定が初めて設定された。

② 1918年歳入法において戦時に使用した資産の減価償却の再計算（特別償

却) が認められた。
③ 1927年の取扱い (I. T. 2369) において定率法の適用が認められた。
④ 1931年改訂されたブレティンFにおいて課税当局より定額法の標準的な償却率が公表された。
⑤ 1934年財務省決定 (T. D. 4422) により, 挙証責任が納税義務者に移る。
⑥ 1940年第二次歳入法により1939年内国歳入法典に124条が創設され, 戦時緊急設備の加速償却が認められた。
⑦ 1942年ブレティンF改訂
⑧ 1946年の取扱い (I. T. 3818) において定率法を認める条件として, 定率法が会計の方法と一致していることを条件とした。
⑨ 1954年内国歳入法典167条に定率法, 級数逓減法等が明記され, 定率法の償却額は定額法の200%を上限とした。

なお, 本論の対象ではないが, 1954年後の主要な動向としては, 1962年に投資税額控除の創設及びブレティンFの廃止, 1971年にADRS (Asset Depreciation Range System) の導入, 1981年にACRS (Accelerated Cost Recovery System) の創設と投資税額控除, 1986年にMACRS (Modified Accelerated Cost Recovery System) の創設等がある。

2. 減価償却に係る挙証責任と耐用年数に係る動向

1909年から1954年までの期間において, 減価償却に関する挙証責任については, 1934年の財務省決定 (T. D. 4422) と[1], 1953年の歳入規則 (53-90, 53-91)[2]の存在がある。米国の場合, 日本と異なり耐用年数が法定化されていないことから, このような状況下では, 納税義務者が任意に利益調整を目的とした減価償却費を損金とすることも想定できるのである。

1910年代の税法上の減価償却について, 1918年に財務省が公表した文書によれば, 税法は, あくまでも合理的な償却費の計上を納税義務者に求めている[3]。したがって, 課税当局が納税義務者の処理を否認するのであれば, その

方法が，所得を明瞭に反映していないことを課税当局側が証明する必要があったといえる。

その後，1931年1月に，米国財務省は，「減価償却研究」[4]において標準的な耐用年数の一覧表を公表した[5]。この時期は，大恐慌後の経済不況の時期であるが，税務上の減価償却計算に係る経験が蓄積したことと，経済不況による税収確保の点で，減価償却費が重要な要素になったものと思われる。そして，1934年の財務省決定（T. D. 4422）では，明確に，減価償却に係る挙証責任は納税義務者にあることを明記している。

その後，前出の1953年の歳入規則において内国歳入庁は方針変更を行い，課税当局が減価償却を修正できるのは，明瞭かつ確信的なものがある場合のみであるとして，1934年以前に戻ったような見解を公表している。そして，耐用年数に関しては，1962年の歳入手続62-21は，償却資産を4つのグループに分けている。

3．財務省規則86等における減価償却等の規定

減価償却については，1910年代の後半に米国が第一次世界大戦の戦費調達の必要から超過利潤税等による高率な課税を行ったことで，課税所得の圧縮を図る観点から減価償却実務が普及したといわれており，第一次大戦終了時までに減価償却会計は一般産業分野に普及したといわれている[6]。したがって，第一次世界大戦が終了した後に，設備等の陳腐化現象が生じたことは容易に想像できることから，1921年歳入法が陳腐化を規定したことも理解できるのである。

ここにおける問題は，本法における減価償却規定に改正がないことから，財務省規則における取扱いの詳細という点と，税法における減価償却に対する基本的な考え方である。この時期，企業会計は保守主義を基本とする会計士会計学から適正な期間損益を算定する損益計算重視の会計に移行する時期といえようが，税法には，企業会計における減価償却資産の費用配分という発想は適正

な課税所得の計算という目的からしてないものと思われる。そこで，以下では，1934年歳入法に係る財務省規則86と1938年歳入法に係る財務省規則101における減価償却の規定を対象として，税法における減価償却の考え方を検討することとする。

(1) 減価償却の概要

減価償却は，事業の用に供する資産の使用による減価，陳腐化を原因とするものでこれら以外の原因による時価の下落を含むものではない。その償却費の計算は，統一的な償却率（Uniform Rate）ではなく，合理的な一貫性のある計画（Reasonably Consistent Plan）に従って行われる。そして，償却費の累計と残存価額の合計額は耐用年数終了時に原価等と同額となる。

(2) 減価償却資産の範囲

減価償却は，使用による価値の減価又は技術進歩による陳腐化が生じる有形資産に適用となり，棚卸資産，有価証券，土地は対象外となる。鉱山等は減耗償却の対象となる。また，娯楽用にのみ使用されている自動車等の車輌，納税義務者の住居用の建物，それに付随する家具，衣料等（演劇事業等の場合は除く）は対象外となる。

無形資産でその使用期間が限定されているものの場合，減価償却が行われる。この場合の無形資産には特許権，著作権等が含まれる。のれん（Good Will）は減価償却が認められない。

(3) 減価償却の計算

財務省規則86と同101における減価償却の規定（第23条(1)）は同じである。減価償却の方法は何であれ，その配分方法は合理的であることがそれ以前の財務省規則（例えば，1918年法に係る財務省規則45第166条）から継続して規定されている事項である。

償却方法に誤りがあった場合の修正方法であるが，財務省規則86の前まで

（1916年から1932年までの間）は未償却残高を残りの耐用年数で分配するとしていたが[7]，1934年の財務省規則86では，減価償却の期間帰属が厳格となり，納税義務者は減価償却における過年度分の誤りから利得を得ることができなくなった[8]。これについては，財務省規則86及び101に以下の同じ例示が掲げられている。

（例）資産は，1929年1月1日に購入した。原価は10,000ドル。耐用年数は10年である。残存価額はない。

（当初処理）		（訂正処理：償却費）	
1929	1,000	1929	1,000
1930	—	1930	1,000
1931	2,000	1931	2,000
1932	2,000	1932	2,000
1933	—	1933	666.67
	5,000		6,666.67

この処理について，財務省規則に説明はないが次のように理解できる。すなわち，当初処理では，最初の5年間に累計で5,000ドルを償却したことになっている。したがって，当初処理では，1933年12月31日現在の減価償却費としての控除額の計は5,000ドルであることから，未償却残高は5,000ドルということになる。訂正処理では，1930年の償却費として1,000ドルを新たに計上し，1933年から残りの6年で取得価額の40％を償却することから，40÷6＝6 2/3％となり，1933年以降の6年間は毎年666.67の償却となる。

4．内国歳入局等による減価償却の検討

日本の減価償却実務では，税法に法定耐用年数が規定されているが，米国では，財務省及び内国歳入局が，標準的な耐用年数に関するガイドライン（1931年のブレティンF及び1942年の改訂版）を公表している。ここでは，1942年のブ

レティンF改訂版に付随している1942年の内国歳入局報告（以下「減価償却報告書」という。）を取り上げる[9]。

(1) 減価原因と減価償却の方法

減価償却報告書では，耐用年数を決定する減価要因は，使用による減価と陳腐化であり，陳腐化はさらに通常の陳腐化と異常又は特別な陳腐化に分けられる，と説明している。

減価償却の方法については，その方法が合理的であり，内国歳入局長官の承認なく償却方法の変更ができないことになっている。一般に使用されている償却方法は，定額法と生産高比例法であり，後者は，天然資源を所有する納税義務者が使用する方法である。また，定率法についても説明がある。

(2) 減価償却勘定

勘定の処理は，一括した勘定とする場合，建物，機械等に分類する場合，類似する資産でグループ別にする場合，資産ごとに勘定を分ける場合になる。

(3) 減価償却の計算

建物と建物付属設備は現在の実務であれば区分して減価償却の計算をするが，当時は，区分することなく，両者の資産について加重平均の償却率を適用する方式が採用されている。

(4) 耐用年数

耐用年数の決定については，通常の陳腐化を考慮し，異常な陳腐化（例えば，革新的な発明による陳腐化）等を含めないところで行う。なお，1931年に内国歳入局による減価償却に関する報告書では，耐用年数に関する統計の作成において多くの企業等から協力のあったことが記述されている[10]。

5. 定率法の適用

　内国歳入局は1927年に公表した取扱い（I. T. 2369）においては定率法の適用を了解している（この定率法の導入の背景については，第Ⅰ部第8章5(1)参照）[11]。
　その後，連邦所得税における定率法の適用について新しい取扱いが1946年に定められている[12]。当時の内国歳入局が納税義務者に対して定率法の適用を認める条件として，定率法が通常の会計の方法と一致しており，合理的な減価償却費として課税年度の純所得を適正に反映するものであることである。なお，減価償却方法の変更には内国歳入局長官の承認が必要である。この1927年の取扱いと1946年の改正の相違点は，後者が定率法の選択について企業会計の処理と税法の処理を一致させるという一致の要件を課したことである。

6. 加速償却

　1954年制定の内国歳入法典（以下「1954年法」という。）第167条（減価償却）では，1946年当時定率法適用に際して課された一致の要件はなくなっているが，1954年法に係る減価償却に関して会社計算と税務計算の調整のために補助記録を会計帳簿に付すことが条件となっている。なお，この場合，完全かつ正確であるという条件を満たせば，通常の会社計算と税務計算を調整する目的で会計士により作成される精算表（Work Sheets）がこの補助記録に該当することになる[13]。
　米国税法における加速償却は，1940年第二次歳入法（1940年10月8日成立）第302条において戦時緊急設備に係る加速償却の規定が創設され，その後，1942年歳入法（1942年10月21日成立）第155条では，従前の法人がすべての者（Person）に改正されたことで，その適用範囲が拡大したことになる。また，1954年内国歳入法典第168条は，戦時緊急設備の償却に関する規定がある。結果として，1954年内国歳入法典における第167条償却に規定のある200％定

率法と第168条償却に規定のある戦時緊急設備の償却に関しては，一致の要件が課されていないことから，企業会計上の減価償却と税務計算上の減価償却の金額に開差が生じることになった。

7. 税務上の減価償却

　日本の場合は，耐用年数等が減価償却資産の種類ごとに税法で規定されていることから，画一的な処理が行われ，企業会計の減価償却費が償却限度額を超える場合，申告調整により加算処理が行われることになる。

　米国の減価償却費の処理について，特に1942年の減価償却報告書に基づいて[14]，その特徴となる点がどのようなものかを検討する。

　減価償却報告書によれば，減価償却の方法は，合理的で継続的な方法によることとされており，画一的な償却率による必要性のないことが明記されている[15]。このような処理を認めている理由として，残存価額と減価償却費の累計額の合計額が耐用年数終了時において取得価額と同額になるということが原則となっている。したがって，所定の方法により各事業年度において規則的な減価償却を行うことは強制されることになる。

1) Treasury Decision 4422, Feb., 28, 1934.
2) Revenue Ruling 53-90, 53-91.
3) Treasury Department, United Internal Revenue, Income Tax Primer, 1918, p. 28.
4) U. S. Treasury Department, Bureau of Internal Revenue, Depreciation Studies, Jan., 1931.
5) U. S. Treasury Department, Bureau of Internal Revenue, Bulletin "F", Jan., 1931. なお，このブレティンは，1942年に改訂されている（U. S. Treasury Department, Bureau of Internal Revenue, Bulletin "F", 1942）。
6) 青柳文司 前掲書 113頁。
7) Gaa, Charles J., The Taxation of Corporate Income, University of Illinois Press, 1944, p. 201.
8) Ibid., p. 202.

9) ① U. S. Treasury Department, Bureau of Internal Revenue, Depreciation Studies, Jan., 1931.
② U. S. Treasury Department, Bureau of Internal Revenue, Bulletin "F" (Revised Jan., 1942).
10) 同上① p. 2.
11) Bureau of Internal Revenue. Treasury Department, "Internal revenue bulletin. Cumulative bulletin 1946-2, 42" (1946).
12) Revenue Ruling 58-601.
13) この規定は，1939年内国歳入法典第124条において創設されたものである。
14) 4) 参照。
15) Ibid., p2.

第 5 章

前受収益の処理

1. 問題の所在

　前受金又は前受収益のついては，簿記上の仕訳では，（借方）現金，（貸方）前受金又は前受収益，ということになる。この仕訳は，一般に，商品の仕入の際の手付金或いは翌期以降の地代・家賃等を受け取った場合における処理であり，収益の繰延処理の一形態である。前受金は商品引き渡し時に売上処理が行われるが，現金を受け取ってから売上までの間は，負債勘定として処理されることになる。また，地代に係る前受収益の場合は，次期分の地代を受け取った場合に，その役務提供が次期以降になることから，収益の繰延べが行われるのである。このような処理を行う理由は，収益及び費用の期間帰属と両者の対応を行うことにより，より適正な期間損益を行うことを目的としている。
　前受収益に係る税務上の取扱いは，会計における繰延べ処理を認めず，異なる所得認識基準を判例により形成したことで論議を呼んだ事項である。

2. 前受収益に係る判例

　以下は，米国の税務会計において特徴的な処理の1つである前受収益の処理を巡る判例等の動向である。

(1) 北米石油会社事案（1932年最高裁判決）
　収益の期間帰属に関する米国における判例としては，1932年の北米石油会

社（以下「N社」という。）事案の最高裁判決がある[1]。この事案の概要は次の通りである。

　この事案の特徴は，裁判においてN社が現金主義或いは発生主義のいずれを採用しているかについて判断をしていないことである。土地から取得される所得の受益権を巡る米国政府との争いから，1916年2月に財産管理人（Receiver）が選任され，1916年分の所得は財産管理人により管理され，1917年に会社側に支払われた。そして，1922年に，N社が最高裁で勝訴（258 U. S. 633 (1922)）している。

　N社は，1916年の納税申告書には当該所得を含めず1918年に提出した1916年分の修正申告書にこの所得を含めたが，内国歳入局は，この所得を1917年分として更正した。この処分に対する租税裁判所の前身である異議審査庁（The Board of Tax Appeals）は，1916年の所得という判決を示し，高裁は1917年の所得という判決を示している。そして，最高裁は，1917年である高裁判決を支持したのである。

　その理由としては，納税者が確定した請求権（Claim of Right）を有し，かつ，処分に関する制限のない利益を取得した場合，返還義務を負うものであっても所得を取得したことになる，と判決は示したのである。仮に，1922年の判決において政府が勝訴した場合，N社は，1917年に取得した利益を返還することになるが，その場合，1922年分の利益から控除することができるとしている。

(2)　ブラウン事案（1934年最高裁判決）

　この事案は，火災保険の代理人であるブラウン氏（以下「B」という。）の受取手数料の所得計算とその期間帰属について争われた事案である[2]。Bは，保険証書が作成された年分における受取手数料を総所得として計上し，将来における契約解除に伴う手数料の返戻分と再保険に係る再保険料は払い戻すことになる。将来払い戻しとなる手数料等については，Bはその金額を見積もることになる。

受取手数料の計上に関しては，前記 N 社事案の判決が引用されて納税者の確定した請求権に基づいた期間帰属となり，手数料の返戻分については，発生した年分で控除するとしてその見積額の控除を否認した課税当局の見解が支持された。

(3) ビーコン新聞社事案（1955 年高裁判決）
　この事案の概要は，新聞社の前払購読料について，発生主義により会計処理をしているビーコン新聞社（以下「B 新聞社」という。）が 1943 年より前には現金主義で前払購読料を申告していたが，1943 年以降の申告において，同社は購読料を前受収益として繰り延べた。これに対して，課税当局は収益の繰延べを認めず，租税裁判所も確定した請求権（Claim of Right）の理論に基づいて原処分を支持した。高裁は，収益繰延べの否認は，現金主義を採用している納税者に対してのみ有効であるとして B 新聞社を勝訴とした[3]。
　この判決が注目される理由は，次の通りである。
① 確定した請求権（Claim of Right）の理論が認められなかった。
② 前記 N 社事案（1932 年最高裁判決）では，現金主義或いは発生主義にかかわらず，確定した請求権の理論が適用となる旨判示したが，本判決では，発生主義であることを前提した判断が示された。
③ 1939 年内国歳入法典第 41 条（会計処理基準の概要）の適用事例であること。
④ 本判決当時の 1954 年内国歳入法典では，収益の繰延べを認めたが，この規定は遡及して廃止となった。

(4) 1953 年 AIA による下院に対する勧告
　AIA（American Institute of Accountants）は，検討を重ねてきた税務会計のルールと一般に公正妥当な会計原則の間の相違に関する勧告を米国下院の歳入委員会（Committee on Ways and Means）に 1953 年 12 月 10 日に提出した[4]。
　このような動きはその後も続き，1971 年 10 月には，AICPA（American Insti-

tute of Certified Public Accountant)の理事会が税務会計と財務会計の調和に関する政策提言を行っている[5]。

1953年勧告では,前受家賃等を例として,前受家賃を受け取った段階で収益に計上する税法の規定では,この収益に対応して発生する費用との対応関係が崩れることを指摘している。また,同勧告は,費用の見越処理についても,これらの勘定の債務が確定するまで計上できないという税法上の原則について批判をしている。

3. 1954年内国歳入法典第452条(前受収益に係る規定)

(1) 下院歳入委員会における検討

前記2(4)で述べたAIAによる1953年勧告が1954年内国歳入法典の改正にどの程度反映したのかは不明であるが,この下院歳入委員会における検討(以下「下院案」という。)では[6],納税義務者の純所得は,納税義務者が継続して適用している会計処理基準(Method of Accounting)に従って計算するものとする,と内国歳入法典(第446条)では規定されているが,判例或いは取扱い(Ruling)の領域において,課税所得の計算と,一般に認められた会計原則に基づく企業利益の間では大きな相違が生じているという認識が示され,その調和を図る試みがなされている[7]。

ここで取り上げられた項目は,前受収益,引当金,会計処理基準の変更等であり,歳入への影響は1955財政年度で4,500万ドルの減少となっている。

1954年改正前では,税法上,前受収益は,受け取った段階で所得に算入することになっている。この場合,納税義務者が現金主義であろうと発生主義であろうと同じ処理になるのである。しかし,確立した会計処理方法では,収益と費用の対応が重視され,受け取る時期は関係ないことになっている。下院案は,発生主義を採用している納税者に対して,受領年とそれ以後最高5年を限度として収益の繰延べを認めるとした。仮に,事前に現金を収受して5年以内に収益とならなかった場合,繰延べ処理を選択した納税義務者は,受領した年

度を及びそれに続く5課税年度にわたり比例的に前受した金額を配分することになる。ただし，内国歳入庁長官或いはその権限の移譲を受けた者の同意がある場合，納税義務者は，他の方法による配分も認められる。納税義務者が死亡したような場合，繰り延べていた部分は，その時点で所得となる。

(2) 上院財政委員会における検討

上院財政委員会における検討は，おおむね下院案を踏襲したものである[8]。上院案は，短期間の繰延べを要するものと5年を超えて長期にわたるものを区分した。

(3) 1954年内国歳入法典第452条と財務省規則

前受収益に係る規定は，1954年内国歳入法典第452条に規定され，1953年12月31日後に開始となる課税年度から適用となったが，1954年8月16日前に適用が中止され，同規定は廃止されたのである。

第452条に関して，財務省規則が§1-452から§1-452-8まで公表されている。財務省規則§1-452-1に規定された第452条の趣旨は，税務会計に一般に認められた会計原則とのより密接な調和をもたらすことであるとしている。さらに，第446条（会計処理基準の一般原則）との関連では，第446条は，納税者の帳簿上の所得計算に継続して使用されている会計処理基準に基づいて計算されるとしている。第452条は特別な会計処理基準を規定していることから，課税所得が選択した方法により計算されるのであれば，納税者の帳簿は，この方法に従って記帳されることになる。

これまでの第452条創設の動向をみると，議会が専門家であるAIA等の意見を取り入れて一般に認められた会計原則と税務会計の調和化を図ったといえる。しかし，税収減をもたらす課税繰延べである前受収益について，会計帳簿と課税所得の計算に同じ会計処理の原則を適用する一致の原則の適用を図ったことが上記の財務省規則における規定から窺うことができる。

結局のところ，現行の内国歳入法典第451条(a)において[9]，前受収益は受け

取った時点において所得に算入されるという原則が規定されている。これは，現行の米国における所得税・法人税が現金主義であるということではなく，税収の確保と処理の簡便性を狙った立法当局の意図の表れということになろう。

1) North American Oil Consolidated v, Burnet, 286 U. S. 417 (1932). なお，米国所得税における前受収益に関する研究としては，一高龍司「米国連邦所得税における前受収益の課税理論」『総合税制研究』No. 11, 2003 年 1 月，佐橋義金　前掲書　155-156 頁，忠佐市　前掲書　171-172 頁等がある。
2) Brown v. Helvering, 291 U. S. 193 (1934).
3) Beacon Publishing Company v. Commissioner, 218 F. 2d 697 (1955), 55-1 USTC ¶ 9134.
4) AIA, "Divergences Between Rules of Tax Accounting And Generally Accepted Accounting Principles" The Journal of Accountancy, January, 1954.
5) AICPA, "Conformity of Tax and Financial Accounting" The Journal of Accountancy, December, 1971.
6) Committee on Ways and Means House of Representatives, Internal Revenue Code of 1954, pp. 48-49.
7) Ibid., p. 48.
8) Committee on Finance United States Senate, Internal Revenue Code of 1954.
9) 現行の内国歳入法典は，CCH2008 年冬版を使用している。本論では他においても，同版が使用されている。

第6章

後入先出法，引当金及び欠損金の繰越と繰戻

1. 米国税法への後入先出法の導入

　後入先出法については，第Ⅰ部第8章4に記述されているので，ここでは，その経緯のみ書くこととする。

　後入先出法が，米国税法上で最初に規定されたのは1938年歳入法第22条(d)である。また，同歳入法に係る財務省規則101は，同規則第22条(d)に後入先出法に関する規定を置いている。後入先出法の税法への導入の経緯は，1930年4月14日の最高裁判決において基準棚卸法（Base Stock Method）の使用が税法上認められなくなったことに始まる[1]。

2. 1954年内国歳入法典における引当金規定の創設

　米国税法は，前受収益と同様に，1954年内国歳入法典において企業会計へ接近する改正を行ったのであるが，前受収益と引当金に関する規定は創設後すぐに廃止されたのである。

　引当金は，1954年内国歳入法典第462条（将来的費用に対する引当金：Reserves for Estimated Expenses, etc.）に規定され，同規定は，第2款会計の処理基準（第446条 – 第472条）に含まれている。この規定は，1955年6月15日に成立した公法74第1条により廃止されたのである。なお，引当金に関する記述は第Ⅰ部第8章6にある。

3. 欠損金の繰越と繰戻

　欠損金の繰越と繰戻の処理は，企業会計にはない税務独自の方法である。また，この処理に係る規定は，その時点における財政状態等とも関連して，国ごとの税法の規定上相違のある事項といえる。

　日本の場合，租税負担の調整を目的として，平成20年度税制では，青色申告欠損金について7年の繰越と1年の繰戻還付が規定されているが，繰戻還付は，平成4年以降，原則として，停止の状態が続いている[2]。この繰戻還付の停止措置は，日本の財政状態悪化により採られた措置である。

　米国では，1939年6月29日に成立した1939年歳入法第210条により，1939年内国歳入法典の第122条として純損失の控除 (Net Operating Loss Deduction) の規定が創設され，2年繰越の1年繰戻が認められたのである。そして，1954年内国歳入法典では，同規定が第172条に移行し現在に至っている。この間，繰戻及び繰越の年数については数度の改正があり，双方合わせての適用期間が7年から11年の期間となっている。1954年以降においても，繰戻及び繰越の期間については何度となく改正が行われている。

　この繰戻と繰越という所得を平準化するという思考は，所得に対して累進税率が適用されたことから，一定期間における平均した所得が同一の企業であっても税負担が異なることになることから，法人，パートナーシップ及び事業を行う個人に対してこの制度が創設されたのである[3]。

1) Lucas v. Kansas City Structural Steel Co., 281 U. S. 264 (1930).
2) 租税特別措置法第66条の13。
3) Report-Ways and Means Committee (76th Cong., 1st Sess., H. Rept. 855).

第7章

内国歳入法典第446条の検討

1. 内国歳入法典第446条の規定

1954年内国歳入法典（以下「1954年法」という。）第446条の規定は次の通りである。なお，現行の内国歳入法典第446条も「財務大臣又はその代理人」という規定の「その代理人」の文言が削除されたのみで，他は1954年法と同様である。また，1954年法第446条は，1939年内国歳入法典第41条からの移行である[1]。

「(a)一般原則—課税所得は，納税義務者が継続して帳簿における所得計算に用いている会計処理基準により行うこととする。

(b)例外—いずれの会計処理基準も継続して納税義務者において使用されていない場合，或いは，使用されている方法が所得を明瞭に反映しない場合，課税所得の計算は，所得を明瞭に反映する方法であるという財務大臣又はその代理人の見解に基づく方法により行うものとする。

(c)認められる会計処理基準—(a)及び(b)項に従うことを条件として，納税義務者は，次に掲げる会計処理基準のいずれかに基づいて課税所得の計算をすることができる。

(1) 現金主義（The Cash Receipts and Disbursements Methods）

(2) 発生主義（An Accrual Method）

(3) 本章（訳注：第1章普通税と付加税）において認められたその他の方法

(4) 認められた上述の処理基準の混合形態

(d)複数の事業を営む納税義務者—複数の事業に従事する納税義務者は，課税所得の計算において，その事業ごとに異なる会計処理基準を使用することができる。

(e)会計処理基準の変更に関する要件—本章に別段の定めのある場合を除いて，継続して帳簿における所得計算に用いている会計処理基準を変更する納税義務者は，新しい会計処理基準に基づいて課税所得を計算する前に，財務大臣又はその代理人の同意を得ることとする。」

2. 内国歳入法典第446条の意義

第II部第5章の1954年内国歳入法典第452条（前受収益に係る規定）に関する下院歳入委員会における検討の項でも述べたように，1954年制定時には，税務会計における課税所得と企業会計に基づく企業利益の間にある相違を調和する試みがなされたのであるが，その範囲は限定されていたのである。

当時，税務会計と企業会計における相違点として認識されていた事項は，所得に関するものとして，非課税利子，譲渡所得及び生命保険給付金の非課税であり，控除に関するものとして，減損比率法，欠損の繰越，連邦所得税の損金不算入，超過寄附金の損金不算入，譲渡損失の損金不算入である。1954年法は，これらを調整することを意図したのではなく，所得と控除の期間対応について，企業会計と税務会計の調整を図ったのである[2]。

1954年法の構成（改正箇所のみ）は，次の通りである。

E節（Subchapter E）会計期間と会計処理基準

第1款（Part I）会計期間

第2款（Part II）会計の方法

A目（Subpart A）会計処理基準の概要

第446条（会計処理基準の一般原則）

B目（Subpart B）総所得項目が課税となる年度

　　第451条（課税となる年度の一般原則），第452条（前受収益），第453条（割賦基準），第454条（割引債），第455条（前受購読料）

　C目（Subpart C）控除が適用となる年度

　　第461条（控除される年度の一般原則），第462条（引当金）

　D目（Subpart D）棚卸資産

　　第471条（棚卸資産の一般原則），第472条（後入先出法）

　上記に掲げた条文のうち第452条及び第462条が1954年改正直後に廃止され現在に至っているのである。

3. 第446条の沿革

(1) 1918年歳入法以降の展開

　1918年歳入法（同法第212条(b)及び第232条）以降，「納税義務者の記帳に継続して使用されている会計処理基準に従って事業年度又は暦年を基礎に計算されなければならない。」という規定が継続して税法に規定され，1954年に全文改正された内国歳入法典の第446条（会計処理基準に関する一般規則）において，「課税所得は，納税義務者が記帳している会計帳簿により規則的に所得を計算している会計の処理基準に基づいて計算することとする。」と規定している。そして，この条文は，1954年に次いで行われた1986年全文改正後の内国歳入法典第446条に同じ条文として規定されて現在に至っている[3]。

　また，1918年歳入法後のルーリングにおける取扱いは，現金主義と発生主義の間における変更に関するものである[4]。

(2) 現金主義と発生主義

　イ　現金主義

　1909年制定の法人免許税における課税標準としての純所得の計算が，現金

の収支に基づくものであった。1913年法においても同様の規定（Section II G (b)）があり，あらゆる源泉から当該年度内に受領した（Received）法人等の総所得から当該年度内に支払った（Paid）経費を差し引いて純所得を算定する，と規定している。しかし，1909年法人免許税の諸控除及び1913年法においても発生主義と関連する減価償却に係る規定があることを考慮すれば，現金の収支による所得算定が上記の税法では原則であったということになろう。

そして，1916年9月に成立した改正税法（以下「1916年法」という。）の第13条(d)では，現金主義に当たる概念を実際の収入及び支出（Actual Receipts and Disbursements）と規定し[5]，発生主義に当たるものを（Other than That of Actual Receipts and Disbursements）と規定している[6]。この規定に関しては，最高裁判決（アンダーソン事案）がある[7]。

ロ　アンダーソン事案（1926年最高裁判決）

本事案の背景として，1916年法により軍需品製造業者税が創設され，同税は，1916年1月1日から1917年12月末までの間，軍需品の販売等から取得したすべての純利益に対して課され，1916暦年が12.5％，1917暦年が10％の税率で課税となり，申告期限は翌年の3月1日となっている間接税があったこと及び同時期の法人税の税率が2％であったことを本事案の背景として理解しておく必要がある。

本事案における納税義務者は，コネチカット州で軍需品製造を行っていたエール＆タウン製造会社（以下「YT社」という。）である。1916年法第13条(d)は，実際の収支以外の方法（発生主義）により帳簿を記帳している法人は，適用している方法が所得を明瞭に反映しない場合を除いて，その方法に基づいて申告書を作成することになる，と規定している。

本事案における争点は，1916年中に発生した軍需品製造業者税を1917年の申告時に納付しているが，この納付した日の属する年分（1917暦年）において当該租税の控除を行うことができるか否かという問題である。YT社は，法人税の申告において，当該租税を納付した時期に該当する1917年の控除としたが，申告書に記載した所得計算は発生主義が適用されていることから，課税当

局は，当該租税を1916年分の発生した租税の引当分として控除するとしたのである。YT社は，1916年法第12条(a)（諸控除）における租税の処理に関して，「米国等により課され，当該年分内に納付した租税（以下略）」と規定されていることを指摘すると共に，財務省規則（Regulations）には租税の控除について特に規定していないと主張したのである。判決文では，YT社が申告書を作成する以前の1917年1月8日に財務省決定2433（Treasury Decision 2433）が発遣され，当該文書において租税に関して発生主義を適用することが規定されているとしている。

判決では，租税に関して発生主義が認められないのであれば，発生主義が真の所得を反映するとはいえず，この方法に基づいて申告書を作成すること自体が認められないことになるので，当該租税に関する課税当局の主張は正しいものとしたのである。

本事案の判示事項で注目すべきことは，1916年法の第12条(a)及び第13条(d)は，それ以前の1909年法及び1913年法において本法では現金主義を規定し，取扱いとして発生主義を認める方式を止めて，科学的会計原則（Scientific Accounting Principles）に従って会計帳簿及び申告書を作成することを可能にしたという判断を示したことである。そして，上記の条文は，その年分の所得を取得する過程で発生又はこれらに帰属する費用を控除することをしたと解釈されている。

ハ　小括

1909年法の時点で，税法の立法者が発生主義を理解せずに現金主義を採用したことで，税法が企業会計に対して理論的に遅れていたという認識を持つ向きもあるが，これは適正な理解とはいえないであろう。なぜならば，企業の規模にかかわらずすべての企業等を納税義務者とする税法と，一定規模以上の企業等を対象とする企業会計ではその目的が異なるため，税法は，すべての納税義務者を平等に扱うために会計処理等の水準を一番未熟な企業等に合わせる必要がある。これに対して，企業会計は，当初から一定規模以上の企業等を対象にすることから，会計実務の一定の水準を当初から設定できるのである。1909

年法及び1913年法の適用においては，税法本法に規定する現金主義の適用による弊害を緩和するために，取扱いとしての財務省規則により発生主義を容認するとして会計実務と税法の調整を図ってきたのである。

本事案の判決が示すように，1916年法の第12条(a)及び第13条(d)，特に後者の第13条(d)が創設された趣旨について，科学的会計原則という用語を用いて説明されたこと，そして，所得に対応する費用を控除するということを含んだ規定であるという解釈が行われたことは，企業会計の基本的な処理の基準を税法が取り入れたものと思われる。

また，すでに述べているように，1909年法の収益と費用の認識基準は，正確に述べれば，現金収支に基づく基準を原則として，発生主義でのみ認識できる減価償却が規定されているものということができる。

(3) 企業会計側における検討

初期の米国税法における現金主義と発生主義を巡る動向に関しては，企業会計側からの意見としてメイ会計士の論文（以下「メイ論文」という。）がある[8]。この論文は，1925年9月のAIAの年次総会において公表されたものであるが，アンダーソン事案の最高裁判決の直前のものがあるが，税務上の現金主義と発生主義を検討対象としている。

メイ論文では，1909年法以降の控除に係る規定（現金主義と発生主義）の変遷を検討した上で，1919年2月に成立した改正税法（以下「1919年法」という。）の第200条（一般的規定）の最後に，「支払った（Paid）」という用語の解釈として，費用の控除に関連して，「支払い又は生じた（Paid or Incurred）」，利子及び租税に関連して「支払い又は発生した（Paid or Accrued）」を意味すると規定されたが，同法第212条（個人に係る純所得の定義：法人税は第232条）に規定するように，純所得は，当該納税義務者が会計帳簿を作成するために経常的に採用している会計処理基準に従って年次会計期間に基づいて計算される，と規定されたのである。

メイ論文では，税法上の発生主義（The Accrual Basis）の内容が明確ではなく，

現金主義との相違も明らかでないとして検討を行っている。そして，内国歳入局は，現金主義でないものほとんどすべてを発生主義として，棚卸を始めること及び勘定を設定する意味で「発生」という用語が使用されていること，及び，所得税において，所得の形成過程で課税することはできず，それが確定して測定可能な状態になることである等があり，その意味では，「発生」という用語はあいまいであり，このような誤った用語の使用が所得税に係る税務行政に混乱をもたらしていると指摘している。なお，同論文では，税務の分野のみが混乱して，企業会計（会計士の実務）が整然としているとは述べていない。会計士の実務においても使用している用語等に各人独特の使用が認められるとしている。

メイ論文の指摘は，現金主義と発生主義という表現に意味のあることではなく，納税義務者の記帳における方法と所得を明瞭に反映するものとして内国歳入局長官により規定された方法の間の選択が求められているとしている。

このメイ論文は，企業会計がいくつかの会計処理の基準から適正と判断した方法により利益計算を行うことに対して，税法（1918年歳入法）が所得を明瞭に反映するのであれば，この会計処理基準を認めて所得計算を行うこととしたことを評価している。

また，別の研究者は[9]，発生主義が税法に認められたことで，会計実務において対応概念が発展し普及したと述べているが[10]，具体的な事実については触れていない。発生主義は，メイ会計士も認めているように帰属する年度を決定する基準（Time Element）であるが[11]，対応概念の普及に貢献したという見解には裏付けとなる事実に基づく説明が必要なように思われる。

課税所得の計算は，企業会計的には損益計算に他ならないのであるが，その意味において，課税所得計算は損益重視の計算といえるのである。これに対して，米国の企業会計では，1920年代から1930年代にかけて貸借対照表重視から損益計算書重視に重点が移行するのである[12]。したがって，未払費用というような簿記理論として発生は古くから認識されていたと思われるが[13]，会計理論における費用の認識としての基準として理解されるためには，上記の税法に

おける規定に係る議論が何らかの役割を果たしたともいえるのであろう[14]。税法が求めている基準は、「所得を明瞭に反映する会計処理基準」であり[15]、そのために、税法は、会計帳簿の記帳において採用した会計処理基準と課税所得計算における会計処理基準が同一であることを要請したのである。この点から、課税当局の発遣したルーリングのいくつかが[16]、会計処理基準の変更に伴う問題を規定しているのは、会計処理基準を変更することにより所得計算に相違が生じること或いは現金主義を採用することにより所得の圧縮を行うことを防止する目的もあったものと思われる。

また、企業会計の立場からすれば、納税義務者が所得を明瞭に反映する方法を選択して、この会計処理基準により会計帳簿及び納税申告書を作成すれば、課税当局はこれを否認できないという反対解釈も可能となったのであるが、次項における問題のような場合、健全な企業会計の実務すべてが税務会計において受け入れられるとは限らなかったのである。

(4) 課税目的のために所得を明瞭に反映する会計処理基準

所得を明瞭に反映する会計処理基準については、次のような判決がある。

イ 判決の概要

米国自動車協会（American Automobile Association）事案の最高裁判決[17]において、企業会計上の前受収益に該当する前払いされた会費について、納税義務者が発生主義に基づいて会計帳簿を作成したとしても、収益に計上しないという企業会計の会計処理に反して、税法では該当する金額を受け取った時点で総所得とすることを主張した課税当局の主張が支持されたのである。

ロ 米国自動車協会事案の事実関係

米国自動車協会（以下「協会」という。）は発生主義に基づいて会計帳簿を作成し、暦年を課税年度として当該会計帳簿と同様に発生主義を基礎として1952年から1954年の申告書を作成した。協会は、前受として受け取った会費のうち、申告年分の期間に対応する部分の金額を総所得に含めて申告を行ったが、課税当局は、申告年分に受け取ったすべての会費の金額を総所得に含める

と主張した。

　本事案に適用された 1939 年内国歳入法典第 41 条（会計期間及び会計処理基準に関する一般規定）は，本書においてすでに述べた 1919 年法第 212 条（個人に係る純所得の定義：法人税は第 232 条）の規定と同様であり，純所得は，当該納税義務者が会計帳簿を作成するために経常的に採用している会計処理基準に従って年次会計期間に基づいて計算されることを原則として，当該会計処理基準が適用されていない場合或いは適用された会計処理基準が所得を明瞭に反映しない場合，純所得は財務長官の判断に基づいて決められた方法に従って計算されることになる。したがって，同法典第 41 条後段に定めた内国歳入局長官の裁量に係る規定が行使され，協会により適用された会計処理基準が否認されたのである。その結果，損失となった 1954 年を除き，1952 年及び 1953 年について追徴課税が行われた。第一審の請求裁判所（Court of Claims）の判決では，課税当局側が勝訴している。

　ハ　米国自動車協会事案判決後の動向

　一般に認められた会計基準では，収益として受け取ったが役務提供を行っていない場合，その収益を役務提供の時期まで繰延べすることが原則である。この判決は，1963 年に最高裁判決の出た Schlude 事案と同様に[18]，一般に認められた会計基準に基づいて会計帳簿を作成し，その帳簿に基づいて申告書を作成したとしても，当該会計処理基準に基づく計算が所得を明瞭に反映していないという内国歳入庁長官の判断により，申告内容が修正されることを示したものである。

　しかし，内国歳入庁の 2007 年の通達によれば[19]，その後の判決の動向として，翌年の所定の日の大リーグの入場券の前払い分については，繰延べが認められ[20]，同様の事案として，1995 年及び 1996 年に受領した 1998 年開催の大リーグの試合の入場券の購入に係る預託金について，租税裁判所は 1998 年まで収益の計上を繰り延べることを認めた[21]。

　また，財務省及び内国歳入庁は，1954 年制定の内国歳入法典第 446 条（会計処理基準に関する一般的なルール）の適用上，役務提供が翌期以降となる場合の

収益について所得への算入を繰り延べることを認める取扱いを公表している[22]。この取扱いでは，翌期に役務提供が行われることが約定されているような一定の条件の下で，収益の繰延べを認めることを規定したのであるが，その趣旨は，企業会計における処理と税務会計の処理が異なることを調整するものである。

二 小括

収益及び費用の認識はその年度帰属を決定するための基準であるが，1950年代の米国自動車協会事案においても，企業会計において一般に認められた会計基準とは異なる税務上の基準が存在することが明らかになった。この場合，納税義務者の会計実務と申告書において同一の会計処理基準が適用されていたとしても，課税当局から否認されることがあり，1954年制定の内国歳入法典第446条の後段部分は，現行の1986年内国歳入法典第446条(b)に同一の規定があることから，依然として財務長官に裁量権があると理解されるのである。

4．所得を明瞭に反映する会計処理基準

ここまでの検討において，1954年法第446条に規定する会計処理基準とは，同条(b)に規定のあるように，現金主義，発生主義等を意味する用語であること，さらに，1954年法の第446条に関連する条項の改正は，会計的にいえば，税務会計に見越しと繰延べ処理を規定することにより，税務会計上の所得と控除の算定に，企業会計でいうところの費用収益対応の原則を取り入れることで両者の調和を図ったといえよう。

そして，第446条に規定する発生主義は，所得及び費用の認識基準である[23]。その意味では，ここにいう発生主義は，実現主義を含む発生主義会計といえるものである。

そして，「所得を明瞭に反映する会計処理基準」については，条文上に定義規定はないが，1954年法の財務省規則§1.446-1(2)においてその意義は次のように説明されている。すなわち，特定の事業において，その事業において認め

られた商慣習等に従って，一般に認められた会計原則の継続的に適用としている会計処理基準は，一般に所得を明瞭に反映する会計処理基準とみなされるが，その場合の条件は，総所得及び経費のすべての項目が毎年継続して処理されることである。

「発生」の意義については，現行の内国歳入法典第461条(h)において，①すべての事象テスト (The All Events Test)[24]，②経済的効果テスト (Economic Performance Test) の2要件が規定されている。このすべての事象テストとは，未払税金の計上を認めた1926年の最高裁判決（アンダーソン事案）の判決で示されたものである。この判決では，この要件は次のように説明されている[25]。法的な意味において，租税は，申告を行い納税義務が確定するまで発生したことにならないといわれるが，申告前に，租税の額が確定し，納税者の債務の額が決定するというすべての事象が生じることもある。また，1954年法に係る財務省規則§1.446-1(c)(ii)において，発生主義に基づいた所得と控除の期間帰属について次のように規定している。

① 所得の帰属について，その所得を受領する権利が確定し，かつその金額が合理的な正確さで算定できるというすべての事象が生じたときに所得に算入できる。

② 控除の帰属について，その控除の生じる債務の事実が確定し，かつその金額が合理的な正確さで算定できるというすべての事象が生じたときに控除をすることができる。

経済的効果テストの概念は1984年法（Deficit Reduction Tax Act of 1984）により改正され，内国歳入法典第461条(h)に規定されたものであり[26]，第461条(h)(3)(A)に規定する例外を除いて，債務の原因となった役務提供が行われるか，或いは資産の実際の使用が行われたことをいうのである[27]。

5. 会計処理基準が所得を明瞭に反映しない場合

適用されている会計処理基準が所得を明瞭に反映しない場合，課税所得の計

算は，財務大臣又はその代理人が，所得を明瞭に反映する処理基準であるとするものにより行うものとされるのであるが，この規定は，1954年法及び現行内国歳入法典第446条(b)の規定である。

　ここにおける問題は，どのような場合に，この規定の適用があるのかということである。言い換えれば，この場合は，納税義務者の採用した会計処理基準を課税当局が否認することになるが，その場合の否認する基準或いは要件は何かということになる。これについては，この事項に関する判断を示した米国最高裁判決として，1961年の米国自動車協会判決[28]と，1963年シュルド判決[29]を参考とする。

　この2つの判決は，前受収益の処理を巡る米国自動車協会判決とシュルド判決は，共通する部分が多いことから，以下では，1954年法との関連もあるシュルド判決を取り上げる。

　この事案の原告（Schlude）は，夫婦で共同してダンススタジオを経営し，発生主義に基づいて帳簿を記帳して確定申告を行っている。対象となった年分は，1952年から1954年である。適用となる条文は，1939年法第41条及び1954年法第446条(b)である。いずれも規定の内容は同様である。

　原告は授業料として生徒から現金，分割払い，稀に手形の支払いを受けていた。原告は，受け取った授業料のうち，レッスンを終えた分に相当する金額を総所得として計上して申告を行ったが，課税当局は，この原告の会計処理基準を否認して，契約年度に前受所得を含むすべての契約額を所得として計上した。最高裁は，この課税当局の処理を支持した。

　生徒との間の契約は2種類あり，現金プラン契約は，生徒が契約時に頭金の全額を現金で支払い，残りを分割払いとするものである。他の1つは，延払契約である。この契約は，生徒が頭金を現金又は分割払いで支払い，契約時に残額を手形で支払うのであり，解約不能である。

　時間に係る契約では，5時間のものから1200時間のものまであり，これ以外に，生涯コースとして一生涯にわたり所定の時間のレッスンを受けるものがある。このスタジオ経営は，フランチャイズ方式であり，この契約によりアー

サーマーレー社 (Arthur Murray) に対して週ごとに授業料の現金受取額の10%を使用料として支払い，5%をエスクローに手数料として支払っていた。

授業料に関する管理方法は，個々の生徒ごとの記録カードにレッスンを受けた時間数と契約上の残時関数が記載される。期末に，記録カードのレッスン終了時間数に決められた時間当たりの授業料を乗じて，その合計を繰延所得から控除した金額は，実現所得として申告されたのである。所得のほとんどは，終了したレッスン料と契約解除に基づく利得である。そして，繰延所得の残高は，次年度に繰り越しとなる。経費は，フランチャイズの使用料及び手数料は現金主義で計上し，控除項目は，所得との対応に関係なく発生主義に基づいて計上されていた。3人の公認会計士は，納税者の会計処理基準が妥当なものという判断を示したが，内国歳入庁長官は，現金で受領した前受分と手形の額面金額及び契約額のすべてを総所得に算入することを主張した。

課税当局側がこの納税義務者の採用している会計処理基準が所得を明瞭に反映しないとしている根拠は，1957年のミシガン自動車クラブの最高裁判決[30]及び1961年の米国自動車協会判決を先例としている。これらの判決では，前受収益は，将来的に期日の指定がなく，顧客の都合で役務提供が行われる役務と関連しているので，人為的に操作できるものとされた。その結果，課税当局は繰り延べる処理方法を否認したのである。そして，この判決は，発生主義の納税者における総所得算入の基準について，受け取る権利 (Right to Receive) が生じることであり，実際に受け取ることではないと判示している。

以上のことから，収益の繰延べ処理が所得の操作に利用されるという状況にあるときに，使用されている会計処理基準は，所得を明瞭に反映しないと判断されていることが判る。これは前記判例にも述べられているように，内国歳入庁長官の裁量に委ねられて部分もあることから，事実認定の要素が強いものと思われる。したがって，適用となる要件を法定化するということは行われていない。また，これ以外に，1954年法が前受収益の繰延べを認めた第452条を創設してすぐに廃止したこともこの判決に影響を及ぼしている[31]。

6. 歳入手続 71-21

　この歳入手続 (Revenue Procedures) 71-21 は,上記 5 までの処理と異なり,すでに対価を受け取り,翌期までに役務提供を完了するものについては当期の所得に含めるが,そうでないものについては,収益の繰延べを認めることで,一般の会計慣行に税務会計の処理を近づけようとするものである。

1) 1939 年内国歳入法典第 41 条の規定は次の通りである。
   第 4 款　会計期間と会計の処理基準
   「第 41 条 (一般原則　純所得は,当該納税義務者の帳簿記入において継続して採用されている会計処理基準に従って納税義務者の年次の会計期間 (事業年度或いは暦年等) に基づいて計算されるものとする。しかし,会計処理基準が採用されていない場合,或いは採用された処理基準が所得を明瞭に反映しない場合,内国歳入庁長官の見解に基づく所得を明瞭に反映する処理基準に従って計算は行われるものとする。納税義務者の会計期間が第 48 条に規定した事業年度以外である場合,或いは納税義務者が会計期間を設定せず,或いは会計帳簿を記帳していない場合,純所得は,暦年を基礎として計算されることになる。」
   　上記の規定は,会計期間も含むことから 1954 年法と規定の内容が異なるが,会計処理基準に関する原則的な部分は,1954 年法においても変更されていない。
2) Austin, Maurice, Surrey, Stanley S., Warren, William C., Winokur, Robert M., "The Internal Revenue Code of 1954 : Tax Accounting" Harvard Law Review Vol. 68, 1955, p. 259.
3) 米国法人税申告書 (Form1120) は,所得の合計額から諸控除の合計額等を差し引いて課税所得を算出する計算構造であるが,これらの所得及び諸控除の金額は,会計帳簿に基づいた金額をワークシートで修正して算出されるもので,課税所得の計算における金額は,会計帳簿から一元的に導かれるものである。そして,その調整を検証するために,申告書のスケジュール M-1 (総資産額が 1,000 万ドル以上の法人は M-3 を使用) という項目に帳簿上の所得と申告書上の所得を調整する欄がある。
4) ① Ruling No. 1971 (Internal Revenue, Cumulative Bulletin No. 1-5, 1919-1921), ② Ruling No. 1821 (Internal Revenue, Ibid. No. 3, 1924), ③ Ruling No. 3542 (Internal Revenue, Ibid. No. 6, 1926), ④ Ruling No. 3932 (Internal Revenzue, Ibid., No. 7,

1928).
5) 1916年法における規定では,現金主義という規定はなく,実際の収入及び支出という文言になっている。1909年の法人免許税以降,米国税法において,現金主義の規定が連綿と採用され,現行の1986年法第446条(c)においても現金主義,発生主義等が認められている。現金主義は,記帳技術が未熟な納税義務者にとって利用しやすい方法であり,現金で租税を納付しなければならない以上,納税資金の資金繰りに困らない等の利点がある一方,恣意的に年度の帰属が操作できる等の問題点もある。1909年の法人免許税の制定を巡る会計士業界からの質問に答えた司法長官の回答によれば(本書52頁参照),立法者は,上述の現金主義の利点を取り入れたのではないかと思われる。例えば,現行の内国歳入法典第448条(現金主義の使用の制限)の規定において,①小規模法人を除く法人,②①の法人がパートナーであるパートナーシップ,③タックスシェルター,は現金主義を適用することができない。日本においても個人の小規模事業者に対して現金主義の適用を認めている(所得税法第67条)。
6) 1909年法人免許税に係る財務省規則(Regulations) No. 31において,現金主義の適用を拡大して所得及び控除の認識に対して柔軟な取扱いを示している。したがって,1916年法が発生主義を初めて認めた規定ということにはならないものと思われる。
7) United States v. Anderson, 269 U. S. 422 (1926).
8) May, George O., "Taxable income and accounting bases for determination" (May, George O., Twenty-Five Years of Accounting Responsibility 1911-1936 Essays and Discussions edited by Bishop Carleton Hunt, Price Waterhouse & Co. 1936. reprinted by Yushodo, Vol. II, pp. 267-289).
9) Brown, Clifford D., The Emergence of Income Reporting: An Historical Study, Michigan State University, 1971 (田中嘉穂・井原理代『損益報告制度の出現―その歴史的研究―』香川大学会計学研究室 1978年3月31日).
10) Brown, Clifford D., Ibid., p. 62 (田中・井原 前掲書 71頁).
11) May, George O., op. cit., p. 268.
12) Brown, Clifford D., op. cit., pp. 36-37 (田中・井原 前掲書 42-43頁).
13) Kester, Roy B., Accounting Theory and Practice, Vol. I, 1930, p. 17.
14) 1920年代の会計学文献において,費用の認識として発生主義について論じたものとして,ペイトン教授の初期の著作(Paton, William A. & Stevenson, Russell A., Principles of Accounting, The Ann Arbor Press, 1916, reprinted by Arno Press, 1976, p. 90)において,損益計算書(前掲書では The Expense and Revenue Statement と表記されている。)は事業年度に生じた(accrued)収益と費用を示す,と記述されている。しかし,会計理論として発生主義の形で取り上げられていない。

第 7 章　内国歳入法典第 446 条の検討　233

15）　日本の法人税法においても，収益の認識を企業会計上の実現主義を論拠としているが，「実現」という用語が明瞭性に欠ける部分もあることから，法人税基本通達 2-1-2 において，より具体的な基準を明らかにしている。米国の税法が「発生主義」という用語を使用していないのも，この概念が当時の米国における会計実務及び会計士実務において共通の理解を得ていないこと等を考慮したものではないだろうか。その意味では，メイ会計士の見解は，法律とは異なる会計慣行を重視する会計士の立場からの見解ともいえよう。

16）　上記 4）参照。

17）　American Automobile Association v. United States, 367 U. S. 687 (1961). これ以外の会計処理基準に係る判決としては，Automobile Club of Michigan v. Commissioner, 353 U. S. 180 (1957), Schlude v. Commissioner, 372 U. S. 128 (1963) 等がある。

18）　この事案（Schlude v. Commissioner, 372 U. S. 128 (1963)）は，ダンス教室を経営している夫婦が発生主義に基づいて会計帳簿及び申告書を作成しているが，ダンスのレッスン料を現金，分割払い等で受け取っている場合，受領した金額すべてを総所得に算入するという課税当局の判断が支持された事案である。このような判断が示された理由は，受領したレッスン料が返済不要であったこと及び生徒から要求がない限りレッスンを行う必要がなかったからである。

19）　Internal Revenue Bulletin : 2007-31, July 30, 2007, T. D. 9330.

20）　Artnell Co. v. Commissioner, 400 F. 2d 981 (7th Cir. 1968).

21）　Tama Bay Devil Rays, Ltd. v. Commissioner, T. C. M. 2002-248.

22）　Revenue Procedure 71-21.

23）　Anonymous, "Clearly Reflecting Income under § 446 of the Internal Revenue Service." Columbia Law Review, Vol. 54, No. 8, Dec., 1954, p. 1269.

24）　この要件は，アンダーソン事案（所得税の計算において未払税金の計上を認めた事案：United States v. Anderson et. al. 269 U. S. 422, 46 S. Ct. 131 (1926)）において判示された要件である。

25）　United States v. Anderson et. al. 46 S. Ct. 134 (1926).

26）　Malman, Laurie L., Solomon, Lewis D., Hesch, Jerome M., Federal Income Taxation, West Publishing Co., 1994, pp. 403-404.

27）　この米国の規定は，日本の法人税法における減価償却費の損金算入において，「事業の用に供した日の属する事業年度において」という規定（例えば，法令 133）と同様に考えてよいのではないかと思われる。

28）　American Automobile Association v. United States, 367 U. S. 687 (1961).

29）　Schlude v. Commissioner, 372 U. S. 128 (1963). なお，この判例については，川田剛監修「欧米諸国における主要租税判例の紹介　第 53 回」（『税務事例』Vol. 39 No. 1　2007. 1）に判例の概要についての紹介がある。

30) Automobile Club of Michigan, v. Commissioner, 353 U. S. 180 (1957), 57-1 USTC ¶ 9593.
31) シュルド判決では，4名の裁判官が反対意見を述べている。米国最高裁は，長官1名と陪席判事8名から構成されていることからして，この判決は裁判官の間でも相当に意見が分かれた判決といえよう。

第8章

米国税務会計の特徴

　本章は,以下,9のポイントに分けて,これまでの検討と重複するが,沿革史的な観点を強調しつつ,米国の税務会計の特徴をまとめ,それをもって申告調整方式の内容を検討するものである。

1. 所得概念と所得の帰属時期

　法人税が所得金額を課税標準とする理由は,所得金額が法人の担税力を示す指標となるからである。所得金額は,ある意味,公平な指標といえるのである。財政当局からすれば,法人から一定の税収をあげることが法人税であり,別に,所得金額に課税をせずに,売上高或いは資本金額等に課税することにより,国の予算を組み立てる際に見積もりをした所定の税収を得れば国の財政としては成り立つ話である。少し乱暴な言い方をすれば,財政当局は,税に対して,最初に税収ありきであり,その目的達成のためにどのようにするのかは第二次的な話であり,最初に理論ありきではないといえるのである[1]。

　発生史の観点からみれば,米国最初の所得税法といわれる南北戦争期1862年の所得税法とその後の違憲判決から中断していたが,恒久税となった1913年所得税法(法人税法を含む。以下同じ)及びそれ以降の所得税法においても,課税所得の範囲は,すべての源泉からの所得として,資産の譲渡所得(キャピタルゲイン)を課税所得に含めている。

　所得概念に係る論者及び著作としては,次のようなものを挙げることができる。

① 1906年　Fisher Irving, The Nature of Capital and Income.
② 1919年　Seligman, Edwin R. A., "Are Stock Dividends Income".
③ 1921年　Haig, Robert M. "The Concept of Income".
④ 1938年　Simons, H. C., Personal Income Tax.

　以上の論考等の公表された年代を考慮すると、米国所得税が、南北戦争期の所得税以降、純財産増加説を基本とする考え方に立脚していたのであれば、上記のいずれも米国所得税に対する影響を及ぼしていないことになる。年代史的には、これらよりも古いドイツのシャンツが想定できるが、シャンツの見解が公表されたのは、米国所得税が実施された後の1896年である[2]。

　これに対して、1つの仮説として考えられるのは、英国からの所得税法の継受である。1952年に公表されたAIAの企業所得に関する報告書[3]では、英国の税法に触れているが、英国では課税所得から除かれていたキャピタルゲインが、なぜ、米国の所得税法では課税所得に含まれるようになったのか等の分析は行われていない。米国の東部の州は、長い期間にわたり英国の海外領土であった。これについて19世紀初頭に米国の6州が所得税を課す試みをしたが失敗に終わったこと、連邦所得税が1812年の米英戦争時に提議されたことがあったが[4]、実施に至っていない。

　1796年に判決のあったヒルトン事案の判決において、最高裁判事であるサミュエル・チェイス（Samuel Chase）は、米国が英国から租税全般について継受していることを認めているが、すべてを継受したのではないと述べている（3 U. S. 171, 176）。また、南北戦争期の所得税法に源泉徴収制度が規定されるが、これは明らかに英国所得税法の影響であり、後の申告納税制度では、プロシャ税法との比較等が論じられている[5]。

　したがって、米国所得税法（1862年法）が特定の論者の説に大きく依存していた事実はなく、また、外国税法の影響は否定できないが、特定の国の所得税法を継受したともいえないのである。

　また、米国の場合は、個人所得税から出発して、後年に至って所得税のうちに法人税が規定されたのであるが、個人所得税が自然人の多様な経済活動等を

対象にするのに対して，法人税は，基本的に営利を目的とする事業活動等を対象とすることから，所得概念という場合，発生史では，前者に重きが置かれた議論が進展したように思われる。

　法人税は，課税所得の計算において，課税対象となる所得が法人の事業活動等に基因した所得を含むものと考えれば，どのような所得を含むのかという検討よりも，法人の継続した事業活動を前提とすれば，どのように各事業年度の益金及び損金を帰属させるのかという期間帰属，言い換えれば，収益及び費用等の認識基準等の検討の比重が高いように思われる。

2. 米国税法が現金主義を採用した理由

　現行の米国内国歳入法典第448条(a)において，現金主義ではなく発生主義を強制されている者としては，①小規模法人を除き一般法人，②一般法人をパートナーとするパートナーシップ，③タックスシェルター，が規定されている。したがって，現金主義 (Cash Receipts and Disbursements) は，農業事業者，適格人的役務提供法人，直近3年間の平均総収入金額が500万ドル以下の事業体に対して適用となっている（内国歳入法典第446条(b)）[6]。なお，日本の所得税法第67条では，不動産所得及び事業所得の合計額が300万円以下等の要件を満たす青色小規模事業者について現金主義が認められている。

　歴史的事実を離れて，一般論としていえることは，現金主義は，会計処理等に習熟していない企業等にとって比較的容易に記帳できる会計処理の方法であり，現金で租税を納付するという納税資金の確保の観点から，多くの納税者にとって受け入れやすい方法であることは事実であろう。また，一定規模以上の法人を業務の対象とする会計士の用いる会計とすべての法人を対象とする法人税法では，その内容が異なることは明らかである。これらの事柄を前提として，1909年に制定された法人免許税 (Corporation Excise Tax) において現金主義が規定された背景を検討する[7]。

　この間の経緯を簡略に述べると，次のようなものであった[8]。

① 1909年7月8日に法人免許税案に対して，ニューヨークの会計事務所が連名で，同法の費用，損失等の認識基準を現金主義ではなく発生主義に変えること等を要請する書簡を司法長官に送っている。
② この書簡に対して，同年7月12日付で，司法長官は，会計士側の主張する発生主義は立法者側の主張と異なっているという返信を送っている。
③ 会計士側は，鉄道会社及び製造会社等は，現金主義を基本とする税務では，複数の帳簿を必要とするという問題が生じると批判した。
④ 財務大臣は，内国歳入局長官に規則の作成を命じ，1909年12月3日に，規則31が制定された。これによれば，収益及び費用の認識は，現金の収支のみではなく，法人の帳簿記入に基づくものでも差し支えないことを定めて，会計士側の批判を緩和した。

その後，1913年所得税法は，支払利子について発生主義を認める規定に変更している。そして，1918年歳入法では，本法（同法第200条）において発生主義を規定したのである。

米国では，会社法が連邦法ではなく州法として規定され，州法である会社法に一般的な記帳義務が存在しないことから，連邦税法である内国歳入法典第6001条において税目的のための記帳をつけることを義務付けている[9]。

例えば，1909年にハットフィールド教授は，著書『近代会計学』を公刊するが，これは当時の会計実務のレベルを示すものではなく，簿記論的な色彩のあった会計学を会計理論に引き上げた理論書であるという理解が妥当するものと思われ，同書の内容を以って当時の会計実務の水準を推し量ることはできないであろう。

例えば，法人免許税施行時の経理水準が全般的に低く，多くの法人が彼らの純所得を反映するような帳簿・記録を整えることを怠っていたというのが実情であったようである[10]。さらに，現金主義であれば，費用の見越し計上（例：未払費用等）は認められなかったであろうが，法人免許税の所得計算における控除項目に減価償却費の合理的な償却費を含んでいる[11]。これは当時の会計実務において減価償却制度が浸透していなかったことを考慮すれば[12]，むしろ，

減価償却制度の一般的普及に税法が貢献したといえるのではなかろうか。

標題の件に戻ると，立法者が会計知識の乏しい法律家であったという指摘もあるが[13]，当時の会計実務等を考慮すれば，一般に求められた会計慣行が成熟していたとはいえず，このような状態で一部の進歩的な会計士の従事している会計実務を法律として規定することに問題があったことと，すでに述べたように，広くすべての法人を対象とする税法の特性ゆえに，最も受け入れやすい会計原則としての現金主義を規定したのではないかと推測する次第である。

以上のことは，企業会計が進展して，理論的に遅れていた税法を理論的に指導したという見解を持つ向きもあるが，むしろ，法人免許税では，前述したような理由から確信的に現金主義を適用したのであり，当時の会計実務或いは会計理論が法律上受け入れられる水準に達していなかったという理解のほうが妥当するのではないかと考えている。

3. 税法における実現概念の意義

実現概念については，第Ⅰ部第4章において1920年に最高裁判決の出たマコンバー事案を取り上げて検討を終えていることから[14]，ここではそのポイントとなる事項のみを取り上げることとする。

会計上使用される実現主義或いは伝統的実現主義という用語は，収益の認識基準として理解し[15]，本書では，マコンバー事件で取り上げられた実現を実現概念という用語で統一して使用することにより，両者は区別されている。

実現主義の例として，売掛金勘定を例とすると，1882年出版のグリアーの簿記書（Science of Accounts）に説明がある[16]。しかし，理論的な解明という点では，1922年9月に公刊されたペイトン教授の『会計理論』の第19章に[17]，信用販売等における収益の認識についての記述がある。同書の該当する箇所では，実現主義という用語を見出すことはできなかったが，現金売上の説明の箇所に，収益の実現（Revenue Realization）という説明がある[18]。

結論としては，1920年の最高裁判決において実現概念が判示されたのは，

会計理論に先駆けてという意味ではなく，全く異なる背景で論じられたものであり，これらを時系列に並べることで，会計における実現主義の萌芽が，1920年判決のマコンバー事案にあるとするのは，同判決の経緯を無視したものといえる。むしろ，会計理論における実現主義は，上記のペイトン教授の著書辺りから始まったと考えるのが妥当のように思われる。

この検討に際して，最初に確認しておくべき事項は，マコンバー事案に適用された所得税法が1916年法であることである。その間の事項は整理すると次のようになる。

① 1894年　関税法の一部に所得税及び法人税が規定されて成立
② 1895年　ポロック判決により1894年成立した所得税及び法人税が違憲となる。
③ 1909年　法人免許税の成立
④ 1913年2月　米国憲法修正第16条確定（連邦所得税の違憲状態が解消）
⑤ 1913年10月　1913年関税法の一部として所得税法成立
⑥ 1916年9月　1913年法に代わる所得税法成立
⑦ 1920年　マコンバー事案判決

上記の間における所得税法は，米国憲法の解釈に翻弄された時期といえる[19]。その間における主要な判例としては，1976年判決のヒルトン事案（馬車税が直接税であり連邦政府に課税権なしとした訴え）をはじめとして，1880年判決のスプリンガー事案判決（1862年所得税法が違憲であるという訴えに関する判決），上述の1895年のポロック判決，1911年のフリント事案判決（法人免許税の合憲性が争点となった判決），1916年のユニオンパシフィック鉄道事案判決（1913年所得税法が米国憲法に定める適正手続に反しないとした判決），1918年ミッチェル兄弟会社事案判決（資本と利益の区分を争点とした判決）等がある。

米国憲法の第1条第2節第3項の規定により，直接税は，各州の人口に比例して各州間に配分することが定められていることから，所得税は，州の人口に比例して税額を州に割り当てることができないことから，その適用はこの規定がある限り無理であった。1880年のスプリンガー判決では，判事が米国憲法

起草者の租税に関する発言を引用して，米国憲法に規定する直接税の対象は，不動産と奴隷であり，所得税は米国憲法上では，消費税又は関税であり米国の直接税ではないという判決により南北戦争期の所得税の施行が可能になったのである[20]。

この規定が廃止されるのは，1913年の憲法修正第16条の確定である。この修正により，直接税を各州の人口に比例して各州間に配分することがなくなったことにより，連邦政府が所得税を課税することが可能になったのである。換言すれば，米国連邦政府は，所得税を課税する権限を憲法により制約されていたのではなく，各州間への税額の人口比配分が所得税ではできなかったので，この規定がなくなったことで実施可能になったということである。

上記の期間を通じて，繰り返された事項は，所得税が直接税であるのかどうか，或いは，所得とは何か，ということである。この時期の所得税は，米国憲法及びそれに関連した判例との関連で議論が深まったといえるのである。マコンバー事案判決の位置は，それまでに所得税に係る本書で取り上げた判決等と，当時の著名な財政学者であったコロンビア大学のセリグマン教授の鑑定意見書等に基因して判決が形成されたものと考えることができる（これについては本書第Ⅰ部第4章7参照）。したがって，会計理論とは全く異なる領域において実現概念は形成されたといえるのである。

このセリグマン教授の見解は，次のようにまとめることができる。
① 資本の増価は，実現したときのみ利得となる。
② 実現した資本の増価は，広義には所得である。
③ 未実現の資本の増価は所得ではなく，資本の単なる価値の増加である。

ここにおけるポイントは，資本から増価した部分を分離することである。分離した増価部分は所得であるが，分離しないままであれば，それは資本ということになる。

したがって，財産価値が増価しただけでは所得にならないことになる。分離は，資本から増価した部分を切り離せば所得ということであるが，これは換言すれば，資産としての処分可能な状態ということになる。株式配当は，資本の

増価がなかったために,資産として処分可能な状態になっていても所得として認識されなかったと解すことになろう。

以上のことから,企業会計における実現主義と上記判決における実現概念とはその背景において異なるものがあることが判る。

4. 現行の課税所得計算方式が確立した時期

米国の法人税申告書（Form1120：以下「米国法人税申告書」という。）は,3つの部分から構成されている（2010年版）。

最初のブロックは「Income」,第2のブロックは「Deductions」,第3のブロックは「Tax, Refundable Credits and Payments」である。日本の法人税申告書の課税所得の計算は,別表四において,確定決算に基づく企業利益に「別段の定め」としての申告調整等を行って課税所得を算出することになるが,米国の場合は,日本流にいえば,申告書上において益金から損金を差し引いて課税所得を計算する様式になっている。すなわち,日本の法人税申告書は企業利益をベースとしてこれを調整する様式という一体型であるのに対して,米国法人税申告書は,企業利益と課税所得計算を分離して行う分離型であり,法人税申告書上においてすべての収益及び費用等を記載した課税所得計算を行う様式となっている。

米国法人税申告書がこのような様式となった理由としては次のような理由が考えられる。

米国の所得税法は,南北戦争期に一度実施され（1861年～1872年）,その後一度中断して,1894年に関税法の一部として所得税と法人税が成立するのであるが,1895年のポロック事案における最高裁判決により1894年所得税,法人税は違憲として廃止され,その後1909年に法人を納税義務者とする間接税である法人免許税が制定されている。法人免許税が法人税ではなく間接税（消費税）として制定された理由は,米国憲法により,直接税は連邦に加入する各州の人口に比例して各州の間に配分される（米国憲法第1条第2節第3項：1913

年の憲法修正第16条により改正），と規定されていたため，この規定に抵触しないようにするために間接税という名目で実質的には法人税である同法が制定されたのである．

　この法人免許税は，すべての源泉から受領した5,000ドルを超えるすべての純所得（Entire Net Income）に対して1％の税率を課すものである．この純所得の計算は，所得の総額（The Gross Amount of the Income）から諸控除（Deductions）を差し引いて行うのであるが，諸控除については，法人免許税に係る税法上の規定に限定列挙されている．なお，総所得及び諸控除については，以下の5及び6で言及する．

　米国憲法が1913年の憲法修正第16条により改正されたことにより，米国は，1913年に連邦政府が賦課徴収できる所得税（法人税を含む．）を制定したが，この1913年法の法人税の計算構造は，法人免許税の計算構造を基本的に引き継いだものである．1913年法における法人税申告書では，総所得（Gross Income）から諸控除（Deductions）を差し引いて純所得（Net Income）を計算することになっている．本項冒頭に述べた現行の米国法人税申告書の原型はほぼこの時代に出来上がったということができる．したがって，現行の米国法人税申告書の原型は，1909年法人免許税の段階に既に出来上がっていたといえるのである．

　では，米国の法人税計算が分離型となった理由として，次の3つが想定できるのである．

　第1は，米国においては会社法等の私法が州法であり，連邦法ではないということである．したがって，日本のように，会社法に基づく「確定した決算」という概念が存在しないのである．

　第2は，米国では，1776年の米国独立宣言，1789年に米国憲法が施行され，1796年には，憲法に規定する直接税の解釈について司法判断が下されている（ヒルトン事案判決）．そして，米国憲法に規定する直接税を巡る論議は，1913年の憲法修正第16条の確定で一区切りとなるが，1913年には恒久税としての所得税（法人税を含む）が制定されるが，この頃まで，所得税法が立法される

と違憲訴訟という動きが繰り返され，その判決等により所得税法の解釈等が形成されてくるのである。この動きはその後も変わらない。したがって，米国の所得税及び法人税は，企業会計の発展とは別に米国憲法を巡る議論の過程から形成されてきたと言っても過言ではないのである。

第3は，本章2の項で述べたように，1909年の法人免許税立法の頃から企業会計側（会計士業界）が税法に対して発言する状態になってくるのである。会計専門家が税法の立法に助言するようになるのは，1918年財政法以降である[21]。また，法人免許税が企業会計の動向を無視して制定された背景としては，同法が短期間の立法であったこと等も理由となるのであろうが，当時の一般的な会計慣行が法律に取り入れられる水準に至っていなかったことが分離型となった理由の1つであろう。

第4は，法人免許税が，実質的に法人所得の課税する法人税であるにもかかわらず，間接税であったことから，企業利益との直接的な関連を検討対象にすることができなかったという事情が存在したのではないかと思われる。

5．総所得（Gross Income）が所得となる理由

米国内国歳入法典第61条（総所得の定義）では，総所得はあらゆる源泉から生じたすべての所得（Income）を含む，と規定されている。前出の米国法人税申告書（Form1120）の所得（Income）のブロックには，売上総利益（純売上高より売上原価を控除した金額）が所得となる事業所得の場合を除くと，それ以外の所得は，その収入金額の総額が記入され，経費は，諸控除ブロックで控除されることになる[22]。

第1の点は，事業所得のみが売上総利益（いわゆる粗利）を総所得としていることであるが，これは，1918年のミッチェル兄弟会社事案[23]において，総所得は利得（Gain）であり，すでに1909年の法人免許税に関して財務省から公表された規則第31号において総所得は売上高から売上原価を控除した額と記述されていたことについて，同判決はこの処理を正しいものと判示している。

法人免許税は，すべての源泉から受領した5,000ドルを超えるすべての純所得（Entire Net Income）を課税所得としてその金額に1％の税率を課すものである。課税対象となる純所得は，すべての源泉から当該年度内に受領した法人等の所得の総額（The Gross Amount of the Income）から法定された控除（Deductions）を差し引いて計算することとなる[24]。

この結果，総所得が所得ということになるのであるが，総所得は，多くの部分で収入概念と重なり合っているが，事業所得に係る総所得については売上総利益であることが明らかであり，ミッチェル兄弟会社事案判決で示されたように，総所得全般の定義としては事業活動又は財産から生じた利得という考え方が最も適用するのではないかと考える。

また，法人免許税の立法に影響を及ぼしたと推測できる判例として，1904年のスプレックル製糖会社事案判決がある[25]。この裁判は，1989年に制定された戦時歳入法により，製糖業を営む法人等が年間25万ドルを超える総収入（Gross Annual Receipts）に対する免許税を課したことについて争われたもので，この税は直接税ではないという判断が示されたのである。

6. 諸控除が法定化された理由

法人免許税における控除において，すべての「通常かつ必要な」費用（All The Ordinary and Necessary Expenses）という規定が初めて設けられ，現在の米国内国歳入法典第162条(a)まで継続してこの文言は使用されているのである。

法人免許税の諸控除は，以下の項目を限定列挙したものである。

① 当該年度内に実際に支払われた（Actually Paid within the Year）すべての「通常かつ必要な」費用で，事業及び設備の維持等のために所得から払われるもので，賃貸料或いは営業権等に係る費用，財産の継続的な使用又は所有のために必要なすべての費用を含む。

② 当該年度内に実際に蒙ったすべての損失で保険等により補塡されないもの，減価償却費の合理的な償却費を含み，保険会社の場合，配当以外で保

険契約に基づいて当該年度内に支払った金額，その他法律により年度内に準備金として繰入を要請された金額

③ 社債及びその他の負債額（当該法人等の事業年度末現在の払込資本金額を限度とする）に係る利子で当該年度内に実際に支払われた金額，銀行，金融会社，信託会社の場合，預金に対して当該年度内に実際に支払われたすべての利子

④ 国，地方等に対して当該事業年度内に支払った租税の額。外国で行った事業に関して外国で課された租税の額

⑤ 法人等から当該年度内に受け取った課税済所得からの受取配当は益金不算入となる。

　法人免許税では総所得から控除できる項目は税法が定めた諸控除に限定されることになることから，通常かつ必要な費用という規定は，ある種のクッション的な規定の性格を有するものと思われることから，柔軟な対応が可能であったように思われる。

　法人免許税が本来の意味の間接税としての免許税であれば，1904年のスプレックル製糖会社事案判決により，収入金額を課税標準としても問題はなかったはずである。しかし，同税は，純所得に対して課される税であると規定したことから，その先例となる税は，1894年所得税法ということになろう。

　1894年所得税法において法人に対する課税を規定した第28条では，純利益又は純所得（Net Profits or Income）に対して，年次で2%の税が申告，賦課，徴収される。純利益又は純所得とは，原材料費，仕入商品，損失，債券及びその他の金融機関等からの負債額に対する利子等を含む事業上の経費（Business Expenses）を超える額である。また，州税等の地方税は事業上の経費に含まれる。なお，2%の課税済みである配当を受け取った場合は，課税にならない。

　したがって，法人免許税の課税標準である純所得の算定においては，1894年所得税法の規定を先例として規定したと考えてもおかしくないであろう。

7. 会計士会計学と制度会計

　会計士会計学とは公会計士の立場で考えた会計学と述べられているが[26]，例えば，19世紀から20世紀にかけて活躍したディクシー（Dicksee, Lawrence R.），ピックスレー（Pixley, F. W.），モンゴメリー（Montgomery, Robert H.），ディッキンソン（Dickinson, A. Lowers）等の各氏の著書，論文或いは講演等が，会計士会計学を代表するものであり，彼らに続くその後のメイ（May, George O）会計士の活躍がある。

　20世紀初頭から1920年代終わり辺りまでの時代区分が，会計士会計学の時代といえるものと考えられるが，その特徴は，理論面では貸借対照表を中心とした静態論といわれる時代であり，会計実務では保守主義に基づく会計処理が行われた時代である[27]。

　他方，会計理論面としては，後の米国会計学会（AAA）の前身である米国会計学担当大学教師協会（American Association of University Instructors in Accounting）が1916年設立されている。そして，1926年には，同協会の機関誌であるアカウンティング・レヴューが創刊されている。そして，1920年代におけるペイトン教授の著書等が[28]，1930年代の米国会計基準に受け継がれるのである[29]。

　米国の法人税がその原型を形成した時期は，米国の企業会計においては会計士会計学といえる時期であり，会計理論の分野では，次第に会計学教育の充実等と共に，研究成果が公表される時期に至ったといえよう。

　1909年に制定された法人免許税により課税所得の基本的な枠組みが出来上がり，1913年所得税法（法人税法を含む）において，法人免許税における方法を踏襲することで法人税法としての課税所得計算が形成されたのである。そして，1910年代の法人税の特徴としては，第一次世界大戦の戦費調達のための増税（特に1910年代後半）と，1918年歳入法（同法第212条(b)，第232条）において，個人及び法人共に，純所得は，納税義務者の記帳に継続して使用されている会計処理基準に従って年次の会計期間（事業年度又は暦年）を基礎に計算さ

れなければならないことになった。しかし，そのような会計処理基準がない場合，又は使用されている会計処理基準が所得を明瞭に反映しない場合，内国歳入局長官の指示する方法により行われなければならない，と規定されている。

1910年代後半の増税としての戦時超過利得税の課税所得の計算において，戦前期間の平均利潤の算定が重要な意義を持つことになり，大きな影響を及ぼしたのである[30]。

1918年歳入法にある企業会計準拠の規定が大きく会計実務に依存していることは，明らかである。また，納税義務者の記帳を基礎として純所得を計算する件については，1918年法の制定及び財務省規則の作成には，民間の3氏が関与していたことが影響を及ぼしたことはすでに述べた通りである[31]。

米国における制度会計としては，1933年に「連邦証券法」，1934年に「連邦証券取引法」が整備され，後者の法律により証券取引委員会（SEC）が設立された。ここに，公認会計士の監査証明書を添付した財務諸表等をSEC及び証券取引所に提出することが義務付けられ，この公認会計士の判断の基準としての会計原則の制定が必要になったのである。その意味で，1930年代の会計原則の制定を含む会計の特徴は，制度会計ということができる。したがって，会計上の諸原則を含む会計慣行の存在が法律において認知されたのは，1930年代以降といえるのである。

8. 一致の要件

現行の内国歳入法典第472条(c)では，後入先出法（LIFO）は，株主等或いは債権者に対する報告で使用されていることを条件として，課税所得においてこの方法を用いることが認められている。

企業会計と税務の計算が分離している申告調整主義を採用している米国においても，日本における損金経理要件のように，企業会計と税務の会計処理を一致させることを要件としている項目が存在するのである。これは，一致の要件 (Conformity Requirement) という。

第8章　米国税務会計の特徴　249

　この規定は，1939年歳入法第219条（棚卸資産）において，内国歳入法典改正第22条(d)(2)(b)として「株主，パートナー，その他の所有主又は利害関係者に対する報告のために」という文言に示されている。このことは，後日発遣された歳入規則（Revenue Ruling 74-586）において，1939年歳入法立法過程における資料を引用して，納税義務者は，税務計算上，棚卸資産評価の方法を税務上選択した場合，損益計算書，銀行への融資申込書，株主への報告書等の所定の事業上の目的に対しても選択した方法以外の方法を適用することはできない，と法案段階の資料では述べられている。

　LIFOの適用に関しての問題点は，LIFOを税務計算において使用するのであれば，企業会計もLIFOの適用を強制されたことである。

　米国会計学会（AAA）の1948年会計原則改訂版の追補第4号における意見では，税務計算においてLIFOを適用した場合，企業会計上もその適用が強制されることに対して，このような要件を不当で不必要な企業会計に対する侵害であるとしてこのような規定を改正するように追補第4号の作成委員会は求めている[32]。

9．米国申告調整主義の問題点

　日本の法人税申告書は企業利益をベースとしてこれを調整する様式という一体型であるのに対して，米国法人税申告書は，企業利益と課税所得計算を分離して行う分離型であり，法人税申告書上においてすべての収益及び費用等を記載した課税所得計算を行う様式となっている。このような米国における法人税の課税所得計算の方法は，ここでは申告調整主義という用語で表現することにする。

　なぜ米国が分離型の申告調整主義を採用するようになったのかということについては，まとめると，次のような事項を挙げることができる。

① 　連邦所得税の施行に対して米国憲法上の制約が存在したために，1909年に法人税に代わって法人免許税という間接税が制定されたのである。こ

の法人免許税の課税標準である純所得計算がその後の米国法人税の原型となったのである。すなわち，米国法人税は，間接税から出発したのである。

② 米国では，会社法等が州法であり，連邦法である税法は州法である会社法等に対して依存関係にない。すなわち，日本の税法のように，依存する関係にある会社法等の法律が米国には存在しないのである。

③ 1909年の段階で，法律に規定するに足る成熟した会計慣行が存在しなかったために，法人の課税所得の計算は，制定された法律の規定とその規定に対する判例等により進展したのである。

④ 法人税の計算構造が確立して，法人税法の規定が会計実務に影響を及ぼした1910年代後半から1920年代にかけて，法人税が損益法的な利益計算であるのに対して，当時の会計は貸借対照表を中心とした財産法的な利益計算が主であった。

したがって，時系列的には，法人税の計算方法が先に確立して，企業会計が遅れて進展するという関係にあったといえる。また，1909年の法人免許税が現金主義を規定し，これに対して，当時のニューヨーク所在の会計事務所が司法長官に対して発生主義の採用を勧告したことをもって，当時の税務が理論的に遅れていたと理解するむきもあるが，このような理解に対する私の解釈は上記の③である。

次に，申告調整主義の問題点であるが，税法が企業会計に干渉しないという利点がある一方，企業利益は大きく，課税所得はできる限り小さくするという動機が働くことになる。例えば，米国の例としては，企業会計の利益計算では減価償却費が少なくなる償却費の計算方法が適用され，課税所得の計算では，減価償却費がより大きくなる償却費の計算方法が適用される。したがって，税法が企業会計に干渉しないという申告調整主義の利点を生かしつつ，租税負担の公平を維持することが必要となる。そのために，税制上の優遇措置等を利用して税負担を減少させている場合，代替ミニマムタックス（Alternative Minimum Tax：以下「AMT」という。）が課されることになる[33]。

AMTでは，所定の方法により試算税額（Tentative Minimum Tax）を計算し，その税額が通常税額（regular tax）を超過した場合，その超過税額相当額をAMTとして通常税額に加えて納付することになる。

1) 例えば，現行の法人税法における一般株式等に係る配当についてその50％相当額が益金不算入とされるが，現行の制度となったのは，平成14年度税制改正である。平成13年まで適用されていた益金不算入割合80％という数値も説明が難しいものであったが，80％から50％に引き下げられたのは，平成14年度の連結納税制度導入に伴う税収不足を補うための一環である。したがって，受取配当に係る二重課税の調整の理論は無視され，税収の帳尻合わせの数字の適用ということになったのである。
2) 辻山栄子　前掲書　32頁。
3) AIA, Report of Study Group on Business Income, Changing Concepts of Business Income, New York, Macmillan Company, 1952.
4) Chatfield Michael, op. cit., p. 204（津田正晃・加藤順介訳　前掲書　260頁）．
5) Dunbar, Charles F., "The New Income Tax" Quarterly Journal of Economics, Vol. 9, p. 32, p. 41).
6) 現金主義はほとんどの個人が利用している方法（2008 U. S. Mater Tax Guide, p. 510)。
7) 法人免許税の制定からその後の会計業界からの批判とそれに対する司法長官からの回答等は，本書52頁参照。また，法人免許税は，当時の優秀な弁護士であったWickersham氏が，違憲である所得税に該当しない間接税としての法人免許税を考案して，そこで現金主義を主張したという説がある（Gore, Edward E., "From Wickersham to Mellon" The Journal of Accountancy, Oct., 1926.)。
8) 法人免許税が会計実務にもたらしたプラスの側面としては，少数の法人が純利益を記録する帳簿を作成していなかったことから，現金主義により算定された法人所得に対して課税されることにより，これらの法人に対して純利益を決定する会計システムを確立することを強制したのである（Edwards, James Don, "Some Significant Developments of Public Accounting in the United States" Business History Review, Vol. 30, June, 1956, p. 218.)。
9) 中里実「企業課税における課税所得算定の法的構造(2)」『法学協会雑誌』Vol. 100 No. 3, 1983　529頁。
10) 山桝忠恕教授は，前掲書において，この記述の根拠を示されていないが，上記8)におけるエドワーズの引用からも，当時の会計実務の実態として，整備された内容のものから帳簿の記帳のないものまで相当に幅があったものと推測できるのであ

る。
11) 法人免許税の控除項目にある減価償却費に係る規定が発生主義と解するものと,現金主義による制約があるものという2通りの解釈が想定できるのであるが,1913年所得税法に基づいて作成された法人税申告書様式では,「事業年度内の減価償却費の総額」という欄があり,この項は,現金主義の制約からの特例的な項目と解するのが妥当なように思われる (Niven, John B (ed.)., "Income Tax Department" The Journal of Accountancy, Vol. 17, No. 2, Feb., 1914, pp. 135-145.)。
12) 青柳文司 前掲書 112頁。
13) Gore, Edward E., op. cit., p. 269.
14) この事案の最高裁判決(Eisner v. Macomber, 252 U. S. 189 (1920)) は,株式配当が所得ではないと判決を出したことからその後の米国税法に大きな影響を及ぼしたことと,所得ではないとする理由に実現概念を用いたことで有名な判決である。
15) 1957年AAA会計基準以降,従来の実現主義と異なる展開となったとされているが(高田正淳「実現概念の新しい展開」黒澤清責任編集『近代会計学大系Ⅰ 会計学の基礎概念』中央経済社 1968年所収),本論では,収益の認識としての一般的な実現主義を対象としている。
16) Moyer, C. A., "Early Developments in American Auditing" The Accounting Review, Vol. 26, No. 1, January, 1951, p. 5. また,これ以外に,コール助教授の簿記論に売掛金の簿記上の処理についての説明がある (Cole, William Morse, Accounts-Their Construction and Interpretation For Business Men and Students of Affairs, Houghton Mifflin Company 1908, Reprint Edition 1976 by Arno Press Inc., pp. 63-64.)。
17) Paton, William Andrew, Accounting Theory, Reprinted 1973 by Scholars Book Co. なお,ハットフィールド教授の著書『近代会計学』に該当する説明は見当たらず,会計理論における実現という用語の公式な使用は,1932年のアメリカ会計士協会証券取引所特別委員会とニューヨーク証券取引所上場委員会の間の書簡である。
18) Paton, ibid., p. 444.
19) 本書第Ⅰ部第2章及び第3章参照。
20) 本書第Ⅰ部第3章参照。
21) 法律家のバレンタイン,経済学者のアダムス,公認会計士のスターレットの3名が財務省において1918年法の制定及び財務省規則の作成に貢献している (Brundage, P. F., op. cit. p. 74)。
22) Internal Revenue Service, 2008 Instructions for Form 1120, p. 8.
23) Doyle v. Mitchell Bros. Co., 247 U. S. 179, (1918).
24) 仮に,議会が,諸控除を認めなければ,純所得は控除なしに算定されることになったという見解がある (Dohr, James L., "Income divorced from Reality" The Journal

of Accountancy, Vol. 66 361, 1938, p. 366.)。
25) Spreckels Sugar Refining Co., v. McClain, 192 U. S. 397 (1904).
26) 青柳文司『会計士会計学改訂増補版』同文舘　1969 年　はしがき 3 頁。
27) Chatfield Michael, A History of Accounting Thought, the Dryden Press, 1974, p. 232, 津田正晃・加藤順介訳『チャットフィールド会計思想史』文眞堂　1979 年　296-297 頁。
28) Paton, William A., Accounting Theory, 1922, reprinted by Scholars Book Co., 1973. Paton, William A., Accounting, 1924, New York.
29) 宮上一男編『会計学講座 5　ペイトン研究』世界書院　1978 年　151 頁。
30) Edwards, James Don, op. cit., pp. 104-105.
31) 「会計士，法律家及び経済学者の協力の結果，1918 年歳入法は，会計実践を基礎として税務上の規則を規定し，それ以降，この形が本質的に存続している。」という評価が行われている（Chatfield Michael, op. cit., p207. 津田正晃・加藤順介訳前掲書　265 頁）。
32) Committee on Concepts and Standards Underlying Corporate Financial Statements, "Accounting Principles and Taxable Income (1952)". 中島省吾『A. A. A. 会計原則（原文・解説・訳文および訳註』中央経済社　1956 年　93-98 頁。
33) 内国歳入法典第 55 条以降。

第 9 章

申告調整主義と確定決算主義

　国際会計基準である国際財務報告基準（IFRS）の日本の上場企業への強制適用がロードマップとして公表されたことによる影響について，IFRS は連結財務諸表に関するもので，個別財務諸表に関係しないという説[1]，或いは，IFRS が強制適用となるとその適用を受ける上場企業と国内会計基準を適用するそれ以外の企業ということになり，連結子会社は，IFRS により連結財務諸表を作成し，自社分について国内会計基準を適用するというコストの負担を負うことから，税法等を含めた調整が必要であるという意見もある[2]。
　以下では，最初に，連結財務諸表と金融商品取引法及び会社法の関連を整理する。

1. 金融商品取引法

　金融商品取引法第24条等により，有価証券報告書の提出が義務付けられており，その中心が連結財務諸表である。連結財務諸表は，連結貸借対照表，連結損益計算書，連結株主資本等変動計算書，連結キャッシュフロー計算書及び連結付属明細書から構成されている。なお，金融商品取引法は，旧証券取引法が改組されて平成19年9月30日に施行されている。また，旧証券取引法では，平成12年3月31日決算日とする会社から連結財務諸表が主体となった。

2. 会社法

　会社法は，連結財務諸表について連結計算書類という用語を使用している

が，事業年度末において大会社であって有価証券報告書を提出する義務のある会社には連結計算書類の作成を義務付けている（会社法第444条第3項）。さらに，会社法においては，会計監査人設置会社についても，連結計算書類を作成することができることを認めている（会社法第444条第1項）。会社法における連結計算書類は，連結貸借対照表，連結損益計算書，連結株主資本等変動計算書及び連結注記表である（会社計算規則第93条）。なお，会社法では，金融商品取引法と異なり，連結キャッシュフロー計算書の作成を規定していない。

したがって，会社法では，大会社であって有価証券報告書を提出する義務のある会社等があるものの，基本的には単独決算である。

3. 申告調整主義と確定決算主義

申告調整主義及び確定決算主義は，異なる課税所得計算方式であり，前者が企業会計における利益計算と課税所得計算を別々に行う分離型であり，後者が，会社法上の確定決算利益に基づいて課税所得計算の件を行う一体型である。前者の方式を採用している国の1つが米国であり，後者の方式を採用している国がドイツ，日本等である。

日本が確定決算主義を採用している理由としては，①簡便性，②確実性，③税収の確保の諸点が重視されているが，申告調整主義を仮に採用した場合の最大の問題点は，③の税収が減少することであろう。すなわち，納税者サイドは，企業利益を最大に，課税所得をできるだけ低くするような処理を行うことが推測されるのである。したがって，今後，現行の確定決算主義を改正する方向になった場合，確定決算主義という一体型のフレームを残しつつ損金経理要件等の処理方法を改正するもの，或いは，申告調整主義を導入するが，税収減を補うために米国における代替ミニマム税のような補完的な課税を行う方法等が想定できるのである。

確定決算主義廃止論として，中里教授（当時助教授）の論理は明快である[3]。本書の第Ⅰ部第1章においても述べたように，法人税は企業利益を課税物件と

して課税する本来的な意味はなく，売上高であっても，資本金であってもそれが，課税上公平であるという理解が得られて立法されるのであれば，それは法人からの税という意味で法人税といえるのである。しかし，実際，日本をはじめとして各国の法人税は，企業利益を課税物件とすることで現状では一致している。

中里教授の見解では，法人税法と企業会計は切り離した方がよいという考え方が成り立つという主張である[4]。その理由としては，二度手間を避けるという意味で確定決算主義が採用されているので，論理的必然的に確定決算主義が採用されているわけではないことがあげられている。また，同教授は，法人税の課税物件が所得以外のものになるのであれば，確定決算主義も無意味なものになるとも述べている[5]。

各種の議論はあるが，確定決算主義に関する現状は次のように整理することができる。

① 法人税は企業利益を課税物件として課税する方式を前提として検討を行う。

② 上記①の前提であれば，申告調整主義であれ確定決算主義であれ，企業会計と課税所得計算は密接な関係を維持することになる。

③ 確定決算主義は，税収の確保等の観点から国側にとって都合のよい方法であるが，IFRS導入後において，企業会計と法人税の二度手間を避ける意味で，企業会計の基準に法人税が合わせる必然性もないのである。米国の税務会計史においても明らかであったように，税法は，その独自の論理で展開するのである。したがって，IFRS導入が，確定決算主義の再検討にはなっても廃止論になる可能性は低いといえよう。

④ 確定決算主義の再検討という場合の論点は，償却費等に適用される損金経理要件存続の可否，或いは法人税法第22条第4項の公正処理基準の再検討等があげられる[6]。

⑤ 確定決算主義が改正されて申告調整主義に変わるという主張は一部の論者より今後も続くものと思われるが，IFRS導入が，これまでの逆基準性

批判と結合して，強いインパクトとして確定決算主義を全面的に変えるエネルギーはないものと思われる。

　今後は，IFRS の変遷とその内容が明確になるについて，論点が絞り込まれることになろうが，いずれにせよ，そのような結論になろうとも，確定決算主義に係る問題点の棚卸を行い，これまで繰り返された争点の整理を行う時期に至ったものと考える。

　IFRS 導入が契機となり確定決算主義における損金経理要件が廃止されるという見解に対して，筆者は消極的であるが，現行の法人税制が現状のままで今後もあり続けるのかという論点については，税務会計と企業会計の分離も視野に入れて検討すべきであるという考えに魅力を感じている。

　その理由は，企業会計，関係法令が今後も改正され続ける場合，税務会計をこれらと連動する必要があるのかという点である。逆基準性は，企業会計側からの税法批判であるが，税法側から，企業会計，関係法令等に対して，これらの動向にかかわらず，税法は，独自にその政策を適切に完遂するという考え方もあろう。言い換えれば，企業会計は税法に連動することを税効果会計によりある意味放棄しているのであるから，税法は，逆に，企業会計等の動きとは別に，独自の計算処理方法を適用してもよいということである。

　仮に，税法が企業会計と分離する状態になれば，企業会計が定額法を適用するとして，法人税法（税務会計）では，償却期間を短縮し，企業に一定範囲の耐用年数から選択を認める方式を採用するということも可能になる。問題は，税収減が生じるのではないかという危惧であるが，これは，米国のミニマムタックスのような補完的な税制で補えば済む話である。

　ある意味では，法人税法が確定決算主義に固執することは，自らの柔軟性を縛る自縄自縛状態になっているという理解もできるのである。本論で述べたように，そうであるからといって，筆者は，米国の申告調整主義に移行すべきであるという主張をするつもりはなく，日本の法人税制を検討する時に，初めに確定決算主義ありきという検討方法を一時棚上げして，どうあるべきかを検討する方法があるのではないかという意見である。

1) 斎藤奏「IFRS がやってくる―国際財務報告基準の導入―」『税務事例』Vol. 41 No. 9　2009 年 9 月。
2) 間島進吾「IFRS 導入の意義と課題」『企業会計』Vol. 61 No. 8　2009 年 8 月。
3) 中里実「確定決算主義をめぐる議論について―第 50 回 IFA 総会報告(1)」『租税研究』1997 年 2 月。
4) 同上　80 頁。
5) 同上　81 頁。
6) 金子宏「公正妥当な会計処理の基準（法人税法 22 条 4 項）について」『租税研究』2008 年 9 月　8 頁。

資料：1954年内国歳入法典後の米国税法の変遷

　米国の税法典である内国歳入法典（Internal Revenue Code）は，1939年，1954年及び1986年に全文改正が行われている。米国税法変遷の概略としては，1939年以前には，税法は，ほぼ各年における歳入法（Revenue Act）に規定されて改正を重ねてきたのであるが，各種の税法が内国歳入法典としてまとめられて，1939年以降各年の歳入法等は，1939年内国歳入法典の改正という形態となり，その後，1954年に内国歳入法典の第二次全文改正が行われ，1986年に第三次全文改正が行われたのである。

　本論が対象外とした1954年内国歳入法典から2009年までの立法時の大統領等と主要な税制改正と1954年以降の減価償却を一覧にしたものが以下である。

大統領（任期）等	主要な税制改正
34代　アイゼンハワー（1953.1.20～1961.1.20）（共和党）	○　1954年内国歳入法典
35代　ケネディ（1961.1.20～1963.11.22）（民主党）	○　1962年歳入法（投資税額控除を創設）
36代　ジョンソン（1963.11.22～1969.1.20）（民主党） （1964年8月：トンキン湾事件：北ベトナムによる米国艦船への攻撃） （1964年11月：ジョンソン大統領再選） （1965年2月：北爆拡大。同3月：地上軍事力として海兵隊の投入）	○　1964年歳入法（ケネディ政権による減税案がベース：第二次大戦後初めての一般減税）（Revenue Act of 1964：P. L. 88-272） ○　1966年租税調整法：ベトナム戦争戦費調達，インフレ対策，ドル防衛策（投資税額控除と加速度償却の停止） ○　1966年11月：外国人投資家課税法（Foreign Investors Tax Act of 1966）により非居住者課税の整備 ○　1968年6月：時限立法で所得税及び法人税の臨時付加税
37代　ニクソン（1969.1.20～1974.8.9）（共和党） （1974年5月：サイゴン陥落） （1974年8月：ウォーターゲート事件でニクソン大統領辞任）	○　1969年税制改革（1969年12月20日成立：①個人所得税の引き下げ，②ミニマムタックスの導入，③臨時付加税を1970年6月30日まで延長，投資税額控除を1969年4月19日に遡って廃止） ○　1971年：Asset Depreciation Range (ADR) System (Revenue Act of 1971) 導入

38代　フォード（1974.8.9〜1977.1.20）（共和党）	○ 1975年3月29日成立：1975年減税法（Tax Reduction Act of 1975：P. L 94-12） ○ 1975年12月22日成立：Revenue Adjustment Act of 1975（低所得者層に対する特別税額控除の延長等：P. L. 94-164） ○ Tax Reform Act of 1976 (P. L. 94-455)
39代　カーター（1977.1.20〜1981.1.20）（民主党）	○ 1977年の減税 法人税について，25,000ドルまで22％，それ以上が48％の2段階税率が1975年法により，25,000ドルまでが20％，25,000ドル超50,000ドル未満は22％，50,000ドル以上は48％。小企業重点の時限減税（1978年まで） ○ 1978年歳入法（Revenue Act of 1978：P. L. 95-600） 法人税について，付加税を統合して最初の25,000ドルまでが17％，25,000ドル以上50,000ドル未満は20％，50,000ドル以上75,000ドル未満は30％，75,000ドル以上100,000ドル未満が40％，100,000ドル以上46％とした。 ○ Energy Tax Act ○ Foreign Earned Income Act ○ Technical Corrections Act of 1979 ○ Crude Oil Windfall Profit Tax Act of 1980 ○ Installment Sales Revision Act of 1980 ○ Foreign Investment in Real Property Tax Act of 1980 (FIRPTA)（非居住者の不動産等の譲渡益課税の強化）
40代　レーガン（1981.1.20〜1989.1.20）（共和党）	○ 1981年経済再建法（Economic Recovery Tax Act of 1981：ERTA：P. L. 97-34：投資税額控除と減価償却規定（Accelerated Cost Recovery System：ACRSの優遇措置） ⇒ 1980年代前半のタックスシェルターの増加：経済成長を促進するための優遇税制の増加が富裕層の個人納税者の租税回避に利用された。 ○ Tax Equity and Fiscal Responsibility Act of 1982 (TEFRA)

	◯ Tax Reform Act of 1984（Deficit Reduction Act of 1984 の一部） ◯ President's Tax Proposals to the Congress for Fairness, Growth and Simplicity, May 29,1985 ◯ 1986 年税制改革法（Tax Reform Act of 1986：P. L. 99-514） ◯ Revenue Act of 1987 (P. L. 100-203) ◯ 1988 年 TAMRA（Technical and Miscellaneous Revenue Act of 1988）Nov. 10, 1988
41代　ブッシュ（1989.1.20 〜 1993.1.20）（共和党）	◯ 1989 年包括財政調整法（Omnibus Budget Reconciliation Act of 1989）（Revenue Reconciliation Act of 1989） ◯ 1990 年包括財政調整法（個人所得税の最高税率 28 % ⇒ 31 %）（Revenue Reconciliation Act of 1990：P. L. 101-508） ◯ 1991 年租税延長法（Tax Extension Act of 1991：P. L. 102-227） ◯ Emergency Unemployment Compensation Act of 1991 (P. L. 102-164) ◯ Emergency Unemployment Compensation Amendments of 1992 (P. L. 102-318) ◯ SEnergy Policy Act of 1992 (P. L. 102-486)
42代　クリントン（1993.1.20 〜 2001.1.20）（民主党）	◯ 1993 年包括財政調整法（Omnibus Budget Reconciliation Act of 1993：P. L. 103-66） ◯ Social Domestic Employment Reform Act of 1994 (so called Nanny Tax)　1994 年 10 月 22 日成立 ◯ Self-Employed Health Insurance Act (P. L. 104-7) 1995 年 4 月 11 日成立 ◯ Taxpayer Bill of Right 2 (P. L. 104-168)　1996 年 6 月 30 日成立 ◯ Small Business Job Protection Act of 1996 (P. L. 104-188)　1996 年 8 月 20 日成立 ◯ Health Insurance Portability and Accountability Act of 1996 (P. L. 104-191)　1996 年 8 月 21 日成立 ◯ Personal Responsibility and Work Opportunity Reconciliation Act of 1996 (P. L. 104-193)　1996 年 8 月 22 日成立

	○ 1997年納税者救済法（Taxpayer Relief Act of 1997） ○ Tax and Trade Relief Extension Act of 1998 (P. L. 105-277) ○ Tax Relief Extension Act of 1999 (P. L. 106-170) 1999年12月17日成立 ○ 2000年納税者救済法（Taxpayer Relief Act of 2000）
43代　ブッシュ（2001.1.20 ～ 2009.1.20）（共和党）	○ 2001年 Economic Growth and Tax Relief Reconciliation Act of 2001 (P. L. 107-16) ○ 2003年 Jobs and Growth Tax Relief Reconciliation Act of 2003 (P. L. 108-27) ○ 2004年 American Jobs Creation Act of 2004 (P. L. 108-357) ○ 2004年 Working Families Tax Relief Act of 2004 (P. L108-311) ○ 2005年 Tax Increase Prevention and Reconciliation Act of 2005 ○ 2007年 Small Business and Work Opportunity Tax Act of 2007 (P. L. 110-28) ○ 2008年 Heroes Earnings Assistance and Relief Tax Act of 2008 (P. L. 110-245)
44代　オバマ（2009.1.20 ～）（民主党）	2009年：American Recovery and Reinvestment Act of 2009（2009年2月17日成立） 2009年：Foreign Account Tax Compliance Act of 2009（2009年10月27日成立） 2009年：Worker, Homeownership, and Business Assistance Ac（2009年11月6日成立　欠損金の繰戻期間の延長等）

参考文献

(欧文文献)
- Bank, Steven A. and Stark, Kirk J. (ed.), Business Tax Stories, Foundation Press, 2005.
- Barton, Walter E, Fifty Years of Tax Law Practice, Dennis & Company, 1969.
- Blakey, Roy G. & Blakey, Gladys C., The Federal Income Tax, Longmans, Green and Co., London, New York, 1940.
- Boutwell, George S., The Taxpayer's Manual, Little, Brown and Company, 1866.
- Brown, Clifford D., The Emergence of Income Reporting: An Historical Study, Michigan State University, 1971 (田中嘉穂・井原理代『損益報告制度の出現―その歴史的研究―』香川大学会計学研究室 1978年3月31日).
- Caron, Paul L. (ed.), Tax Stories, Foundation Press, 2003.
- Chatfield Michael, A History of Accounting Thought, the Dryden Press, 1974 (津田正晃・加藤順介訳『チャットフィールド 会計思想史』文眞堂 1979年).
- Cole, William Morse, Accounts-Their Construction and Interpretation For Business Men and Students of Affairs, Houghton Mifflin Company 1908, Reprint Edition 1976 by Arno Press Inc.
- Committee on Ways and Means House of Representatives, Internal Revenue Code of 1954.
- Committee on Finance United States Senate, Internal Revenue Code of 1954.
- Comstock, Alzada, State Taxation of Personal Incomes, AMS PRESS, 1969.
- Dewey, Davis Rich, Financial History of The United States, 1934 (Reprints of Economic Classics, Kelly Publishers, New York, 1968).
- Dickinson Arthur Lowes, Accounting Practice and Procedure, 1913.
- Doris, Lillian (ed.), The American Way in Taxation: Internal Revenue 1862-1963, William S. Hein & Co., Inc., 1994.
- Edwards, James Don & Salmonson Roland F., Contributions of Four Accounting Pioneers-Kohler, Littleton, May, Paton, MSU Business Studies, 1961.
- Edwards, James Don, History of Public Accounting in the United States, The University of Alabama Press, 1978.
- Faulkner, Harold U., American Economic History 6th edition, Harper & Brothers, 1949 (ハロルド・U・フォークナー著 小原敬士訳『アメリカ経済史』(上)(下) 1969年 至誠堂).
- Gaa, Charles J., The Taxation of Corporate Income, University of Illinois Press, 1944.
- Gaa, Charles J., Contemporary Thought on Federal Income Taxation, Dickinson Publishing company, Inc., 1969.
- Grady, Paul (ed.), Memoirs and Accounting Thought of George O. May, The Ronald Press Company, 1962.
- Grant Eugene L. and Norton, Paul T., Depreciation, 1955.
- Haig, Robert M. "The Concept of Income" The Federal Income Tax, ed. Haig, Robert M. Columbia University Press, 1921.
- Hatfield, Henry Rand, Modern Accounting, Its Principles and some of its Problems, 1909 (松尾憲橘『近代会計学』雄松堂出版 1971年).

- House Report No. 1337, Internal Revenue Code of 1954.
- Kester, Roy B., Accounting Theory and Practice, Vol. II, 1918.
- Kester, Roy B., Accounting Theory and Practice, Vol. I, 1930.
- Kimmel, Lewis H., Federal Budget and Fiscal Policy 1789-1958, The Brookings Institution, 1959.
- Langenderfer, Harold Q., The Federal Income Tax 1861-1872, Arno Press, 1980.
- Magill, Roswell F., Taxable Income, Ronald Press, 1936.
- Malman, Laurie L., Solomon, Lewis D., Hesch, Jerome M., Federal Income Taxation, West Publishing Co., 1994.
- May, George O., Twenty-Five Years of Accounting Responsibility 1911-1936 Essays and Discussions edited by Bishop Carleton Hunt, Price Waterhouse & Co., 1936.
- May, George O., Financial Accounting : A distillation of Experience, The Macmillan Company, 1943 (木村重義『G. O. メイ 財務会計』同文館 1970 年).
- Mcdaniel・Ault・Mchahon, Jr.・Simmons, Federal Income Taxation Cases and Materials, 3rd edition, The Foundation Press, 1994.
- Montgomery, Robert H., Auditing Theory and Practice, 1912.
- OECD, Working Group on Accounting Standards, Accounting Standards Harmonization No. 3, The Relationship between Taxation and Financial Reporting, Income Tax Accounting, 1987.
- Paton, William A. & Stevenson, Russell A., Principles of Accounting, The Ann Arbor Press, 1916, reprinted by Arno Press, 1976.
- Paton, William A., Accounting Theory, 1922, reprinted by Scholars Book Co., 1973.
- Previts, Gary John and Merino, Barbara Dubis, A History of Accounting in America, John Wiley and Sons, Inc., 1979 (大野功一・岡村勝義・新谷典彦・中瀬忠和訳『プレビッツ゠メリノ アメリカ会計史』同文館 昭和 58 年).
- Raby, William L., The Income Tax and Business Decisions, Englewoods Cliffs, N. J. Prentice Hall Inc., 1964.
- Randolph Paul, Taxation in the United States, Little Brown and Company, 1954.
- Ripley, William Zebina, Main Street and Wall Street, Boston : Little Brown, 1929.
- Saliers, Earl A., Depreciation, Principles and Applications, 1922.
- Sanders, Hatfield, Moore, A Statement of Accounting Principles, Reprinted in 1968 by American Accounting Association (山本繁・勝山進・小関勇『SHM 会計原則』同文館 昭和 54 年).
- Seligman, Edwin R. A., Essays in Taxation, The Macmillan Company, 1931 (Kelly Pub., 1969).
- Seligman, Edwin R. A., The Income Tax, The Macmillan Company, 1914 (Reprints of Economic Classics, Kelly Publishers, 1970).
- Senate Report No. 1622, Internal Revenue Code of 1954.
- Simons, Henry C., Personal Income Taxation, The University of Chicago Press, 1938.
- Smith, Dan T. & Butters, Keith J., Taxation and Business Income, National Bureau of Economic Research Inc., New York, 1946.
- Steinmo, Sven, Taxation and Democracy, Yale University Press, 1993.
- Tiley, John, Studies in the History of Tax Law, Hart Publishing, 2007.

- Tiley, John, Studies in the History of Tax Law, Hart Publishing Volume 2, 2007.
- U. S. Bureau of Internal Revenue. Treasury Department, Bulletin "F" (Revised January, 1942).
- Witte, John F., The Politics and Development of the Federal Income Tax, The University of Wisconsin Press, 1985.

(欧文論文)
- Adams, Thomas S., Federal Taxes upon Income and Excess Profits, The American Economic Review, Vol. 8 Supplement Mar., 1918.
- Adams, Thomas S., Fundamental Problems of Federal Income Taxation, The Qurterly Journal of Economics, Vol. 35, 1921.
- Anonymous, "Clearly Reflecting Income under § 446 of the Internal Revenue Service. Columbia Law Review, Vol. 54, No. 8, Dec., 1954.
- Arnett, Harold E.,"Taxable Income vs. Financial Income : How Much Uniformity Can We Stand ?"Accounting Review, Vol. 44, No. 3, 1969.
- Austin, Maurice, Stanley, Surrey, Warren, William and Winokur, Robert M., "The Internal Revenue Code of 1954 : Tax Accounting" Harvard Law Review, Vol. 68, No. 2, Dec., 1954.
- Baldwin, Simeon E., "Federal Taxation of Interstate Commerce", Harvard Law Review, Vol. 22.
- Behren, Robert A., "Prepaid Income-Accounting Concepts and the Tax Law" Tax Law Review, Vol. 15, 1959-60.
- Bierman Jacquin D. and Helstein, Richard S., "Accounting for Prepaid Income and Estimated Expenses under the Internal Revenue Code of 1954" Tax Law Review, Vol. 10, 1954-55.
- Bird, Francis W., "Constitutional Aspects of the Federal Tax on the Income of Corporations" (Harvard Law Review, Vol. 24 No. 1 Nov., 1910).
- Blakey, roy G., "The New Income Tax" The American Economic Review, Vol. 4, Mar., 1914.
- Blough, Carman G., "The Role of Accounting in the Taxing Progress" The Accounting Review, Vol. 22, No. 3, July, 1947.
- Borah, William E., "Income Tax Sound in Law and Economics"The Journal of Accountancy, Vol. 10, No. 1, May, 1910.
- Boutwell, George S., "The Decision of the Supreme Court", The North American Review, Vol. 160 (1895).
- Bowers, Russell, "Tests of Income Realization" The Accounting Review, Vol. 16, No. 2, June, 1941.
- Broad, Samuel J., "Valuation of Inventories" The Accounting Review, Vol. 25, No. 3, July, 1950.
- Brundage, P. F., "Milestones on the Path of Accounting", The Harvard Business Review, July, 1951.
- Bullock, Charles J., "The Taxation of Property and Income in Massachusetts" Quarterly Journal of Economics, Vol. 31, No. 1, Nov., 1916.

- Cabell, royal E., "Special Excise Tax on Corporation" The Journal of Accountancy, Vol. 11, No. 4, Feb., 1911.
- Carson, A. B., "The New Internal Revenue Act and The Prosperity of the Economy" The Accounting Review, Vol. 31, No. 3, July, 1956.
- Chase, William Arthur, "The Federal Corporation Tax Law" The Journal of Accountancy, Vol. 8, No. 5, Sep., 1909.
- Clark, Charles E., "Eisner v. Macomber and Some Income Tax Problems" Yale Law Journal, Vol. 29, No. 7, May, 1920.
- Cozine, William J. and Showfety, Raymond R., "Advance payments for goods and services" The Tax Adviser, Oct., 1971.
- Davies, Sanders W., "Suggestions for Assessment of Excess Profits" The Journal of Accountancy, Vol. 25, No. 1, Jan., 1918.
- Deloitte, etc., "Accounting Errors in Corporation Tax Bill" The Journal of Accountancy, Vol. 8, No. 3, July, 1909.
- Devine, Carl Thomas, "Depreciation Accounting in Utilities" The Accounting Review, Vol. 18, No. 1, Jan., 1943.
- Devine, Carl Thomas, "Depreciation and Income Measurement" The Accounting Review, Vol. 19, No. 1, Jan., 1944.
- Dickinson, Arthur Lowers, "The Fallacy of Including Interest on Manufacturing Investment", The Journal of Accountancy, Vol. 12, No. 8, Dec., 1911.
- Dohr, James L., "Income divorced from Reality" The Journal of Accountancy, Vol. 66, No. 6, 1938.
- Dunbar, Charles F., "The Direct Tax of 1861" Quarterly Journal of Economics, July, 1889.
- Dunbar, Charles F., "The New Income Tax"Quarterly Journal of Economics, Vol. 9.
- Dunbar, William H., "The Constitutionality of the United States Inheritance Tax" Quarterly Journal of Economics, Vol. 15.
- Edelman, Chester, "Income Tax Accounting Good Accounting Practice? "Taxes, Vol. 24, No. 1, Jan., 1946.
- Editorial, "The Proposed Corporation Tax" The Journal of Accountancy, Vol. 8, No. 3, July, 1909.
- Editorial, "The Corporation Tax Correspondence" The Journal of Accountancy, Vol. 8, No. 6, Oct., 1909.
- Editorial, "Official Interpretation of the Corporation Tax" The Journal of Accountancy, Vol. 9, No. 2, Dec., 1909.
- Editorial, "The Income Tax Amendment " The Journal of Accountancy, Vol. 10, No. 1, May, 1910.
- Editorial, "Corporation Tax Amendment " The Journal of Accountancy, Vol. 13, No. 1, Jan., 1912.
- Editorial, "Corporation Tax Law Amendment" The Journal of Accountancy, Vol. 13, No. 2, Feb., 1911.
- Editorial, "The Treatment of Depreciation in connection with the Federal Corporation Tax" The Journal of Accountancy, Vol. 13, No. 23, Mar., 1912.

參考文献　267

- Editorial, "Depreciation and the Federal Excise Tax" The Journal of Accountancy, Vol. 14, No. 5, Nov., 1912.
- Editorial, "The Income Tax" The Journal of Accountancy, Vol. 15, No. 3, March, 1913.
- Editorial, "An Income Tax Problem" The Journal of Accountancy, Vol. 15, No. 6, Jan., 1913.
- Editorial, "The Income Tax" The Journal of Accountancy, Vol. 16, No. 4, Oct., 1913.
- Edwards, James Don, "Some Significant Developments of Public Accounting in the United States" Business History Review, Vol. 30, June, 1956.
- Fairchild, Fred Rogers, "The Stock Dividend Decision" Bulletin of the National Tax Association, Vol. 5, No. 7, Apr., 1920.
- Fairchild, Fred Rogers, "Federal Taxation of Income and Profits" The American Economic Review, Vol. 10, No. 1, Supplement, Mar., 1920.
- Fairchild, Fred Rogers, "Suggestions for Revision of the Federal Taxation of Income and Profits" The American Economic Review, Vol. 10, 1920.
- Farrand, George N., "Accounting for Amortization of War Facilities" The Journal of Accountancy, Vol. 76, No. 5, Nov., 1943.
- Finkston, Herbert ed., "Proposed regulations : ADR and accounting for long-term contracts" The Tax Adviser, July, 1971.
- Fox, Austen G., "Insert No Ambiguity Into the Constitution" The Journal of Accountancy, Vol. 10, No. 1, May, 1910.
- Gaa, Charles J., "Income Taxation of Business" The Accounting Review, Vol. 27, No. 3, July, 1952.
- Gore, Edward E., "From Wickersham to Mellon" The Journal of Accountancy, Oct., 1926.
- Gower, William B., "Returns of Affiliated Corporations for Excess Profits" The Journal of Accountancy, Vol. 26, No. 5.
- Greer, Howard C., "Treatment of Income Taxes in Corporation Income Statements" The Accounting Review, Vol. 20, No. 1, Jan., 1945.
- Guthrie, William D., "No Taxation Without Representation" The Journal of Accountancy, Vol. 10, No. 1, May, 1910.
- Gutkin, Sydney A. and Beck, David, "Tax Accounting v. Business Accounting" The Journal of Accountancy, Vol. 79, 130.
- Haig, R. M., "The Concept of Income", in The Federal Income Tax, ed. R. M. Haig, Columbia University Press, 1921.
- Harper, Harry M. A., "Special Depreciation Considerations Affecting Corporation Income" The National Income Tax Magazine, Vol. 1, No. 8, 1923.
- Hasty Law-Making., "Current Comment on Corporation Tax Bill" The Journal of Accountancy, Vol. 9, No. 1, Nov., 1909.
- Herrick, Anson, "Application of Accounting Research Bulletin No. 29 To Inventory Pricing Problems" The Journal of Accountancy, Vol. 85, No. 5, May, 1948.
- Hill, Joseph A., "The Civil War Income Tax" Quarterly Journal of Economics, Vol. 28.
- Hill, Joseph A., "The Income Tax of 1913" Quarterly Journal of Economics, Vol. 8.
- Himmeiblau, David, "The Income Tax as Applicable to Undistributed Profits" The

National Income Tax Magazine, Vol. 1, No7, 1923.
- Husband George R., "The First-in Last-out Method of Inventory Valuation" The Accounting Review, Vol. 15, No. 2, June, 1940.
- Keith, Gordon E., "Excess-Profits Taxation and Profit Limitation" The Accounting Review, Vol. 18, No. 2, Apr., 1943.
- Kingwill, J. H., "The Public Accountant and the Corporation Tax" The Journal of Accountancy, Vol. 9, No. 4, Feb., 1910.
- Kinsman, Delos O., "The Present Period of Income Tax", Activity in the American States, Quarterly Journal of Economics, Vol. 23.
- Kirkham Edward J., "Depreciation under the Income Tax", The Accounting Review, Vol. 11, No. 4, Dec., 1936.
- Kohler, Eric L., "Accounting as Affected by Federal Income Taxation", The National Income Tax Magazine Vol. 1, No. 1, 1923.
- Lasser, J. K. and Peloubet, Maurice E., "Tax Accounting v. Commercial Accounting" Tax Law Review, Vol. 4, 1948-49.
- Lent, George E., "Accounting Principles and Taxable Income" Accounting Review, Vol. 37, No. 3, 1962.
- Love, David "Differences Between Business and Tax Accounting" The Journal of Accountancy, Sep., 1960.
- Ludmer, Henry, "General Accounting vs. Tax Accounting" The Accounting Review, Vol. 24, No. 4, Oct., 1949.
- May George O., "Retrospect and Prospect" The Journal of Accountancy, July, 1961.
- McClure, Melvin T., "diverse tax interpretations of accounting concepts" The Journal of Accountancy, Oct., 1976.
- Mckinney, James H., "Decision of the United States Supreme Court in the Income-Tax Cases" Journal of Political Economy, Vol. 3 (1894-1895).
- Mischler, James J., "Taxation of War Loss Recoveries" The Accounting Review, Vol. 21, No. 3, July, 1946.
- Moonitz, Maurice, "The Case against Lifo as an Inventory Pricing Formula", The Journal of Accountancy, June, 1953.
- Moyer, C. A., "Early Developments in American Auditing" The Accounting Review, Vol. 26, No. 1, Jan., 1951.
- Niven, John B (ed.)., "Income Tax Department" The Journal of Accountancy, Vol. 16, No. 5, Nov., 1913.
- Niven, John B (ed.)., "Income Tax Department" The Journal of Accountancy, Vol. 16, No. 6, Dec., 1913.
- Niven, John B (ed.)., "Income Tax Department" The Journal of Accountancy, Vol. 17, No. 1, Jan., 1914.
- Niven, John B (ed.)., "Income Tax Department" The Journal of Accountancy, Vol. 17, No. 2, Feb., 1914.
- Niven, John B (ed.)., "Income Tax Department" The Journal of Accountancy, Vol. 17, No. 3, Mar., 1914.
- Niven, John B (ed.)., "Income Tax Department" The Journal of Accountancy, Vol. 17,

No. 4, Apr., 1914.
- Niven, John B (ed.)., "Income Tax Department" The Journal of Accountancy, Vol. 17, No. 5, May, 1914.
- Niven, John B (ed.)., "Income Tax Department" The Journal of Accountancy, Vol. 17, No. 6, June, 1914.
- Niven, John B (ed.)., "Income Tax Department" The Journal of Accountancy, Vol. 18, No. 1, July, 1914.
- Niven, John B (ed.)., "Income Tax Department" The Journal of Accountancy, Vol. 18, No. 2, Aug., 1914.
- Niven, John B (ed.)., "Income Tax Department" The Journal of Accountancy, Vol. 18, No. 3, Sep., 1914.
- Niven, John B (ed.)., "Income Tax Department" The Journal of Accountancy, Vol. 18, No. 4, Oct., 1914.
- Niven, John B (ed.)., "Income Tax Department" The Journal of Accountancy, Vol. 18, No. 5, Nov., 1914.
- Niven, John B (ed.)., "Income Tax Department" The Journal of Accountancy, Vol. 18, No. 6, Dec., 1914.
- Niven, John B (ed.)., "Income Tax Department" The Journal of Accountancy, Vol. 19, No. 1, Jan., 1915.
- Niven, John B (ed.)., "Income Tax Department" The Journal of Accountancy, Vol. 19, No. 2, Feb., 1915.
- Niven, John B (ed.)., "Income Tax Department" The Journal of Accountancy, Vol. 19, No. 3, Mar., 1915.
- Niven, John B (ed.)., "Income Tax Department" The Journal of Accountancy, Vol. 19, No. 4, Apr., 1915.
- Niven, John B (ed.)., "Income Tax Department" The Journal of Accountancy, Vol. 19, No. 5, May, 1915.
- Niven, John B (ed.)., "Income Tax Department " The Journal of Accountancy, Vol. 19, No. 6, June, 1915.
- Niven, John B (ed.)., "Income Tax Department" The Journal of Accountancy, Vol. 20, No. 1, July, 1915.
- Niven, John B (ed.)., "Income Tax Department" The Journal of Accountancy, Vol. 20, No. 2, Aug., 1915.
- Niven, John B (ed.)., "Income Tax Department" The Journal of Accountancy, Vol. 20, No. 3, Sep., 1915.
- Niven, John B (ed.)., "Income Tax Department" The Journal of Accountancy, Vol. 20, No. 4, Oct., 1915.
- Niven, John B (ed.)., "Income Tax Department" The Journal of Accountancy, Vol. 20, No. 5, Nov., 1915.
- Niven, John B (ed.)., "Income Tax Department" The Journal of Accountancy, Vol. 20, No. 6, Dec., 1915.
- Niven, John B (ed.)., "Income Tax Department" The Journal of Accountancy, Vol. 21, No. 1, Jan., 1916.

- Niven, John B (ed.)., "Income Tax Department" The Journal of Accountancy, Vol. 21, No. 2, Feb., 1916.
- Niven, John B (ed.)., "Income Tax Department" The Journal of Accountancy, Vol. 21, No. 3, Mar., 1916.
- Niven, John B (ed.)., "Income Tax Department" The Journal of Accountancy, Vol. 21, No. 4, Apr., 1916.
- Niven, John B (ed.)., "Income Tax Department" The Journal of Accountancy, Vol. 21, No. 5, May, 1916.
- Niven, John B (ed.)., "Income Tax Department" The Journal of Accountancy, Vol. 21, No. 6, June, 1916.
- Niven, John B (ed.)., "Income Tax Department" The Journal of Accountancy, Vol. 22, No. 1, July, 1916.
- Niven, John B (ed.)., "Income Tax Department" The Journal of Accountancy, Vol. 22, No. 2, Aug., 1916.
- Niven, John B (ed.)., "Income Tax Department" The Journal of Accountancy, Vol. 22, No. 3, Sep., 1916.
- Niven, John B (ed.)., "Income Tax Department" The Journal of Accountancy, Vol. 22, No. 4, Oct., 1916.
- Niven, John B (ed.)., "Income Tax Department" The Journal of Accountancy, Vol. 22, No. 5, Nov., 1916.
- Niven, John B (ed.)., "Income Tax Department" The Journal of Accountancy, Vol. 22, No. 6, Dec., 1916.
- Niven, John B (ed.)., "Income Tax Department" The Journal of Accountancy, Vol. 23, No. 1, Jan., 1917.
- Niven, John B (ed.)., "Income Tax Department" The Journal of Accountancy, Vol. 23, No. 2, Feb., 1917.
- Niven, John B (ed.)., "Income Tax Department" The Journal of Accountancy, Vol. 23, No. 3, Mar., 1917.
- Niven, John B (ed.)., "Income Tax Department" The Journal of Accountancy, Vol. 23, No. 4, Apr., 1917.
- Niven, John B (ed.)., "Income Tax Department" The Journal of Accountancy, Vol. 23, No. 5, May, 1917.
- Niven, John B (ed.)., "Income Tax Department" The Journal of Accountancy, Vol. 23, No. 6, June, 1917.
- Niven, John B (ed.)., "Income Tax Department" The Journal of Accountancy, Vol. 24, No. 1, July, 1917.
- Niven, John B (ed.)., "Income Tax Department" The Journal of Accountancy, Vol. 24, No. 2, Aug., 1917.
- Niven, John B (ed.)., "Income Tax Department" The Journal of Accountancy, Vol. 24, No. 3, Sep., 1917.
- 10月号は税のコーナーは休載。
- Niven, John B (ed.)., "Income Tax Department" The Journal of Accountancy, Vol. 24, No. 5, Nov., 1917.

- Niven, John B (ed.)., "Income Tax Department" The Journal of Accountancy, Vol. 24, No. 6, Dec., 1917.
- Niven, John B (ed.)., "Income Tax Department" The Journal of Accountancy, Vol. 25, No. 1, Jan., 1918.
- Niven, John B (ed.)., "Income Tax Department" The Journal of Accountancy, Vol. 25, No. 2, Feb., 1918.
- Niven, John B (ed.)., "Income Tax Department" The Journal of Accountancy, Vol. 25, No. 3, Mar., 1918.
- Niven, John B (ed.)., "Income Tax Department" The Journal of Accountancy, Vol. 25, No. 4, Apr., 1918.
- Niven, John B (ed.)., "Income Tax Department" The Journal of Accountancy, Vol. 25, No. 5, May, 1918.
- Niven, John B (ed.)., "Income Tax Department" The Journal of Accountancy, Vol. 25, No. 6, June, 1918.
- Niven, John B (ed.)., "Income Tax Department" The Journal of Accountancy, Vol. 26, No. 1, July, 1918.
- Niven, John B (ed.)., "Income Tax Department" The Journal of Accountancy, Vol. 26, No. 2, Aug., 1918.
- Niven, John B (ed.)., "Income Tax Department" The Journal of Accountancy, Vol. 26, No. 3, Sep., 1918.
- Niven, John B (ed.)., "Income Tax Department" The Journal of Accountancy, Vol. 26, No. 4, Oct., 1918.
- Niven, John B (ed.)., "Income Tax Department" The Journal of Accountancy, Vol. 26, No. 5, Nov., 1918.
- Niven, John B (ed.)., "Income Tax Department" The Journal of Accountancy, Vol. 26, No. 6, Dec., 1918.
- Niven, John B (ed.)., "Income Tax Department" The Journal of Accountancy, Vol. 27, No. 1, Jan., 1919.
- Niven, John B (ed.)., "Income Tax Department" The Journal of Accountancy, Vol. 27, No. 2, Feb., 1919.
- Niven, John B (ed.)., "Income Tax Department" The Journal of Accountancy, Vol. 27, No. 3, Mar., 1919.
- Niven, John B (ed.)., "Income Tax Department" The Journal of Accountancy, Vol. 27, No. 4, Apr., 1919.
- Niven, John B (ed.)., "Income Tax Department" The Journal of Accountancy, Vol. 27, No. 5, May, 1919.
- Niven, John B (ed.)., "Income Tax Department" The Journal of Accountancy, Vol. 27, No. 6, June, 1919.
- Niven, John B (ed.)., "Income Tax Department" The Journal of Accountancy, Vol. 28, No. 1, July, 1919.
- Niven, John B (ed.)., "Income Tax Department" The Journal of Accountancy, Vol. 28, No. 2, Aug., 1919.
- Niven, John B (ed.)., "Income Tax Department" The Journal of Accountancy, Vol. 28,

- No. 3, Sep., 1919.
- Niven, John B (ed.)., "Income Tax Department" The Journal of Accountancy, Vol. 28, No. 4, Oct., 1919.
- Niven, John B (ed.)., "Income Tax Department" The Journal of Accountancy, Vol. 28, No. 5, Nov., 1919.
- Niven, John B (ed.)., "Income Tax Department" The Journal of Accountancy, Vol. 28, No. 6, Dec., 1919.
- Niven, John B (ed.)., "Income Tax Department" The Journal of Accountancy, Vol. 29, No. 1, Jan., 1920.
- Niven, John B (ed.)., "Income Tax Department" The Journal of Accountancy, Vol. 29, No. 2, Feb., 1920.
- "Income Tax Department "The Journal of Accountancy, Vol. 29, No. 3, Mar., 1920.
- "Income Tax Department" The Journal of Accountancy, Vol. 29, No. 4, Apl., 1920.
- "Income Tax Department" The Journal of Accountancy, Vol. 29, No. 5, May, 1920.
- Nolan, John S., "The Merit in Conformity of Tax to Financial Accounting" TAXES Vol. 50, No. 12, Dec., 1972.
- Pangborn, W. S., "Corporation Tax Letters" (The Journal of Accountancy, Vol. 8, No. 5, Sep., 1909).
- Paton, William A. "Suggestions for Simplification of Federal Income Taxation" The National Income Tax Magazine, Vol. 1, No. 7, 1923.
- Peloubet, Maurice E., "Statement of Maurice E. Peloubet, New York City, The Copper & Brass Mill Product Association" (Moonitz, Maurice & Littleton A. C., Significant Accounting Essays, Prentice Hall, 1965).
- Powell Thomas Reed, "Stock-Dividend Decision and the Corporate Nonentity" Bulletin of the National Tax Association, Vol. 5, No. 7, April, 1920.
- Powell Thomas Reed, "Stock Dividends, Direct Taxes, and the Sixteenth Amendment " Columbia Law Review, Vol. 20, No. 5, May, 1920.
- Powell Thomas Reed, "Income from corporate dividends" Harvard Law Review, Vol. 35, No. 4, Feb., 1922.
- Purdy, Lawson, "The Income Tax Amendment Should Be Ratified" The Journal of Accountancy, Vol. 10, No. 1, May, 1910.
- Raby, William L. and Ritcher, Robert F., "conformity of tax and financial accounting" The Journal of Accountancy, Mar., 1975.
- Reiling, Herman T., "Business Expenses in the Computation of Taxable Income" The National Income Tax Magazine, Vol. 1, No11, 1923.
- Reimer, Clarence F., "Major Differences Between Net Income For Accounting Purposes and For Federal Income Taxes" Accounting Review, Vol. 23, 1948.
- Richardson, Mark L., "The Accountant and the Tax Law" The Journal of Accountancy, Feb., 1962.
- Robinson, Maurice H., "The Federal Corporation Tax" (The American Economic Review, Vol. 1, No. 4, Dec., 1911).
- Roehner, Edward T. and Roehner, Shelia M., "Realization : Administrative Convenience Or Constitutional Requirement ? " Tax Law Review, Vol. 8, 1952-53.

- Rusk, Stephen G (ed.)., "Income Tax Department" The Journal of Accountancy, Vol. 29, No. 6, June, 1920.
- Rusk, Stephen G (ed.)., "Income Tax Department" The Journal of Accountancy, Vol. 30, No. 1, July, 1920.
- Rusk, Stephen G (ed.)., "Income Tax Department" The Journal of Accountancy, Vol. 30, No. 2, Aug., 1920.
- Rusk, Stephen G (ed.)., "Income Tax Department" The Journal of Accountancy, Vol. 30, No. 3, Sep., 1920.
- Rusk, Stephen G (ed.)., "Income Tax Department" The Journal of Accountancy, Vol. 30, No. 4, Oct., 1920.
- Rusk, Stephen G (ed.)., "Income Tax Department" The Journal of Accountancy, Vol. 30, No. 5, Nov., 1920.
- Rusk, Stephen G (ed.)., "Income Tax Department" The Journal of Accountancy, Vol. 30, No. 6, Dec., 1920.
- Sakolski, A. M., "Accounting Features of the Stock Dividend Decision" Bulletin of the National Tax Association, Vol. 5, No. 7, Apr., 1920.
- Schaefer, Carl L., "Lifo-tax conformity and report disclosure problems" The Journal of Accountancy, Jan., 1976.
- Schaffer, Walter L., "Accounting Procedures & Methods Under the New Revenue Code" The Journal of Accountancy, Vol. 98, No. 3, Sep., 1954.
- Seidman, J. S., "Taxes : Friend of Foe" The Journal of Accountancy, Nov., 1955.
- Seligman, E. R. A., "Are Stock Dividends Income" The American Economic Review, Vol. 9, No. 3, 1919. Seligman, E. R. A., "Are Stock Dividends Income" in Studies in Public Finance, reprinted by A. M. Kelly, 1969.
- Seligman, Eustace, "Implications and Effects of the Stock Dividend Decision" Columbia Law Review, Vol. 21, No. 4, Apr., 1921.
- Sheppard, John S., "Is the federal corporation tax an interference with the sovereignty of the states ?", Harvard Law Review, Vol. 23.
- Stockwell, Herbert G., "Depreciation, Renewal and Replacement Accounts," (The Journal of Accountancy, Vol. 9, No. 2, Dec., 1909).
- Sternhagen, John M., "Depreciation and Obsolescence-Their Application To Taxable Income" The National Income Tax Magazine, Vol. 1, No. 10, 1923.
- Suffern, Edward L., "The Corporation Tax Bill" The Journal of Accountancy, Vol. 8, No. 4, Oct., 1909).
- Surrey, Stanley S., "The Supreme Court and the Federal Income Tax : some implications of the recent decisions" Illinois Law Review of Northwestern University, Vol. 35, 1940-41.
- Walter James E., "Last-In, First-Out" The Accounting Review, Vol. 25, No. 1, Jan., 1950.
- Walton, Seymour, "Earnings and Income" The Journal of Accountancy, Vol. 7, No. 6, Apr., 1909).
- Warren Edward H., "Taxability of stock dividends as income" Harvard Law Review, Vol. 33, No. 7, May, 1920.
- Weiss, W. F., "Dividends and the New Income Tax Law, The Journal of Accountancy,

Vol. 22, No. 5, Nov., 1915.
- Whitehead, Charles W., "Business Expenses and Deductions for Corporations and Individuals" The Journal of Accountancy, Vol. 98, No. 3, Sep., 1954.
- Wicksham, George W., "The Corporation Tax Correspondence" The Journal of Accountancy, Vol. 8, No. 4, Oct., 1909.
- Wilson, William L., "The Income Tax on Corporations" North American Review, Vol. 158, Jan., 1894.
- Windal, Floyd W., "Legal background for the accounting concept of realization" Accounting Review, Vol. 38, No. 1, 1963.
- Wright, Allen G., "The California State Tax on Corporate Franchises" (The California Law Review, Vol. 1, No. 2, Jan., 1913).
- Wright, James C. A., "Excess Profits Tax in Great Britain" The Journal of Accountancy, Vol. 23, No. 6, June, 1917.
- Zeff, Stephen A., "The SEC rules historical cost accounting : 1934 to the 1970s" Accounting and Business Research, 2007.

(法令集・AIA 研究公報等)
- AAA, Accounting Principles and Taxable Income Supplementary Statement No. 4, Accounting Review, Vol. 27, No. 4, Oct., 1952.
- AIA, "Divergences Between Rules of Tax Accounting And Generally Accepted Accounting Principles" The Journal of Accountancy, Jan., 1954.
- AIA, Report of Study Group on Business Income, Changing Concepts of Business Income, New York, Macmillan Company, 1952（渡辺進・上村久雄『企業所得の研究』中央経済社　昭和 31 年).
- AIA, "Institute Committee Rejects Change In Basis for Depreciation Changes" The Journal of Accountancy, Vol. 86, No. 5, Nov., 1948.
- AIA, "Inventory Pricing Problems" The Journal of Accountancy, Vol. 85, No. 5, May, 1948.
- AIA Research Department, "Accounting for Depreciation Under New Income Tax Methods" The Journal of Accountancy, Vol. 98, No. 6, Dec., 1954.
- AIA Research Department, "Estimated Expenses And Prepaid Income" The Journal of Accountancy, Vol. 98, No. 6, Dec., 1954.
- AICPA, "Conformity of Tax and Financial Accounting" The Journal of Accountancy, December, 1971.
- Accounting Research Bulletin No. 5, Depreciation on Appreciation, The Journal of Accountancy, Vol. 69, No. 6, June, 1940.
- Accounting Research Bulletin No. 17, Postwar Refund of Excess Profits Tax, The Journal of Accountancy, Vol. 75, No. 1, Jan., 1943.
- Accounting Research Bulletin No. 23, Accounting for Income Taxes, The Journal of Accountancy, Vol. 79, No. 6, June, 1945.
- Accounting Research Bulletin No. 27, Emergency Facilities, The Journal of Accountancy, Vol. 83, No. 1, Jan., 1947.
- Accounting Research Bulletin No. 29, Inventory Pricing, The Journal of Accountancy,

Vol. 84, No. 3, Sep., 1947.
- Accounting Research Bulletin No. 42, Emergency Facilities : Accounting for Depreciation And Taxes Under Certificates of Necessity, The Journal of Accountancy, Jan., 1953.
- Accounting Research Bulletin No. 44, Declining-Balance Depreciation, The Journal of Accountancy, Vol. 98, No. 6, Dec., 1954.
- Bernard D. Reams, Jr. (ed.), Internal Revenue Acts of the United States 1909-1950 Legislative Histories, Laws, and Administrative Documents, Vol. 140, Williams. Hein & Co., Inc., Buffalo New York, 1979.
- [U.S.] Bureau of Internal Revenue. Treasury Department, Internal revenue bulletin. Cumulative bulletin.

（和書文献）
- 青柳文司『会計士会計学』（改訂増補版）同文舘　1969年。
- 秋坂朝則『設例と仕訳でわかる会社計算規則』税務研究会出版局　2007年。
- 生駒道弘『ストック・オプションの研究』評論社　1967年。
- 石島弘『課税権と課税物件の研究』信山社　2003年。
- 市丸吉左エ門『最新法人税の理論と実務』税務経理協会　1952年。
- 井上久彌『税務会計論』中央経済社　1988年。
- 井上久彌『企業集団税制の研究』中央経済社　1996年。
- 浦野晴夫『確定決算基準会計』税務経理協会　1994年。
- 大塚正民『キャピタル・ゲイン課税制度～アメリカ連邦所得税制の歴史的展開』有斐閣学術センター　2007年2月。
- 大矢知浩司『会計監査―アメリカにおける生成と発展―』中央経済社　1973年。
- 加藤盛弘『会計学の論理』森山書店　1973年。
- 加藤盛弘『一般に認められた会計原則』森山書店　1994年。
- 金子宏『租税法　第十五版』弘文堂　2010年。
- 上林敬次郎述『所得税法講義』松江税務調査会　1901年。
- 企業会計審議会『税法と企業会計との調整に関する意見書』1996年。
- 岸田貞夫・矢内一好・柳裕治・吉村典久『八訂版　現在税法の基礎知識』ぎょうせい　2010年。
- 桑原正行『アメリカ会計理論発達史―資本主理論と近代会計学の成立―』中央経済社　2008年。
- 郡谷大輔・和久友子・小松岳志『会社計算規則逐条解説』税務研究会出版局　2007年。
- 小森瞭一『加速償却の研究―戦後アメリカにおける減価償却制度―』有斐閣　2002年。
- 根田正樹・明石一秀『会社法・関係規則の完全解説』財経詳報社　2006年。

- 佐藤進『近代税制の成立過程』東京大学出版会　1965 年。
- 佐橋義金『税務会計の歴史的展開』法律文化社　1972 年。
- 汐見三郎・佐伯玄洞・柏井象雄・伊藤武夫『各国所得税制論』有斐閣　1934 年。
- 渋谷博史『現代アメリカ連邦税制史』（第 2 刷）丸善株式会社　1996 年。
- 高木八尺『近代アメリカ政治史』岩波書店　1968 年。
- 高寺貞男・醍醐聰『大企業会計史の研究』同文舘　1979 年。
- 高橋治彦訳『FASB 財務会計基準審議会』同文舘　1989 年。
- 武田昌輔『新企業会計と税法』（増補版）森山書店　1980 年。
- 武田昌輔『税務会計論文集』森山書店　1991 年。
- 武田昌輔『会計・商法と課税所得』森山書店　1994 年。
- 武田隆二『法人税法精説』（平成 17 年版）森山書店。
- 忠佐市『税法と会計原則』中央経済社　1953 年 9 月。
- 忠佐市『決算利益と課税所得』森山書店　1973 年。
- 忠佐市『税務会計法』（第 6 版）税務経理協会　1978 年。
- 忠佐市『アメリカの課税所得の概念及び計算の法学論理—アメリカの連邦最高裁判所判例を核心として—』日本大学商学部会計学研究所研究資料第 2 号　1984 年。
- 塚本重頼『註解　アメリカ憲法』（新訂版）酒井書店　1966 年。
- 辻山栄子『所得概念と会計測定』森山書店　1991 年。
- 中島茂幸『新会社法における会計と計算書類』税務経理協会　2006 年。
- 中島省吾『A. A. A. 会計原則（原文・解説・訳文および訳註）』中央経済社　1956 年。
- 中田信正『税効果会計詳解』同文舘　1999 年。
- 中田信正『アメリカ税務会計論』中央経済社　1989 年。
- 中田信正『税効果会計詳解』中央経済社　1999 年。
- 中田信正『財務会計・税法関係論—国内的調整から国際的調和へ』同文舘　2000 年。
- 永田守男『会計利益と課税所得』森山書店　2008 年。
- 中村利雄『法人税の課税所得計算—その基本原理と税務調整』（改訂版）ぎょうせい　1990 年。
- 中村萬次『英米鉄道会計史研究』同文舘　1991 年。
- 成田修身『減価償却の史的展開』白桃書房　1985 年 10 月。
- 野津高次郎『米国税制発達史』有斐閣　1939 年。
- 野村達朗編著『アメリカ合衆国の歴史』ミネルヴァ書房　2004 年。
- 水野忠恒『アメリカ法人税の法的構造』有斐閣　1988 年。
- 宮上一男編『会計学講座 1　近代会計学の発展』世界書院　1974 年。
- 宮上一男編『会計学講座 5　ペイトン研究』世界書院　1978 年。
- 宮沢俊義編『世界憲法集』岩波書店　1974 年。
- 矢内一好・柳裕治『連結納税申告～わが国の導入に向けて～』ぎょうせい　1999 年。

- 矢内一好『連結納税制度』中央経済社　2003年。
- 柳裕治『税法会計制度の研究』森山書店　2001年。
- 山桝忠恕『監査制度の展開』有斐閣　1961年。
- 山本繁『会計原則発達史』森山書店　1990年。
- 吉牟田勲『新版　法人税法詳説―立法趣旨と解釈』（平成3年度版）中央経済社　1991年。
- 若杉明『企業会計基準の構造』財経詳報社　1966年。

（和文論文）
- 飯岡透「アメリカにおける実現概念の変遷(1)」『駒澤大学経済学論集』6巻2号　1974年。
- 一高龍司「米国内国歳入法典における経済的履行基準の基礎理論―債務確定基準徹底の行方―」『総合税制研究』No.10　2002年1月。
- 一高龍司「米国連邦所得税における前受収益の課税理論」『総合税制研究』No.11　2003年1月。
- 井上久彌「確定決算主義見直し論の吟味」『企業会計』Vol.45 No.8　1993年。
- 井上久彌「企業課税原理と会計基準の交錯」『企業会計』Vol.42 No.5　1990年。
- 碓井光明「米国連邦所得税における必要経費控除の研究(1)」『法学協会雑誌』Vol.93.4。
- 碓井光明「米国連邦所得税における必要経費控除の研究(2)」『法学協会雑誌』Vol.93.5。
- 碓井光明「米国連邦所得税における必要経費控除の研究(3)」『法学協会雑誌』Vol.93.7。
- 碓井光明「米国連邦所得税における必要経費控除の研究(4)」『法学協会雑誌』Vol.93.8。
- 碓井光明「米国連邦所得税における必要経費控除の研究(5)」『法学協会雑誌』Vol.94.4。
- 宇南山英夫「AAA1964年概念・基準調査研究委員会報告について　実現概念について―AAA1964年概念・基準調査研究委員会実現概念部会意見書を中心として―」『産業経理』25巻7号　1965年。
- 遠藤宏一「ニューディール期アメリカの法人所得税の構造」『経営研究』第113号　1971年。
- 大塚正民「アメリカ合衆国憲法第16修正」田中英夫編『英米法の諸相』東京大学出版会　1980年。
- 岡田依里「確定決算基準離脱に関する一考察」『税経通信』Vol.49 No.7　1994年6月。

- 岡村忠生「マッコンバー判決再考」『税法学』546　2001年11月。
- 可児島達夫「アメリカ会計理論における実現概念の生成と確立」『関西学院商学研究』Vol. 36　1994年。
- 加古宜仁「グロバールスタンダードとトライアングル体制」『企業会計』Vol. 54 No. 1　2002年。
- 加藤盛弘「税会計とGAAP会計の「一致論」」『同志社商学』Vol. 39 No. 6　1988年。
- 金子宏「租税法における所得概念の構成」，金子宏『所得概念の研究』有斐閣　1995年。
- 金子宏「公正妥当な会計処理の基準（法人税法22条4項）について」『租税研究』2008年9月。
- 川端康之「米国内国歳入法典における「会計方法」と帳簿適合性要件」『総合税制研究』No. 4　1996年3月。
- 川田剛監修「課税所得の計算上控除が認められる「通常かつ必要な経費」の定義—Welch対Hervering事案—」『税務事例』Vol. 38 No. 11。
- 瓦田多賀四「法人課税の会計学的位置づけ」『総合税制研究』No. 4　1996年3月。
- 岸田雅雄「企業会計における税法の機能的考察(1)」『神戸法学雑誌』35巻1号　1985年。
- 清村英之「アメリカにおける税効果会計基準の歴史的変遷」『北見大学論集』第32号　1994年10月1日。
- 黒澤清「米国会計学発展史序説」馬場敬治他『米国経営学（上）』東洋経済新報社　1956年。
- 黒澤清他「座談会　企業会計原則と課税所得計算原則」『産業経理』第16巻第10号　1956年。
- 酒巻俊雄「アメリカ会社法における剰余金概念の発展」『早稲田法学学誌』Vol. 12　1962年。
- 佐藤孝一「実現概念と実現主義」『産業経理』21巻10号　1961年。
- 白須信弘「米国における企業利益と課税所得」『税務会計研究』第6号　1995年。
- 鈴木一水「契約理論にもとづく確定決算主義の評価」『総合税制研究』No. 4　1996年3月。
- 鈴木一水「確定決算主義下における経営者の会計行動」桜井久勝・加藤恭彦編『財務公開制度論』千倉書房　1991年。
- 鈴木一水「税務法令と財務会計における問題」須田一幸編著『会計制度の設計』白桃書房　2008年。
- 税制調査会「法人課税小委員会報告」『税経通信』Vol. 52 No. 1　1997年1月号第2別冊付録。
- 醍醐聡「確定決算主義と逆基準性」『JICPAジャーナル』Vol. 6 No. 5　1994年5月。

参考文献 279

- 高田正淳「実現概念の新しい展開」黒澤清責任編集『近代会計学大系 I 会計学の基礎概念』中央経済社　1968 年。
- 武田昌輔「税務会計と企業会計」『体系　近代会計学 XIII』中央経済社　1979 年。
- 武田昌輔「税法と会計基準」『企業会計』Vol. 54 No. 1　2002 年。
- 武田隆二「確定決算主義と会計基準」『企業会計』Vol. 48 No. 1　1996 年。
- 武田隆二「確定決算主義」渡邊進責任編集『近代会計学体系 IX—新版税務会計論』中央経済社　1967 年。
- 田中義幸「確定決算主義の意義」『租税研究』607 号　2000 年 5 月号。
- 忠佐市「最高裁の権利確定主義判例の展開（上）」『会計ジャーナル』Vo. 12 No. 6　1980 年。
- 忠佐市「最高裁の権利確定主義判例の展開（下）」『会計ジャーナル』Vo. 12 No. 7　1980 年。
- 中里実「企業課税における課税所得算定の法的構造(1)」『法学協会雑誌』Vol. 100 No. 1　1983 年。
- 中里実「企業課税における課税所得算定の法的構造(2)」『法学協会雑誌』Vol. 100 No. 3　1983 年。
- 中里実「企業課税における課税所得算定の法的構造(3)」『法学協会雑誌』Vol. 100 No. 5　1983 年。
- 中里実「企業課税における課税所得算定の法的構造(4)」『法学協会雑誌』Vol. 100 No. 7　1983 年。
- 中里実「企業課税における課税所得算定の法的構造(5)」『法学協会雑誌』Vol. 100 No. 9　1983 年。
- 中里実「確定決算主義をめぐる議論について—第 50 回 IFA 総会報告(1)」『租税研究』1997 年 2 月。
- 中島省吾「AAA 実現概念の新展開　実現概念の発展」『企業会計』17 巻 8 号　1965 年。
- 中村平男「申告調整」渡邊進責任編集『近代会計学体系 IX—新版税務会計論』中央経済社　1967 年。
- 畠山武道「アメリカに於ける法人税の発達」『北大法学論集』第 24 巻第 2 号　第 26 巻第 2 号，3 号，4 号　第 28 巻第 2 号。
- 原省三「法人税と商法，企業会計の相互関係と今後調整すべき課題について」『税務大学校論叢』51　2006 年。
- 間島進吾「IFRS 導入の意義と課題」『企業会計』Vol. 61 No. 8　2009 年 8 月。
- 松原一泰「実現概念とその変貌」『下関商経論集』15 巻 1 号　1971 年。
- 宮島洋「現代租税政策の形成過程—アメリカ連邦法人税について—」『証券研究』Vol. 33 Feb.　1972 年。

- 矢内一好「米国の貨幣評価後入先出法について」『税務事例』Vol. 23 No. 6　1991年。
- 矢内一好「税務会計と一般に認められた会計基準の関連性」『産能短期大学紀要』第26号　1993年。
- 矢内一好「米国税務会計史(1)」『商学論纂』第50巻第1・2号　2009年2月。
- 矢内一好「米国税務会計史(2)」『商学論纂』第50巻第3・4号　2009年3月。
- 矢内一好「米国税務会計史(3)」『商学論纂』第50巻第5・6号　2009年4月。
- 矢内一好「米国税務会計史(4)」『商学論纂』第50巻第5・6号　2009年4月。
- 矢内一好「米国法人税法の諸問題」『企業研究』第15号　2009年8月。
- 矢内一好「米国税務会計史(5)」『商学論纂』第51巻第1号　2010年3月。
- 矢内一好「米国税務会計史(6)」『商学論纂』第51巻第1号　2010年3月。
- 矢内一好「米国税務会計史(7)」『商学論纂』第51巻第3・4号　2010年3月。
- 矢内一好「米国税務会計史(8)」『商学論纂』第51巻第3・4号　2010年3月。
- 矢内一好「米国の夫婦合算申告税制」『商学論纂』第51巻第2号　2010年3月。
- 矢内一好「米国における連結納税制度の生成」『経理研究』53巻　2010年2月。
- 矢内一好「Q&A　法人税率の引下げとミニマム税導入について」『速報税理』11号　2010年7月。
- 矢内一好「確定決算主義の再検討(1)」『商学論纂』第52巻第1・2号　2011年3月。
- 吉牟田勲「企業課税をめぐる諸問題」『租税研究』1994年11月。
- 吉牟田勲「確定決算主義—最近の批判的論文を中心に—」『日税研論集・日税研創立10周年記念論文集』Vol. 28　1994年。
- 李昌熙「実現主義の盛衰」江頭憲治郎・増井良啓『市場と組織』東京大学出版会　2005年10月。
- 渡邊進・上村久雄「翻訳　アカウンティング・リサーチ・ブレティン　減価償却」『産業経理』第17巻第2号。
- 渡邊進・上村久雄「翻訳　アカウンティング・リサーチ・ブレティン　会計用語(Ⅱ)」『産業経理』第18巻第4号　1958年4月。

(報告書)
(社) 日本租税研究協会・確定決算研究協会「確定決算についての報告」1994年1月。

(判例)
- A. Harris & co. v. Lucas, 48 F. 2d 187 (5th Cir. 1931)
- American Automobile Association v. United States, 367 U. S. 687 (1961)
- Artnell Co. v. Commissioner, 400 F. 2d 981 (7th Cir. 1968)
- Automobile Club of Michigan, v. Commissioner, 353 U. S. 180 (1957), 57-1 USTC ¶ 9593
- Automobile Club of New York, v. Commissioner, 32 T. C. 906

参考文献 281

- Beacon Publishing Company v. Commissioner, 218 F. 2d 697 (1955), 55-1 USTC ¶ 9134
- Bressner Radio, Inc., v. Commissioner 28 T. C. 378 (1957)
- Brown v. Helvering, 291 U. S. 193 (1934)
- Brushaber v. Union Pacific R. Co., 240 U. S. 1 (1916)
- Capital Warehouse Co., Inc., v. Commissioner 9 T. C. 966 (1947)
- Collector v. DAY, 78 U. S. 113 (1870)
- Deputy et al. v. Du Pont, 308 U. S. 488 (1940), 40-1 USTC ¶ 9161
- Doyle v. Mitchell Bros. Co. (247 U. S. 179, 38 S. Ct. 467) 1918
- Dunn and McCarthy, Inc., v. Commissioner of Internal Revenue, 139 F. 2d 242 (1943), 43-2 USTC ¶ 9688
- Edwards v. Douglas et al., (269 U. S. 204 (1925)
- Eisner v. Macomber (252 U. S. 189, 40 S. Ct. 189) 1920
- Flint v. Stone Tracy Co. . 220 U. S. 107 (1911)
- Gibbons v. Mahon, 136 U. S. 549 (1890)
- Helvering v. Koshland, 81 F. 2d 641 (1936)
- Higgins v. Commissioner, 312 U. S. 212, 61 S. Ct. 475, 85 L. Ed. 783 (1941)
- Hylton v. U S, 3 U. S. 171 (1796)
- Lucas v. Kansas City Structural Steel Co., 281 U. S. 264 (1930)
- Marbury v. Madison, 5 U. S. 137 (1803)
- North American Oil Consolidated v, Burnet, 286 U. S. 417 (1932)
- Pacific Grape Products Co., v. Commissioner, 219 F. 2d 862 (1955), 55-1 USTC ¶ 9247
- Pacific Ins. Co. v. Soule, 74 U. S. 433 (1868)
- Paul Harrold v. Commissioner, 192 F. 2d 1002 (1951), 52-1 USTC ¶ 9107
- Pollock v. Farmer's Loan & Trust Co., 157 U. S. 429 (1885)
- Pollock v. Farmer's Loan & Trust Co., 158 U. S. 601 (1885)
- E. W. Schuessler and Aline, Schuessler, v. Commissioner, 56-1 USTC ¶ 9368
- Schlude v. Commissioner, 372 U. S. 128 (1963)
- Scholey v. Rew, 90 U. S. 331 (23 Wallace) (1874)
- Spencer, White & Prentis, Inc., v. Commissioner, 144 F. 2d 45 (1944), 44-2 USTC ¶ 9400
- Springer v. United States, 102 U. S. 586 (1880)
- Stanton v. Baltic Mining Co., 240 U. S. 103 (1916)
- Stratton's Independence v. Howbert, 231 U. S. 399 (1913)
- Tama Bay Devil Rays, Ltd. v. Commissioner, T. C. M. 2002-248
- Thor Power Tool Company v. Commissioner, 439 U. S. 522 (1979)
- The Collector v. Hubbard, 79 U. S. 12 Wall. 1 1 (1870)
- The Spanish Prospecting Company 事案 (The Law Report 1911 Vol. 1 pp. 92-108) (英国判例)
- Towne v. Eisner (245 U. S. 418, 38 S. Ct. 158) 1918
- Towers Warehouses Inc. v. Commissioner, 6 TCM (1947)
- Tyee Realty Co., v. Anderson (240 U. S. 115, (1916))

- United States v. Anderson et. al. 269 U. S. 422 (1926)
- Veazie Bank v. Fenno, 75 U. S. 533 (1869)
- Welch v. Helvering, 290 U. S. 111 (1933) 3 USTC ¶ 1164

初 出 一 覧

① 矢内一好「米国税務会計史(1)」『商学論纂』第 50 巻第 1・2 号　2009 年 2 月。
② 矢内一好「米国税務会計史(2)」『商学論纂』第 50 巻第 3・4 号　2009 年 3 月。
③ 矢内一好「米国税務会計史(3)」『商学論纂』第 50 巻第 5・6 号　2009 年 4 月。
④ 矢内一好「米国税務会計史(4)」『商学論纂』第 50 巻第 5・6 号　2009 年 4 月。
⑤ 矢内一好「米国法人税法の諸問題」『企業研究』第 15 号　2009 年 8 月。
⑥ 矢内一好「米国税務会計史(5)」『商学論纂』第 51 巻第 1 号　2010 年 3 月。
⑦ 矢内一好「米国税務会計史(6)」『商学論纂』第 51 巻第 1 号　2010 年 3 月。
⑧ 矢内一好「米国税務会計史(7)」『商学論纂』第 51 巻第 3・4 号　2010 年 3 月。
⑨ 矢内一好「米国税務会計史(8)」『商学論纂』第 51 巻第 3・4 号　2010 年 3 月。
⑩ 矢内一好「確定決算主義の再検討」『商学論纂』第 52 巻第 1 号・2 号　2011 年 2 月。

著者紹介

矢内一好（やない　かずよし）

1974 年　中央大学大学院商学研究科修士課程修了
現　在　中央大学商学部教授　博士（会計学）（中央大学）

著　書
『国際課税と租税条約』（ぎょうせい　1992 年）（第 1 回租税史料館賞受賞）
『租税条約の論点』（中央経済社　1997 年）（第 26 回日本公認会計士協会学術賞受賞）
『移転価格税制の理論』（中央経済社　1999 年）
『連結納税制度』（中央経済社　2003 年）
『詳解日米租税条約』（中央経済社　2004 年）
『解説・改正租税条約』（財経詳報社　2007 年）
『Q&A 国際税務の基本問題〜最新トピックスの検討』（財経詳報社　2008 年）
『キーワードでわかる国際税務』（中央経済社　2009 年）
論　文
「米国租税条約の研究〜租税条約と国内法の関連〜」及び「国際連盟によるモデル租税条約の発展」（日本税理士連合会研究奨励賞受賞　1989 年）

〔連絡先〕
〒 192-0393　八王子市東中野 742-1　中央大学商学部

米国税務会計史
確定決算主義再検討の視点から　　中央大学学術図書（77）

2011 年 5 月 25 日　初版第 1 刷発行

著　者　　矢　内　一　好
発行者　　玉　造　竹　彦

郵便番号192－0393
東京都八王子市東中野742－1

発行所　中 央 大 学 出 版 部
電話 042(674)2351　FAX 042(674)2354
http://www.2.chuo-u.ac.jp/up/

© 2011　Kazuyoshi Yanai　　　　印刷・製本　㈱千秋社
ISBN 978-4-8057-3138-3
本書の出版は中央大学学術図書出版助成規定による